Grundwissen StrafR AT

Hemmer/Wüst/Berberich

Hemmer/Wüst Verlagsgesellschaft

Das Skript ist urheberrechtlich geschützt. Die dadurch begründeten Rechte, insbesondere des Nachdrucks, der Wiedergabe auf photomechanischem oder ähnlichem Wege und der Speicherung in Datenverarbeitungsanlagen bleiben, auch bei nur auszugsweiser Verwertung, der Hemmer/Wüst-Verlagsgesellschaft vorbehalten.

Hemmer/Wüst/Berberich, Grundwissen StrafR AT

ISBN 978-3-96838-130-5

10. Auflage 2023

gedruckt auf chlorfrei gebleichtem Papier
von Schleunungdruck GmbH, Marktheidenfeld

Vorwort

Das vorliegende Skript ist für Studierende in den ersten Semestern gedacht. Gerade in dieser Phase ist es sinnvoll, bei der Wahl der Lernmaterialien den richtigen Weg einzuschlagen. Auch in den späteren Semestern sollte man in den grundsätzlichen Problemfeldern sicher sein. Die „essentials" sollte jeder kennen.

In diesem Theorieband wird Ihnen das notwendige Grundwissen vermittelt. Vor der Anwendung steht das Verstehen. Leicht verständlich und kurz werden die wichtigsten Rechtsinstitute vorgestellt und erklärt. So erhält man den notwendigen Überblick. Klausurtipps, Formulierungshilfen und methodische Anleitungen helfen Ihnen dabei, das erworbene Wissen in die Praxis umzusetzen.

Das Skript wird durch den jeweiligen Band unserer Reihe „die wichtigsten Fälle" ergänzt. So wird die Falllösung trainiert. Häufig sind Vorlesungen und Bücher zu abstrakt. Das Wissen wird häufig isoliert und ohne Zusammenhang vermittelt. Die Anwendung wird nicht erlernt. Nur ein Lernen am konkreten Fall führt sicher zum Erfolg. Daher empfehlen wir parallel zu diesem Skript gleich eine Einübung des Gelernten anhand der Fallsammlung. Auf diese Fälle wird jeweils verwiesen. So ergänzen sich deduktives (Theorieband) und induktives Lernen (Fallsammlung). Das Skript Grundwissen und die entsprechende Fallsammlung bilden so ein ideales Lernsystem und damit eine Einheit.

Profitieren Sie von der über 45-jährigen Erfahrung des Juristischen Repetitoriums hemmer im Umgang mit juristischen Prüfungen. Unser Beruf ist es, alle klausurrelevanten Inhalte zusammenzutragen und verständlich aufzubereiten. Die typischen Prüfungsinhalte wiederholen sich. Wir vermitteln Ihnen das, worauf es in der Prüfung ankommt – verständlich – knapp – präzise. Erfahrene Repetitorinnen und Repetitoren schreiben für Sie die Skripten. Deren know-how hinsichtlich Inhalt, Aufbereitung und Vermittlung von juristischem Wissen fließt in sämtliche Skripten des Verlages ein. Lernen Sie mit den Profis!

Sie werden feststellen: Jura von Anfang an richtig gelernt, reduziert den Arbeitsaufwand und macht damit letztlich mehr Spaß.

Wir hoffen, Ihnen den Einstieg in das juristische Denken mit dem vorliegenden Skript zu erleichtern und würden uns freuen, Sie auf Ihrem Weg zu Ihrem Staatsexamen auch weiterhin begleiten zu dürfen.

Karl-Edmund Hemmer & Achim Wüst

Kursorte im Überblick

Augsburg
Wüst
Mergentheimer Str. 44
97082 Würzburg
Tel.: (0931) 79 78 230
Fax: (0931) 79 78 234
Mail: augsburg@hemmer.de

Bayreuth
Daxhammer/d´Alquen
Parkweg 7
97944 Boxberg
Tel.: (07930) 99 23 38
Fax: (07930) 99 22 51
Mail: bayreuth@hemmer.de

Berlin-Dahlem
Gast
Schumannstraße 18
10117 Berlin
Tel.: (030) 240 45 738
Fax: (030) 240 47 671
Mail: mitte@hemmer-berlin.de

Berlin-Mitte
Gast
Schumannstraße 18
10117 Berlin
Tel.: (030) 240 45 738
Fax: (030) 240 47 671
Mail: mitte@hemmer-berlin.de

Bielefeld
Lück
Salzstr. 14/15
48143 Münster
Tel.: (0251) 67 49 89 70
Fax.: (0251) 67 49 89 71
Mail: bielefeld@hemmer.de

Bochum
Schlömer/Sperl
Salzstr. 14/15
48143 Münster
Tel.: (0251) 67 49 89 70
Fax.: (0251) 67 49 89 71
Mail: bochum@hemmer.de

Bonn
Ronneberg/Clobes/Geron
Meckenheimer Allee 148
53115 Bonn
Tel.: (0228) 91 14 125
Fax: (0228) 91 14 141
Mail: bonn@hemmer.de

Bremen
Hemmer/Wüst
Mergentheimer Str. 44
97082 Würzburg
Tel.: (0931) 79 78 257
Fax: (0931) 79 78 240
Mail: bremen@hemmer.de

Dresden
Weber/Kalina
Oststraße 8
04317 Leipzig
Tel.: (0152) 34 01 84 73
Mail: leipzig@hemmer.de

Düsseldorf
Ronneberg/Clobes/Geron
Meckenheimer Allee 148
53113 Bonn
Tel.: (0228) 91 14 125
Fax: (0228) 91 14 141
Mail: duesseldorf@hemmer.de

Erlangen
Grieger/Tyroller
Mergentheimer Str. 44
97082 Würzburg
Tel.: (0931) 79 78 230
Fax: (0931) 79 78 234
Mail: erlangen@hemmer.de

Frankfurt/M.
Geron/Hahn/Bold
Dreifaltigkeitsweg 49
53489 Sinzig
Tel.: (02642) 61 44
Fax: (02642) 61 44
Mail: frankfurt.main@hemmer.de

Frankfurt/O.
Gast
Schumannstraße 18
10117 Berlin
Tel.: (030) 240 45 738
Fax: (030) 240 47 671
Mail: mitte@hemmer-berlin.de

Freiburg
Behler/Rausch
Rohrbacher Str. 3
69115 Heidelberg
Tel.: (06221) 65 33 66
Fax: (06221) 65 33 30
Mail: freiburg@hemmer.de

Gießen
Sperl
Parkweg 7
97944 Boxberg
Tel.: (07930) 99 23 38
Fax: (07930) 99 22 51
Mail: giessen@hemmer.de

Göttingen
Schlömer/Sperl
Kirchhofgärten 22
74635 Kupferzell
Tel.: (07944) 94 11 05
Fax: (07944) 94 11 08
Mail: goettingen@hemmer.de

Greifswald
Lück
Knieperstraße 20
18439 Stralsund
Tel.: (03831) 26 27 17
Fax: (03831) 26 27 28
Mail: greifswald@hemmer.de

Halle
Weber/Kalina
Oststraße 8
04317 Leipzig
Tel.: (0152) 34 01 84 73
Mail: halle@hemmer.de

Hamburg
Schlömer/Sperl
Steinhöft 5-7
20459 Hamburg
Tel.: (040) 317 669 17
Fax: (040) 317 669 20
Mail: hamburg@hemmer.de

Hannover
Hemmer/Wüst
Mergentheimer Str. 44
97082 Würzburg
Tel.: (0931) 79 78 230
Fax: (0931) 79 78 234
Mail: hannover@hemmer.de

Heidelberg
Hemmer/Wüst
Mergentheimer Str. 44
97082 Würzburg
Tel.: (0931) 79 78 230
Fax: (0931) 79 78 234
Mail: heidelberg@hemmer.de

Jena
Weber/Kalina
Oststraße 8
04317 Leipzig
Tel.: (0152) 34 01 84 73
Mail: halle@hemmer.de

Kiel
Onoszko/Lück
Knieperstraße 20
18439 Stralsund
Tel.: (03831) 26 27 17
Fax: (03831) 26 27 28
E-Mail: kiel@hemmer.de

Köln
Ronneberg/Clobes/Geron
Meckenheimer Allee 148
53113 Bonn
Tel.: (0228) 91 14 125
Fax: (0228) 91 14 141
Mail: koeln@hemmer.de

Konstanz
Kaiser
Hindenburgstr. 15
78467 Konstanz
Tel.: (07531) 69 63 63
Fax: (07531) 69 63 64
Mail: konstanz@hemmer.de

Leipzig
Weber/Kalina
Oststraße 8
04317 Leipzig
Tel.: (0152) 34 01 84 73
Mail: leipzig@hemmer.de

Mainz
Geron
Dreifaltigkeitsweg 49
53489 Sinzig
Tel.: (02642) 61 44
Fax: (02642) 61 44
Mail: mainz@hemmer.de

Mannheim
Hemmer/Wüst
Mergentheimer Str. 44
97082 Würzburg
Tel.: (0931) 79 78 230
Mail: mannheim@hemmer.de

Marburg
Sperl
Parkweg 7
97944 Boxberg
Tel.: (07930) 99 23 38
Fax: (07930) 99 22 51
Mail: marburg@hemmer.de

München
Wüst
Mergentheimer Str. 44
97082 Würzburg
Tel.: (0931) 79 78 230
Fax: (0931) 79 78 234
Mail: muenchen@hemmer.de

Münster
Schlömer/Sperl
Salzstr. 14/15
48143 Münster
Tel.: (0251) 67 49 89 70
Fax.: (0251) 67 49 89 71
Mail: muenster@hemmer.de

Osnabrück
Fethke
Philosophenweg 23
23970 Wismar
Tel.: (0541) 18 55 21 79
Mail: osnabrueck@hemmer.de

Passau
Rath/Wenzl
Mergentheimer Str. 44
97082 Würzburg
Tel.: (0931) 79 78 247
Fax: (0931) 79 78 260
Mail: passau@hemmer.de

Potsdam
Gast
Schumannstraße 18
10117 Berlin
Tel.: (030) 240 45 738
Fax: (030) 240 47 671
Mail: mitte@hemmer-berlin.de

Regensburg
Daxhammer/d´Alquen
Parkweg 7
97944 Boxberg
Tel.: (07930) 99 23 38
Fax: (07930) 99 22 51
Mail: regensburg@hemmer.de

Rostock
Burke/Lück
Knieperstraße 20
18439 Stralsund
Tel.: (03831) 26 27 17
Fax: (03831) 26 27 28
Mail: rostock@hemmer.de

Saarbrücken
Bold/Hein/Issa
Preslesstraße 2
66987 Thaleischweiler-Fröschen
Tel.: (06334) 98 42 83
Fax: (06334) 98 42 83
Mail: saarbruecken@hemmer.de

Trier
Geron
Dreifaltigkeitsweg 49
53489 Sinzig
Tel.: (02642) 61 44
Fax: (02642) 61 44
Mail: trier@hemmer.de

Tübingen
Kaiser
Hindenburgstr. 15
78465 Konstanz
Tel.: (07531) 69 63 63
Fax: (07531) 69 63 64
Mail: tuebingen@hemmer.de

Würzburg - ZENTRALE -
Mergentheimer Str. 44
97082 Würzburg
Tel.: (0931) 79 78 230
Fax: (0931) 79 78 234
Mail: wuerzburg@hemmer.de

VORBEREITUNG AUF DAS ZWEITE STAATSEXAMEN

ASSESSORKURSORTE IM ÜBERBLICK

BAYERN
WÜRZBURG/MÜNCHEN/NÜRNBERG/REGENSBURG/POSTVERSAND

RA Gold
Mergentheimer Str. 44
97082 Würzburg
Tel.: (0931) 79 78 2-50
Fax: (0931) 79 78 2-51
Mail: assessor@hemmer.de

BADEN-WÜRTTEMBERG
KONSTANZ/TÜBINGEN/POSTVERSAND

RA Kaiser
Hindenburgstr. 15
78467 Konstanz
Tel.: (07531) 69 63 63
Fax: (07531) 69 63 64
Mail: konstanz@hemmer.de

STUTTGART

RAin Baier / RA Baier
Mergentheimerstr. 44
97082 Würzburg
Tel. 0931-7978247
Fax. 0931-7978260
Mail: stuttgart@hemmer.de

BERLIN/POTSDAM/BRANDENBURG
BERLIN

RA Gast
Schumannstr. 18
10117 Berlin
Tel.: (030) 24 04 57 38
Fax: (030) 24 04 76 71
Mail: mitte@hemmer-berlin.de

BREMEN/HAMBURG
HAMBURG/POSTVERSAND

RAe Sperl/Clobes/Dr. Schlömer
Kirchhofgärten 22
74635 Kupferzell
Tel.: (07944) 94 11 05
Fax: (07944) 94 11 08
Mail: assessor-nord@hemmer.de

HESSEN
FRANKFURT

RA Geron
Dreifaltigkeitsweg 49
53489 Sinzig
Tel.: (02642) 61 44
Fax: (02642) 61 44
Mail: frankfurt.main@hemmer.de

MECKLENBURG-VORPOMMERN
POSTVERSAND

RAe Burke/Lück
Buchbinderstr. 17
18055 Rostock
Tel.: (0381) 37 77 40 0
Fax: (0381) 37 77 40 1
Mail: rostock@hemmer.de

RHEINLAND-PFALZ
POSTVERSAND

RA Geron
Dreifaltigkeitsweg 49
53489 Sinzig
Tel.: (02642) 61 44
Fax: (02642) 61 44
Mail: trier@hemmer.de

NIEDERSACHSEN
HANNOVER

RAe Sperl/Schlömer
Steinhöft 5 - 7
20459 Hamburg
Tel.: (040) 317 669 17
Fax: (040) 317 669 20
Mail: assessor-nord@hemmer.de

HANNOVER POSTVERSAND

RAe Sperl/Clobes/Dr. Schlömer
Kirchhofgärten 22
74635 Kupferzell
Tel.: (07944) 94 11 05
Fax: (07944) 94 11 08
Mail: assessor-nord@hemmer.de

NORDRHEIN-WESTFALEN
KÖLN/BONN/DORTMUND/DÜSSELDORF/POSTVERSAND

RAin Dr. Ronneberg
Meckenheimer Allee 148
53113 Bonn
Tel.: (0228) 91 14 125
Fax: (0228) 91 14 141
Mail: koeln@hemmer.de

SCHLESWIG-HOLSTEIN
POSTVERSAND

RAe Sperl/Clobes/Dr. Schlömer
Kirchhofgärten 22
74635 Kupferzell
Tel.: (07944) 94 11 05
Fax: (07944) 94 11 08
Mail: assessor-nord@hemmer.de

THÜRINGEN

RA Singbartl
Oststraße 8
04317 Leipzig
Tel.: (07930) 99 23 38
Mail: oe-ost@hemmer.de

SACHSEN

RA Singbartl
Oststraße 8
04317 Leipzig
Tel.: (07930) 99 23 38
Mail: oe-ost@hemmer.de

SACHSEN-ANHALT

RA Singbartl
Oststraße 8
04317 Leipzig
Tel.: (07930) 99 23 38
Mail: oe-ost@hemmer.de

juris by hemmer.
Jetzt noch einfacher suchen.

hemmer Kursteilnehmerinnen und Kursteilnehmer nutzen **juris by hemmer** 6 Monate kostenlos.*

- Über 900.000 Entscheidungen, juris PraxisKommentar zum BGB und Fachzeitschriften – genau auf den Bedarf Ihrer Ausbildung abgestimmt.

- Nutzen Sie die digitale Recherche für die Scheine, den Abruf neuester Entscheidungen vor dem Examen, die Vorbereitung auf die mündliche Prüfung, das Nachlesen der Originalentscheidung passend zur Life&LAW sowie den hemmer Skripten. Im Referendariat ist die Online-Recherche unentbehrlich. Im Anwaltsberuf oder im Staatsdienst ist der schnelle Zugriff obligatorisch.

- Recherchieren Sie bequem von überall – ob zuhause, im Zug oder in der Uni.

Jetzt anmelden!
www.juris.de/hemmer

* Teilnehmende des hemmer Haupt-, Klausuren- oder Individualkurses bzw. des Assessorkurses, die sich während der Kursteilnahme anmelden und gleichzeitig hemmer.club-Mitglied sind, nutzen juris by hemmer 6 Monate lang kostenfrei.

INHALTSVERZEICHNIS:

Die Zahlen beziehen sich auf die Seiten des Skripts.

§ 1 EINLEITUNG 1

    A. Einführung in das Strafgesetzbuch 1
        I. Strafrecht im formellen Sinn 1
        II. Strafe – Rechtfertigung und Zweck 1
        III. Einordnung des Strafrechts in das deutsche Rechtssystem 3
        IV. Rechtsquellen außerhalb des StGB 4
        V. Schutzfunktion, Schutzgut und Schutzumfang 4
        VI. Das Gesetzlichkeitsprinzip 5
        VII. Geltungsbereich des StGB 7
            1. Grundsatz: Territorialitätsprinzip, §§ 3, 4 7
            2. Ergänzungen, §§ 5-7 8

    B. Der Allgemeine Teil des StGB 9
        I. Die Bedeutung des StGB-AT 9
        II. Hinweise zum Erlernen des Allgemeinen Teils 11

    C. Die Einteilung der Deliktstypen 12
        I. Verbrechen und Vergehen 12
        II. Vorsatz- und Fahrlässigkeitsdelikte 13
        III. Begehungs- und Unterlassungsdelikte 14
        IV. Erfolgs- und (schlichte) Tätigkeitsdelikte 15
        V. Verletzungs- und Gefährdungsdelikte 16
        VI. Dauer- und Zustandsdelikte 18
        VII. Allgemeindelikte, Sonderdelikte und eigenhändige Delikte 18
        VIII. Vollendungs- und Unternehmensdelikte 19
        IX. Grundtatbestand, Qualifikation, Privilegierung 20

§ 2 GRUNDLAGEN DER STRAFBARKEITSPRÜFUNG 23

    A. Die Begründung einer Strafbarkeit 23
        I. Tatbestandsmäßigkeit 24
            1. Vorfrage: Handlung im strafrechtlichen Sinn 24
            2. Tatbestandsmäßigkeit einer Handlung 24
        II. Rechtswidrigkeit 27
        III. Schuld 27
        IV. Dreistufiger Deliktsaufbau 28

    B. Veranschaulichung anhand von Beispielsfällen 29

    C. Anmerkungen zur Falllösung 32

§ 3 DAS VOLLENDETE VORSÄTZLICHE BEGEHUNGSDELIKT 33

A. Tatbestandsmäßigkeit 34

    I. Objektiver Tatbestand 35

        1. Vorfrage: Handlungsqualität 36
        2. Deliktsspezifische äußere Unrechtsmerkmale 37
        3. Kausalität 39
            a) Einleitung 39
            b) Kausalitätsbegriff i.S.d. Äquivalenz- oder Bedingungstheorie 40
            c) Sonderfälle der Kausalität 41
                aa) Alternative Kausalität oder Mehrfachkausalität 41
                bb) Kumulative Kausalität 42
                cc) Abgebrochene bzw. überholende Kausalität 43
        4. Objektive Zurechnung 44
            a) Einleitung: Die Lehre von der objektiven Zurechnung 44
            b) Kriterien der objektiven Zurechnung 45
                aa) Rechtlich relevantes Risiko 45
                bb) Risikozusammenhang 46
            c) Zusammenfassende Übersicht 51
        5. Tatbestandsausschließendes Einverständnis 52

    II. Subjektiver Tatbestand 54

        1. Vorsatz 54
            a) Wissen: intellektuelles Element 54
            b) Wollen – voluntatives Element 59
                aa) Dolus directus 1. Grades – Absicht 60
                bb) Dolus directus 2. Grades – direkter Vorsatz 61
                cc) Dolus eventualis – bedingter Vorsatz 61
            c) Maßgeblicher Zeitpunkt 63
            d) Irrtumsproblematik im subjektiven Tatbestand 64
                aa) Irrtum über das Handlungsobjekt 64
                bb) Fehlgehen der Tat – aberratio ictus 66
                cc) Abgrenzungsproblem: „Mittelbare" Individualisierung 68
        2. Deliktsspezifische subjektive Tatbestandsmerkmale 69

    III. Objektive Bedingungen der Strafbarkeit 70

B. Rechtswidrigkeit 71

    I. Einleitung 71

    II. Überblick über die Rechtfertigungsgründe 72

    III. Struktur der Rechtfertigungsgründe 73

    IV. Wichtige Rechtfertigungsgründe im Einzelnen 74

        1. Notwehr, § 32 74
            a) Notwehrlage 75
                aa) Angriff auf ein notwehrfähiges Rechtsgut 75
                bb) Gegenwärtigkeit des Angriffs 76
                cc) Rechtswidrigkeit des Angriffs 77
            b) Notwehrhandlung 77
                aa) Abwehrhandlung gegen den Angreifer 77
                bb) Erforderlichkeit 77
                cc) Gebotenheit 78
        2. Rechtfertigender Notstand, § 34 81
            a) Notstandslage 82
            b) Notstandshandlung 82

3. Besondere Notstände 85
   a) Defensivnotstand, § 228 BGB (Sachwehr) 85
   b) Aggressivnotstand, § 904 BGB 85
4. Festnahmerecht des § 127 I S. 1 StPO 86
   a) Konfliktlage 86
   b) Festnahmehandlung 88
5. Einwilligung und mutmaßliche Einwilligung 88
   a) Einwilligung 89
   b) Mutmaßliche Einwilligung 91
6. Rechtfertigende Pflichtenkollision 91
V. Irrtümer im Bereich der Rechtswidrigkeit 92
   1. Der Täter glaubt sich irrtümlich gerechtfertigt 92
      zu a) Erlaubnistatbestandsirrtum 92
      zu b) Erlaubnisirrtum 92
   2. Der Täter erkennt rechtfertigende Tatsachen nicht 93

C. Schuld 96
I. Einleitung 96
II. Überblick über die Probleme bei der Schuld 97
III. Voraussetzungen der Schuld im Einzelnen 98
   1. Schuldfähigkeit 98
      a) Schuldunfähigkeit, §§ 19, 20 98
      b) Rechtsfigur der actio libera in causa (a.l.i.c.) 99
         aa) Einführung in die Problematik 100
         bb) Vorsätzliche a.l.i.c. bei verhaltensneutralen
             Erfolgsdelikten (umstritten) 102
         cc) Fahrlässige a.l.i.c. beim verhaltensneutralen Erfolgsdelikt 106
         dd) Keine a.l.i.c. bei verhaltensgebundenen Delikten 107
   2. Spezielle Schuldmerkmale 107
   3. Vorsatzschuld 108
   4. Fehlen von Entschuldigungsgründen 108
      a) Entschuldigender Notstand, § 35 I 108
      b) Notwehrexzess, § 33 110
      c) Übergesetzlicher entschuldigender Notstand 112
   5. (Potentielles) Unrechtsbewusstsein 112
IV. Irrtumsprobleme im Bereich der Schuld 113
   1. Verbotsirrtum, § 17 113
      a) Fehlende Unrechtseinsicht 113
      b) Unvermeidbarkeit 114
      c) Vermeidbarkeit 114
   2. Erlaubnis- und Erlaubnistatbestandsirrtum 114
      a) Erlaubnisirrtum 115
      b) Erlaubnistatbestandsirrtum 116
      c) Doppelirrtum 121
      d) Irrige Annahme der Voraussetzungen des § 35 I, § 35 II 122

D. Strafausschließungsgründe, Strafaufhebungsgründe, Prozessvoraussetzungen 123

§ 4 DER VERSUCH 124

A. Einführung 124
I. Verwirklichungsstufen des Vorsatzdelikts 124
II. Strafgrund und Strafrahmen des Versuchs 126
III. Anforderungen an einen strafwürdigen Versuch 127
IV. Überblick über die Auswirkungen der Besonderheiten des versuchten Delikts auf den Prüfungsaufbau 127

B. Die Versuchsstrafbarkeit 128
I. Vorprüfung 129
    1. Keine Strafbarkeit wegen Vollendung 129
    2. Strafbarkeit des Versuchs, § 23 I 129
II. Tatbestandsmäßigkeit 130
    1. Subjektiver Tatbestand: Tatentschluss 130
        a) Inhalt und Umfang des Tatentschlusses 130
        b) Untauglicher Versuch und Wahndelikt 130
            aa) Untauglicher Versuch: strafbar 131
            bb) Grob unverständiger Versuch: strafbar, fakultative Strafmilderung nach § 23 III 131
            cc) Abergläubischer bzw. irrealer Versuch: straflos 132
            dd) Abgrenzung untauglicher Versuch - strafloses Wahndelikt 133
    2. Objektiver Tatbestand: Unmittelbares Ansetzen, § 22 133
        a) Bestimmung des unmittelbaren Ansetzens 134
            aa) Subjektive Bewertungsgrundlage 134
            bb) „Objektives" Ansetzen 135
        b) Sonderproblem: unmittelbares Ansetzen bei abgeschlossener Einwirkungshandlung 137
III. Rechtswidrigkeit, Schuld 138
IV. Rücktritt vom Versuch gemäß § 24 138
    1. Sinn und Zweck des strafbefreienden Rücktritts 138
    2. Prüfung eines strafbefreienden Rücktritts 139
        a) Kein fehlgeschlagener Versuch 139
            aa) Begriff des Fehlschlags 139
            bb) Maßgeblicher Beurteilungszeitpunkt 140
        b) Abgrenzung beendeter / unbeendeter Versuch 142
            aa) Begriff des beendeten / unbeendeten Versuchs 142
            bb) Maßgeblicher Beurteilungszeitpunkt 142
        c) Rücktrittshandlung beendeter / unbeendeter Versuch 144
            aa) Beim unbeendeten Versuch 144
            bb) Beim beendeten Versuch 145
        d) Freiwilligkeit 146
        e) Sonderproblem: Außertatbestandliche Zielerreichung 147
    3. Der Rücktritt bei mehreren Beteiligten, § 24 II 148
        a) Besonderheiten des Rücktritts nach § 24 II 149
        b) Die drei Varianten des § 24 II 150
            aa) § 24 II S. 1 150
            bb) § 24 II S. 2 Alt. 1 150
            cc) § 24 II S. 2 Alt. 2 150

§ 5 DAS FAHRLÄSSIGE BEGEHUNGSDELIKT 153

A. Einleitung 153
I. Bedeutung 153
II. Grundsätzliches zur Fahrlässigkeitsstrafbarkeit 154
   1. Strafbarkeit nach § 15 154
   2. Sorgfaltspflichtverstoß 154
   3. Folgen der strukturellen Eigenständigkeit 155

B. Das fahrlässige Begehungsdelikt 156
I. Tatbestandsmäßigkeit 156
   1. Verwirklichung des äußeren Unrechtstatbestands 156
      a) Handlung 157
      b) Erfolg 157
      c) Kausalität 157
   2. Objektive Sorgfaltspflichtverletzung 157
      a) Nichtbeachtung der im Verkehr erforderlichen Sorgfalt 158
      b) Ableitung der Sorgfaltspflichten 158
      c) Sonderfähigkeiten als Maßstab 159
      d) Begrenzung der Sorgfaltspflichten 159
   3. Objektive Voraussehbarkeit des Erfolgs 160
   4. Objektive Zurechnung 160
      a) Pflichtwidrigkeitszusammenhang 161
      b) Schutzzweck der Norm 164
      c) Zurechnungsausschluss nach dem Autonomieprinzip 165
II. Rechtswidrigkeit 166
III. Schuld 166
   1. Subjektiver Sorgfaltspflichtverstoß 166
   2. Unzumutbarkeit normgemäßen Verhaltens 166

§ 6 DAS ERFOLGSQUALIFIZIERTE DELIKT 167

A. Einleitung 167

B. Besonderheiten im Prüfungsaufbau 168

C. Tatbestandsspezifischer Gefahrzusammenhang (Unmittelbarkeitserfordernis) 169
Vorgehensweise bei der Prüfung des tatbestandsspezifischen Gefahrzusammenhangs: 169

D. Versuch und Rücktritt 170
I. Erfolgsqualifizierter Versuch 170
II. Versuch der Erfolgsqualifikation 171
III. Rücktritt vom erfolgsqualifizierten Versuch 172

§ 7 DIE UNTERLASSUNGSTAT 173

A. Einführung 173
I. Allgemeines 173
II. Grundsätzliches zur Unterlassungsstrafbarkeit nach § 13 174

B. Das vorsätzliche Unterlassungsdelikt 174
I. Tatbestandsmäßigkeit 175
    1. Abgrenzung: Aktives Tun – Unterlassen 175
    2. Erfolgseintritt durch Nichtvornahme der möglichen Abwendungshandlung 176
    3. Garantenstellung 178
    4. Entsprechungsklausel 180
    5. Subjektiver Tatbestand 180
II. Rechtswidrigkeit 181
III. Schuld 182

C. Der Versuch des unechten Unterlassungsdelikts 184
I. Unmittelbares Ansetzen 184
II. Rücktritt vom Unterlassungsversuch 185

D. Das fahrlässige Unterlassungsdelikt 186

§ 8 BETEILIGUNG 187

A. Die Beteiligungsformen Täterschaft und Teilnahme 187
I. Abgrenzungsproblematik Täterschaft - Teilnahme 188
    1. Sonderdelikte und eigenhändige Delikte 188
    2. Delikte mit überschießender Innentendenz 188
    3. Allgemeindelikte 189
II. Abgrenzungstheorien 189
    1. Subjektive Theorie 189
    2. Tatherrschaftslehre 189

B. Die Erscheinungsformen der Täterschaft 190
I. Mittelbare Täterschaft, § 25 I Alt. 2 190
    1. Die mittelbare Tatbegehung 190
        a) Voraussetzungen 190
        b) Fallgruppen des Strafbarkeitsmangels 192
            aa) Vordermann handelt subjektiv nicht tatbestandsmäßig 192
            bb) Vordermann handelt nicht schuldhaft 193
        c) Fallgruppen des „Täters hinter dem Täter" 193
            aa) Organisationsherrschaft („Schreibtischtäter") 194
            bb) Herbeiführung eines Irrtums über den konkreten Handlungssinn 194
    2. Versuch und Rücktritt 195
        a) Versuchsbeginn 195
        b) Rücktritt vom Versuch 196
    3. Irrtumsproblematik 196

II. Mittäterschaft, § 25 II 197
   1. Voraussetzungen und Wirkung 197
   2. Aufbaufragen 198
      a) Getrennte oder gemeinsame Prüfung der Mittäter 199
      b) Prüfungsstandort der Mittäterschaft 199
   3. Versuch und Rücktritt 200
      a) Unmittelbares Ansetzen des Mittäters 200
      b) Rücktritt vom Versuch 201

C. Die Teilnahme **201**
   I. Teilnahmeformen und Strafgrund 201
   II. Akzessorietätsgrundsatz 202
   III. Teilnahmehandlungen (Objektiver Tatbestand) 203
      1. Anstiftung 203
      2. Beihilfe 204
   IV. Subjektiver Tatbestand: Doppelter Vorsatz 204

D. Akzessorietätslockerungen bei der Teilnahme **207**
   I. Unterscheidung zwischen tatbezogenen Merkmalen, täterbezogenen
      Merkmalen und Schuldmerkmalen 207
      1. Schuldbezogene Merkmale 207
      2. Tatbezogene Merkmale 208
      3. Täterbezogene Merkmale 209
   II. Differenzierungen innerhalb des § 28 210

E. Die versuchte Beteiligung, § 30 .... **211**

§ 9 DIE KONKURRENZEN **213**

A. Einführung **213**
   I. Das Problem in der Klausur 213
   II. Die gesetzliche Regelung 215

B. Handlungseinheit und Handlungsmehrheit **215**
   I. Handlung im natürlichen Sinn 216
   II. Rechtliche Handlungseinheiten 216
      1. Tatbestandliche Handlungseinheit 216
      2. Natürliche Handlungseinheit 216

C. Gesetzeskonkurrenzen **218**
   I. Bei Handlungseinheit 218
      1. Spezialität 218
      2. Subsidiarität 218
      3. Konsumtion 219
   II. Bei Handlungsmehrheit 219

D. Verklammerungsprinzip **220**

E. Zusammenfassung **221**

eBooks: Die gesamte hemmer Skriptenreihe für mobile Geräte und PC

■ EBOOKS - ab 10,80 €

HEMMER SKRIPTENREIHE

In den eBooks, die mit unserer hemmer-Skriptenreihe identisch sind, werden die für die Prüfung nötigen Zusammenhänge umfassend aufgezeigt und wiederkehrende Argumentationsketten eingeübt. Nutzen Sie die eBooks als Ihre ortsunabhängige Bibliothek. Sie sind klausurorientiert und zahlreiche Beispielsfälle erleichtern das Verständnis.
So wird Prüfungswissen auf anspruchsvollem Niveau vermittelt.

- ✔ Grundwissen
- ✔ Die wichtigsten Fälle
- ✔ Basics
- ✔ Hauptskripte
- ✔ Schwerpunkt
- ✔ Steuerrecht
- ✔ Assessorskripte
- ✔ WiWis, BWLer & Steuerberater
- ✔ Philsoph.-psycholog. Ratgeber

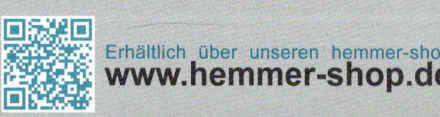

Erhältlich über unseren hemmer-shop
www.hemmer-shop.de

§ 1 EINLEITUNG

A. Einführung in das Strafgesetzbuch

I. Strafrecht im formellen Sinn

Als Einstieg in die Rechtsmaterie „Strafrecht Allgemeiner Teil" ist es sinnvoll, sich mit einigen grundlegenden Begrifflichkeiten vertraut zu machen.

Strafrecht

„**Strafrecht**" bezeichnet den Teil der Rechtsordnung, der die Voraussetzungen, die einzelnen Merkmale und Folgen strafbaren Verhaltens festlegt.

Strafbarkeit

„**Strafbarkeit**" ist gegeben, wenn alle Voraussetzungen erfüllt sind, um gegen eine Person aufgrund eines bestimmten begangenen Verhaltens eine Strafe zu verhängen.

Straftat

Eine „**Straftat**" liegt vor, wenn ein Verhalten als Straftat zu qualifizieren ist. Eine Straftat wird begangen, wenn das Verhalten die Voraussetzungen mindestens eines Strafgesetzes rechtswidrig und schuldhaft erfüllt.

Strafgesetz

Ein „**Strafgesetz**" ist ein formelles Gesetz, das auf der Tatbestandsseite die Umschreibung des strafwürdigen Verhaltens und auf der Rechtsfolgenseite eine Strafe gemäß §§ 38 ff.[1] oder Maßregeln der Besserung und Sicherung gemäß §§ 61 ff. beinhaltet.

II. Strafe – Rechtfertigung und Zweck

Hauptstrafen und Nebenstrafen

Die zwei Hauptstrafen als Rechtsfolge der Strafgesetze sind die Freiheitsstrafe (§ 38) und die Geldstrafe (§ 40). Als Nebenstrafen kommen Fahrverbot (§ 44) und Nebenfolgen (§§ 45-45b) in Betracht.

```
                    Strafe
                   /      \
            Hauptstrafen   Nebenstrafen
             /     \        /       \
   Freiheitsstrafe, Geldstrafe, Fahrverbot, Nebenfolgen,
       § 38        § 40        § 44       §§ 45-45b
```

---

[1] Vorschriften ohne Gesetzesangaben beziehen sich ausschließlich auf das StGB.

Wesen der Strafe	Die Strafe ist also dem Wesen nach eine Antwort auf eine begangene Straftat, die das sozialethische Unwerturteil ausdrückt und dies durch eine Übelszufügung für den Täter spürbar macht.
Zweck von Strafe	Davon ausgehend stellt sich die Frage nach dem Sinn und Zweck der Strafe. Nach den heute herrschenden Vereinigungstheorien muss Strafe grundsätzlich zweckmäßig sein und darf nicht lediglich ein Instrument der Vergeltung darstellen. Strafzwecke sind sowohl Schuldausgleich als auch Prävention.

Schuldausgleich ermöglicht dem mit der Strafe belasteten Täter die Aussöhnung mit seiner Tat. Er „tilgt" durch Verbüßung einer Strafe das begangene Unrecht und seine Schuld.

Außerdem dient die Strafe der **Prävention**.

Spezialpräventiv soll der Täter vor weiterer Straftatbegehung abgeschreckt und ggf. resozialisiert werden.

Generalpräventiv soll die übrige Bevölkerung von Straffälligkeit abgehalten werden, so dass insgesamt das Vertrauen in die Rechtsordnung gestärkt wird.

Schuldstrafprinzip	Es gilt das sog. **Schuldstrafprinzip**, wonach nur die Bestrafung einer persönlich vorwerfbaren (= schuldhaften) Tat zulässig ist *(nulla poena sine culpa: keine Strafe ohne Schuld).*

Darüber hinaus muss die Strafe in einem angemessenen Verhältnis zu dem Maß der Schuld stehen (*sog. Grundsatz „schuldangemessenen Bestrafens"*).

```
                    Sanktionen
                   /          \
              Strafe          Maßregeln
                          /    |      |       \
              Unterbringung,  Führungsauf-  Entziehung der  Berufsverbot,
                §§ 63 ff.     sicht, §§ 68 ff.  Fahrerlaubnis,  §§ 70-70b
                                              §§ 69 ff.
```

> **hemmer-Methode:** Nach dem sog. dualistischen Rechtsfolgensystem steht der „Strafe" die Sanktion „Maßregel" gegenüber.
> Maßregeln der Besserung und Sicherung sind etwa die Unterbringung (§§ 63 ff.), die Führungsaufsicht (§§ 68 ff.), die Entziehung der Fahrerlaubnis (§§ 69 ff.) und das Berufsverbot (§§ 70-70b).
> Die Rechtsfolge der Maßregel ist **vorwiegend präventiver Natur**, indem ihre Auferlegung entsprechendes weiteres sozialschädliches Verhalten des Täters verhindert.
> Da sie an die künftige Gefährlichkeit des Täters anknüpft, ist dem Verhältnismäßigkeitsgrundsatz bei Verhängung der Präventivmaßnahme auch dann Genüge getan, wenn den Täter keine Schuld an der Tatbegehung trifft.

III. Einordnung des Strafrechts in das deutsche Rechtssystem

Teilbereich des Öffentlichen Rechts

Wird sozialschädliches Verhalten durch Strafen oder Maßregeln der Besserung oder Sicherung sanktioniert, so tritt der Staat dem Bürger durch die jeweilige Strafnorm befehlend gegenüber. Strafrecht ist somit durch ein Über- / Unterordnungsverhältnis gekennzeichnet und gehört daher dem Öffentlichen Recht an.

Abgrenzung zum Zivilrecht

Das Zivilrecht dagegen bezweckt den Interessenausgleich zwischen Bürgern und beruht auf dem Prinzip der Gleichordnung. Rechtsfolge bei einem Verstoß gegen Ge- oder Verbote ist daher etwa ein Schadensersatzanspruch.

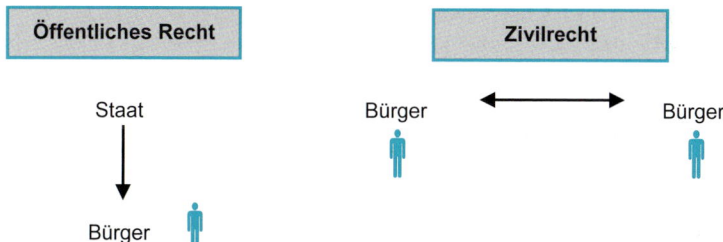

Abgrenzung zum Öffentlichen Recht im engeren Sinn

Auch das Öffentliche Recht im engeren Sinn enthält Vorschriften, die normwidriges Verhalten sanktionieren, aber nicht dem Strafrecht zugerechnet werden. Das Ordnungswidrigkeitsrecht etwa lässt die „Ahndung mit einer Geld*buße*" zu (§ 1 I OWiG, Gesetz über Ordnungswidrigkeiten) und bestimmt gerade nicht die „Verhängung einer Geld*strafe*" (§ 40 I).

Strafrecht im formellen Sinn sind also nur solche Vorschriften, die als Rechtsfolge ausdrücklich Strafe i.S.d. §§ 38 ff. vorsehen oder sich als allgemeine Regeln direkt darauf beziehen. Normen mit anderen Rechtsfolgen sind keine Strafgesetze.

IV. Rechtsquellen außerhalb des StGB

Das StGB ist das Kerngesetz des Strafrechts, zu dem eine Fülle von anderen Gesetzen als sog. „Nebenstrafrecht" treten.

Nebenstrafrecht

Bspe.:

⇨ *§§ 29 ff. BtMG (Betäubungsmittelgesetz)*
⇨ *§ 27 JuSchG (Jugendschutzgesetz)*
⇨ *§§ 21, 22, 22a, 22b StVG (Straßenverkehrsgesetz)*
⇨ *§§ 51, 52 WaffG (Waffengesetz)*

V. Schutzfunktion, Schutzgut und Schutzumfang

Schutzfunktion

Aufgabe des Strafrechts ist die Verwirklichung des Gemeinwohls und die Wahrung des Rechtsfriedens durch den Schutz von Rechtsgütern.

Rechtsgut

Dabei versteht man unter einem „Rechtsgut" einen rechtlich geschützten abstrakten Wert der Sozialordnung, an dessen Erhaltung die Gemeinschaft ein Interesse hat. Von „Individualrechtsgütern" spricht man, wenn das geschützte Gut dem Einzelnen zugeordnet ist (z.B. Leib, Leben, Freiheit). Die Allgemeinheit ist dagegen Träger von „Kollektivrechtsgütern" (z.B. Rechtspflege, Sicherheit des Straßenverkehrs, Brandgefahr).

```
                    Rechtlich geschützte Rechtsgüter
                      ↙                        ↘
       Individualrechtsgüter            Rechtsgüter der Allgemeinheit
              z.B.:                              z.B.:
        ↙      ↓      ↘                    ↙       ↓        ↘
      Leib          Freiheit         Rechtspflege           Brandgefahr
              ↓                                  ↓
            Leben                        Sicherheit des
                                         Straßenverkehrs
```

Hintergrund und Legitimation jeder strafrechtlichen Vorschrift ist also der Schutz eines oder mehrerer Rechtsgüter. Welche Rechtgüter geschützt werden, ist aus dem Sinn und Zweck der jeweiligen Norm zu ermitteln und steht nicht ausdrücklich im Strafgesetzbuch. Die Ermittlung des geschützten Rechtsguts ist meist recht einfach (z.b. Leben bei § 212 I), zuweilen auch schwieriger (z.b. das „private Feststellungsinteresse" als Vermögenswert bei der Unfallflucht, § 142).

Schutzumfang: fragmentarischer Charakter

Das Strafrecht untersagt nicht jede Beeinträchtigung von Rechtsgütern, denn nicht jedes „Fehlverhalten" darf vom Staat sanktioniert werden (sog. „**Subsidiarität des Strafrechts**"). Anderenfalls wäre das Leben durch den Staat unzumutbar „überreglementiert". Deshalb werden nur besondere Verhaltensweisen normiert, die der Gesetzgeber als besonders sozialschädlich ansieht.

> *Bsp.: Durch die auf Dauer angelegte Entziehung der Gebrauchsmöglichkeit an einer Sache wird das Individualrechtsgut Eigentum verletzt (z.B. § 242). Der unbefugte Gebrauch eines Fahrzeuges oder Fahrrads wird von § 248b erfasst und ist somit ebenfalls unter Strafe gestellt.*
>
> *Die nur vorübergehende widerrechtliche Benutzung eines fremden Pferdes oder Spielzeugs ohne Zueignungsabsicht i.S.d. §§ 242, 246 ist hingegen tatbestandslos. Letzteres Verhalten ist also strafrechtlich irrelevant. In Betracht kommen insoweit nur zivilrechtliche Ausgleichsansprüche.*

Der Schutzumfang des Strafrechts bleibt somit „fragmentarisch". Das bedeutet, dass das Strafrecht lediglich „ultima ratio", also „das letztmögliche Mittel", darstellt.

VI. Das Gesetzlichkeitsprinzip

Dem Strafrecht liegt gemäß Art. 103 II GG das „Gesetzlichkeitsprinzip" zu Grunde. Dieses besagt, dass die Annahme einer Straftat und die Verhängung von Strafe einer gesetzlichen Grundlage bedürfen.

Art. 103 II GG, § 1

Art. 103 II GG, der durch § 1 wegen seiner elementaren Bedeutung auch in das StGB aufgenommen wurde, lautet:

> „Eine Tat kann nur bestraft werden, wenn die Strafbarkeit gesetzlich bestimmt war, bevor die Tat begangen wurde."

Dieser Satz enthält zwei Grundaussagen

„nullum crimen sine lege"
„nulla poena sine lege"

⇨ *Nullum crimen sine lege* (keine Straftat ohne Gesetz)
⇨ *Nulla poena sine lege* (keine Strafe ohne Gesetz)

und wird durch vier Regeln konkretisiert:

Verbot des Gewohnheitsrechts („nullum crimen sine lege scripta")	Das Verbot gewohnheitsrechtlicher Strafbegründung oder Strafschärfung verlangt, dass die Strafbarkeit einer Tat gesetzlich bestimmt ist (**lex scripta**).
Rückwirkungsverbot („nullum crimen sine lege praevia")	Das Rückwirkungsverbot bedeutet, dass eine Strafbarkeit durch einen gesetzlichen Straftatbestand vorgesehen sein muss, bevor die entsprechende Tat begangen wird, vgl. auch § 2. Niemand darf aufgrund eines Gesetzes bestraft werden, das zur Tatzeit noch nicht in Kraft getreten war und somit dem Täter noch nicht bekannt sein konnte (**lex praevia**).
Bestimmtheitsgebot („nullum crimen sine lege certa")	Das Bestimmtheitsgebot erfordert, dass die Straftatbestände und ihre Voraussetzungen, sowie die daran geknüpften Folgen so genau und konkret umschrieben sein müssen, dass sich Tragweite und Anwendungsbereich der Normen erkennen und durch Auslegung ermitteln lassen (**lex certa**).
Analogieverbot („nullum crimen sine lege stricta")	Das Analogieverbot untersagt die Strafbegründung oder Strafschärfung über den Weg der Analogie. Ein Strafgesetz darf über seinen durch Auslegung ermittelten Wortsinn hinaus **nicht zulasten** des Täters angewandt werden (**lex stricta**).

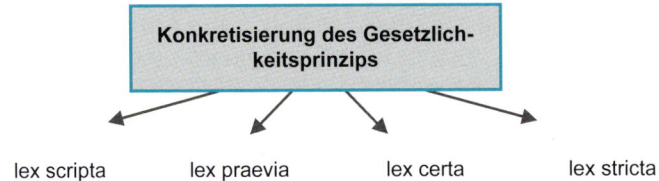

hemmer-Methode: Die Heranziehung von Gewohnheitsrecht und Analogien ist aber nur dann verboten, wenn der Täter dadurch belastet wird. Zugunsten des Täters ist beides grundsätzlich möglich. Dabei darf jedoch aufgrund des Gewaltenteilungsgrundsatzes (Art. 20 III GG) nicht der Wille des Gesetzgebers „umgangen" werden.

VII. Geltungsbereich des StGB

Internationales Strafrecht

Im Folgenden wird ein Überblick über den Geltungsbereich des deutschen Strafrechts gegeben. Probleme in dieser Hinsicht werden in den Anfängerklausuren selten auftauchen.

Die §§ 3-7 und § 9 bestimmen als sog. „Internationales Strafrecht" den Geltungsbereich des deutschen Strafrechts. Die Normen geben an, wann ein Sachverhalt, der internationale Bezüge hinsichtlich des Tatortes, des Täters oder des Verletzten aufweist, der innerdeutschen Strafgewalt unterliegt.

1. Grundsatz: Territorialitätsprinzip, §§ 3, 4

Territorialitätsprinzip

Ausgangspunkt ist das in § 3 enthaltene Territorialitätsprinzip („**Gebietsgrundsatz**"). Es wird dabei an den Tatort (§ 9) angeknüpft. Demnach findet das deutsche Strafrecht auf alle im Inland begangenen Taten Anwendung.

Ort der Tat, § 9

Essentiell für das Verständnis des internationalen Strafrechts ist damit § 9. In diesem wird der **Ort der Tat** definiert. Nach § 9 I ist eine Tat an jedem Ort begangen, an dem der Täter gehandelt hat bzw. im Falle des Unterlassens hätte handeln müssen (Tätigkeitsort). Zudem kann der Tatort auch dort sein, wo der zum Tatbestand gehörende Erfolg eingetreten ist bzw. im Falle des versuchten Delikts eintreten sollte (Erfolgsort). Nach § 9 II ist der Tatort des Teilnehmers sowohl der Tatort der Haupttat als auch der Ort der Teilnahmehandlung. Immer dann, wenn der gerade in § 9 beschriebene Tatort im Gebiet der Bundesrepublik Deutschland (BRD) liegt, findet nach § 3 das StGB Anwendung.

Flaggenprinzip

§ 4 enthält das sog. „**Flaggenprinzip**". Demnach stellen auch Schiffe und Flugzeuge, die sich unter deutscher Flagge im Ausland bewegen, fiktives Inland dar. Liegt der Tatort (§ 9) auf einem solchen Schiff oder Flugzeug, gilt ausnahmsweise auch deutsches Strafrecht. Zudem zählt auch der Luftraum über der BRD zum deutschen Hoheitsgebiet.

> *Bsp.: Der Franzose A zwingt den spanischen Piloten einer Maschine einer britischen Fluggesellschaft, die sich über Hamburg befindet, statt nach Rom nach Paris zu fliegen.*

A unterliegt nach § 3 deutschem Strafrecht, da die Tat im deutschen Luftraum geschah.

2. Ergänzungen, §§ 5-7

Aktives Personalitätsprinzip

Unabhängig von den §§ 3, 4 können nach dem **aktiven Personalitätsprinzip** Straftaten, die ein deutscher Staatsangehöriger im Ausland begangen hat, ebenfalls deutschem Strafrecht unterliegen, vgl. §§ 5 Nr. 3a, 5b, 8, 9, 12; 7 II Nr. 1. In den Fällen des §§ 5 Nr. 3a, 5b, 8, 9 und 12 gilt dies unabhängig vom Recht des Tatorts. Bei § 7 II Nr. 1 ist dagegen zusätzliche Voraussetzung, dass die Tat auch im Ausland strafbar ist oder keiner Strafgewalt unterliegt.

> *Bsp.: Der Deutsche A tötet B in Frankreich und wird in Trier festgenommen: Nach dem aktiven Personalitätsprinzip des § 7 II Nr. 1 ist deutsches Strafrecht anwendbar.*

Passives Personalitätsprinzip

Nach dem **passiven Personalitätsprinzip** können Straftaten, die gegen einen deutschen Staatsangehörigen begangen werden oder territorialen Bezug zur BRD aufweisen, deutschem Strafrecht unterliegen, vgl. §§ 5 Nr. 6-9a, 14 und § 7 I. Dies gilt gerade auch, wenn der Tatort nach § 9 im Ausland liegt. § 7 I setzt aber voraus, dass die Tat auch im Ausland strafbar ist oder der Tatort keiner Strafgewalt unterliegt.

> *Bsp.: Der Franzose A tötet in Frankreich den Deutschen B. Der Franzose wird in Deutschland verhaftet. Das passive Personalitätsprinzip des § 7 I greift in diesem Falle.*

Schutzprinzip

Darüber hinaus gilt deutsches Strafrecht nach dem **Schutzprinzip** auch für Taten, die gemäß § 9 im Ausland begangen werden, wenn bestimmte **inländische** Rechtsgüter gefährdet oder verletzt werden (§§ 5 Nr. 1, 2, 3b, 4, 5a, 10-13).

Weltrechtsprinzip

Nach dem **Weltrechts- oder Universalprinzip** können Auslandstaten dem inländischen Recht unterliegen, wenn sie sich gegen gemeinsame, in allen Kulturstaaten anerkannte – also internationale – Rechtsgüter richten (vgl. § 6 Nr. 1-9).

Stellvertretende Strafrechtspflege

Schließlich kann nach dem **Prinzip der stellvertretenden Strafrechtspflege** deutsches Strafrecht greifen, wenn aus tatsächlichen oder rechtlichen Gründen eine territorial zuständige Strafgewalt an der Durchsetzung des Strafanspruches gehindert ist (§ 7 II Nr. 2).

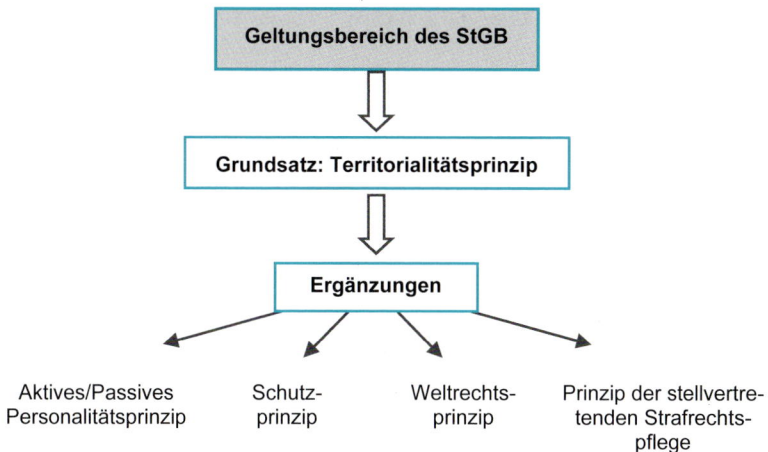

Anmerkung: Probleme der Anwendbarkeit deutschen Strafrechts sind nur in Fällen zu problematisieren, in denen ein internationaler Bezug vorliegt.

B. Der Allgemeine Teil des StGB

I. Die Bedeutung des StGB-AT

Das vorliegende Skriptum vermittelt die Grundkenntnisse zum Allgemeinen Teil des Strafgesetzbuches (StGB-AT), der die §§ 1-79b umfasst und die Grundlage für den Besonderen Teil des StGB (§§ 80a-358) bildet.

Systematik des StGB AT – BT

Der Besondere Teil (BT) liefert in den einzelnen Deliktstatbeständen typisierte Beschreibungen strafwürdigen Verhaltens und nennt die für jedes Delikt angedrohten Strafen.

Die Bestimmungen des Allgemeinen Teils (AT) treffen dagegen grundlegende Aussagen über die Voraussetzungen der Strafbarkeit, den Aufbau und die Besonderheiten der unterschiedlichen Deliktstypen und Erscheinungsformen strafbaren Verhaltens. Als „vor die Klammer gezogene" Regelungen finden die Bestimmungen des AT damit auf alle Deliktstatbestände des StGB-BT sowie des Nebenstrafrechts[2] gleichermaßen Anwendung.

---

[2] Gemeint sind damit Straftatbestände außerhalb des StGB-BT, vgl. Rn. 6.

Grobeinteilung des AT

Der Allgemeine Teil enthält im 1. Abschnitt (§§ 1-12) Bestimmungen über den Geltungsbereich des deutschen Strafrechts und als Kernstück den 3. Abschnitt (§§ 38-76b). Letzterer bestimmt, welche Rechtsfolgen eine Straftat haben kann, nämlich Strafen und Maßnahmen.

20

Der 2. Abschnitt (§§ 13-37) sowie der 4. (§§ 77-77e) und 5. Abschnitt (§§ 78-79b) enthalten allgemeine Vorschriften, welche die Anwendung des Besonderen Teils **erweitern** (Versuch, Teilnahme), **einschränken** (Irrtum, Rechtfertigungs-, Schuld- und Strafausschließungsgründe, Verjährung) oder **ergänzen** (Begehen durch Unterlassen, Handeln für einen anderen, Strafantrag).

Schwerpunkt der Darstellung in diesem Skriptum sind die allgemeinen Grundsätze, welche die Anwendung der Vorschriften des Besonderen Teils präzisieren, erweitern oder einschränken (§§ 1-37; §§ 77-79b). Die Darstellung des Systems der Straftaten (§§ 38-60), der Maßregeln (§§ 61-72) und der Einziehung (§§ 73-76b) sind nicht Teil des studentischen Grundwissens.

Bedeutung des AT

Die Bedeutung des StGB-AT, das am 15.5.1871 in Kraft trat, ist hinsichtlich der Anfängerklausuren sowie beider Staatsexamina kaum zu überschätzen. Auch ein detailliertes Fachwissen zu den einzelnen Straftatbeständen des Besonderen Teils des StGB (§§ 80-358) kann Schwächen beim Verständnis des AT nicht ausgleichen. Denn die Grundsätze des Allgemeinen Teils bestimmen das Prüfungsschema, in das die jeweiligen Normen des BT einzubetten sind.

21

Bei einem beliebigen deliktischen Verhalten stellen sich etwa Fragen der Begehungsform Tun oder Unterlassen, der Beteiligungsform Täterschaft oder Teilnahme, Probleme der Kausalität, des Vorsatzes, der Rechtfertigung oder Entschuldigung. Gerade Anfängerklausuren betreffen schwerpunktmäßig Problemkonstellationen aus dem Bereich des AT, wobei der besondere Straftatbestand mehr als Prüfungsaufhänger dient. Auch in Examensklausuren sind regelmäßig Probleme des AT und BT miteinander verknüpft.

Erlernen der Materie AT anhand von BT-Delikten

Das Strafrechtsstudium beginnt daher mit der Erarbeitung des Allgemeinen Teils des StGB. Dies ist insofern problematisch, da der Allgemeine Teil wegen seiner Abstraktheit schwer erfassbar ist. Verständlich wird der Allgemeine Teil erst bei der Anwendung seiner Regeln, also in Verbindung mit den Normen des Besonderen Teils.

22

Auch aus einem anderen Grunde muss sich jeder Anfänger als erstes mit einigen wichtigen Delikten des BT befassen. Aufgrund des bereits angesprochenen Grundsatzes „**nullum crimen sine lege**" (Art. 103 II GG, § 1) kann die Strafbarkeit eines Verhaltens in der Klausur nur anhand eines Delikts des BT geprüft werden. In der Strafrechtsklausur ist immer nach der Strafbarkeit einer Person gefragt.

Daher muss das beschriebene Verhalten einem besonderen Straftatbestand zugeordnet werden können („Tatbestandsmäßigkeit").

In den Anfängerklausuren ist die Anzahl derjenigen Normen des BT, die beherrscht werden müssen, überschaubar.

> *Bspe.: Körperverletzung (§§ 223 ff.), Totschlag und Mord (§ 212, § 211), Sachbeschädigung (§ 303), Diebstahl (§§ 242 ff.), Raub und räuberische Erpressung (§§ 249 ff.).*[3]

II. Hinweise zum Erlernen des Allgemeinen Teils

Im Bereich des BT kommt es vor allem darauf an, sauber zu subsumieren.

23

Dazu müssen Definitionen der Begriffe der gängigsten Straftatbestände, wie zum Beispiel der Wegnahme im Rahmen des Diebstahls (§ 242), sicher beherrscht werden.

> **Anmerkung:** § 242 „Wegnahme": Bruch fremden und Begründung neuen, nicht notwendig tätereigenen, Gewahrsams. „Gewahrsam" ist dabei die tatsächliche Sachherrschaft, getragen von einem Sachherrschaftswillen, was im konkreten Fall jeweils nach der Verkehrsauffassung zu beurteilen ist.

Im Bereich des AT geht es vorwiegend darum, sich immer wieder benötigte und das Verständnis erleichternde Aufbauschemata einzuprägen. Ob ein strafbarer Versuch eines Delikts (vgl. §§ 22-24), ein Unterlassungsdelikt (vgl. § 13), ein Fahrlässigkeitsdelikt (soweit ausdrücklich im BT geregelt, vgl. § 15) oder ein vorsätzliches Begehungsdelikt im konkreten Fall anzuprüfen ist, hängt von der konkreten Konstellation ab.

> *Bsp.: T schießt mit Tötungsvorsatz auf den O. O stirbt.*

---

[3] Ausführlich dazu im Band „**Grundwissen Strafrecht BT**".

Der Fortgeschrittene erkennt, dass die Prüfung eines Fahrlässigkeitsdelikts, z.B. § 222, wegen des Vorsatzes des T ausscheidet. Außerdem prüft er wegen des Eintritts des tatbestandlichen Erfolgs (Tod des O gemäß § 212 I) nicht einen Versuch gemäß §§ 212 I, 22, 23 I, sondern gleich das vorsätzliche Erfolgsdelikt § 212 I.

Erforderlich für die richtige Einordnung des Falles ist, dass Sie die verschiedenen Bereiche des AT sicher beherrschen. Dazu gehört auch, sich die gängige Prüfungsreihenfolge einzuprägen. Am leichtesten lassen sich diese durch die eigene Anwendung bei der Lösung von Fällen einprägen. Relativ schnell wird dann das angewandte Prüfungsschema zur unbewussten Kompetenz.

C. Die Einteilung der Deliktstypen

Einteilung der Delikte des BT in Deliktstypen

Bestimmte Delikte des BT werden in Gruppen zusammengefasst, da sie ähnliche Charakteristika hinsichtlich der Art und Weise der Tatausführung, der Art des Eintritts einer Rechtsgutsverletzung sowie der benötigten Täterqualität aufweisen.

24

I. Verbrechen und Vergehen

Verbrechen und Vergehen

Nach der Schwere der abstrakten Strafandrohung werden gemäß § 12 alle Delikte in Verbrechen (§ 12 I) und Vergehen (§ 12 II) eingeteilt. Verbrechen sind demnach nur rechtswidrige Taten, die im Mindestmaß mit Freiheitsstrafe von einem Jahr oder darüber bedroht sind. Maßgebend für die Deliktsnatur ist nicht die im Einzelfall verhängte, sondern die im Normtext *abstrakt* angedrohte **Mindest**strafe.

25

> *Bsp.: Totschlag (§ 212 I) zieht Freiheitsstrafe von nicht unter fünf Jahren nach sich ⇨ Verbrechen*
>
> *Körperverletzung (§ 223 I) zieht Freiheitsstrafe bis zu fünf Jahren oder Geldstrafe nach sich.*
>
> *Gemäß der allgemeinen Regel des § 38 II ist – falls nichts Besonderes geregelt ist – das Mindestmaß der Freiheitsstrafe ein Monat (so bei § 223 I) ⇨ Vergehen (vgl. auch § 12 II)*

Gemäß § 12 III bleiben für diese Einteilung **bloße Strafzumessungsvorschriften außer Betracht**. Hierunter fallen insbesondere Regelbeispiele für besonders schwere Fälle (z.B. §§ 243 I S. 2, 263 III S. 2). Dagegen können **Qualifikationen** und **Privilegierungen** zu einer Änderung der Deliktsnatur führen.

Bsp.: Der Grundtatbestand der Aussetzung (§ 221 I) ist ein Vergehen, da die Mindeststrafe unter einem Jahr liegt. § 221 III ist eine Erfolgsqualifikation mit Freiheitsstrafe nicht unter drei Jahren, so dass es sich hierbei um ein Verbrechen handelt.

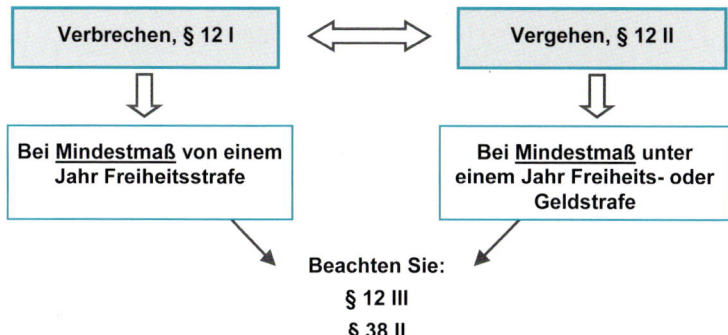

Klausurtipp **hemmer-Methode:** Die Einteilung in Verbrechen und Vergehen ist v.a. beim Versuch bedeutsam. Während bei Verbrechen der Versuch stets strafbar ist, bedarf es bei Vergehen einer ausdrücklichen gesetzlichen Anordnung, § 23 I Alt. 2 (z.B. §§ 223 II, 303 III).

II. Vorsatz- und Fahrlässigkeitsdelikte

Vorsatz- und Fahrlässigkeitsdelikte

Gemäß § 15 ist nur vorsätzliches Handeln strafbar, wenn nicht das Gesetz fahrlässiges Handeln ausdrücklich mit Strafe bedroht. Das Gesetz geht also von zwei Grundtypen missbilligten Verhaltens aus:

Regelform ist die *Vorsatztat*: Der Täter greift ein Rechtsgut wissentlich und willentlich an.

Ausnahmsweise – bei entsprechender gesetzlicher Normierung – ist die *Fahrlässigkeitstat* strafbar: Der Täter führt eine vermeidbare Rechtsverletzung sorgfaltspflichtwidrig herbei, *Bsp.: §§ 222, 229.*

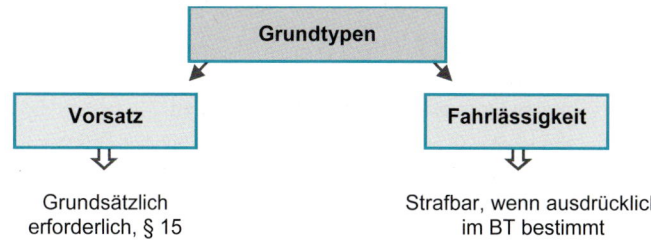

Vorsatz-Fahrlässigkeits-Kombinationen

Neben den reinen Vorsatz- und Fahrlässigkeitsdelikten gibt es auch Mischtatbestände. So sind einzelne **Vorsatz-Fahrlässigkeits-Kombinationen** normiert: Hier verwirklicht der Täter einen Teil des Delikts vorsätzlich und löst dadurch fahrlässig eine konkrete Gefährdung aus. Ferner sind an einzelne (Vorsatz-)Grunddelikte bei fahrlässiger Verursachung einer typischen Gefahrenfolge Strafschärfungen geknüpft, sog. *erfolgsqualifizierte Delikte*.

hemmer-Methode: Gemäß § 11 II werden diese Mischtatbestände als Vorsatzdelikte behandelt. Daher sind Teilnahme und Versuch grundsätzlich möglich.

Bsp. eines kombinierten Vorsatz-Fahrlässigkeitsdelikts ist § 315c I Nr. 2d i.V.m. III Nr. 1: Der Täter fährt mit seinem Pkw vorsätzlich mit stark überhöhter Geschwindigkeit durch die Innenstadt, vertraut aber darauf, dass es hierdurch zu keiner gefährlichen Verkehrssituation kommen wird.

Bsp. eines erfolgsqualifizierten Delikts ist § 227 (s.u. Rn. 30): Der Täter verwirklicht vorsätzlich eine (einfache) Körperverletzung, hinsichtlich der schweren Folge (Tod der verletzten Person) reicht auch Fahrlässigkeit aus (vgl. § 18).

III. Begehungs- und Unterlassungsdelikte

Begehungsdelikte

Delikte, deren Tatbestand ein aktives Tun beschreibt, nennt man *Begehungsdelikte*, z.B. § 212 (Totschlag), § 242 (Diebstahl), § 253 (Erpressung).

Bsp.: Der Täter erschießt einen anderen. Aktives Tun ist gegeben.

Unterlassungsdelikte

Als andere Grundform des menschlichen Verhaltens kommt ein bloßes Untätigbleiben als Anknüpfungspunkt für eine Strafbarkeit in Betracht. Solches Verhalten kann den Tatbestand eines Unterlassungsdelikts verwirklichen.

Echte Unterlassungsdelikte

Normiert ein Straftatbestand ausdrücklich die Tathandlung des „Unterlassens", so spricht man von einem *echten Unterlassungsdelikt* (Bsp. § 323c I).

Unechte Unterlassungsdelikte

Unter den Voraussetzungen des § 13 kann jedes Begehungsdelikt auch durch Unterlassen verwirklicht werden. Dadurch werden die Begehungsdelikte in *unechte Unterlassungsdelikte* umgestaltet.

Bsp.: Die Mutter eines 9-monatigen Kindes stellt die Ernährung des Kindes ein, infolgedessen stirbt das Kind. (§§ 212 I, 13).

Eine Unterlassungsstrafbarkeit nach §§ 212 I, 13 kommt konkurrenzrechtlich nur dann in Betracht, wenn nicht bereits eine aktive Handlung von gleicher strafrechtlicher Relevanz gegeben ist.

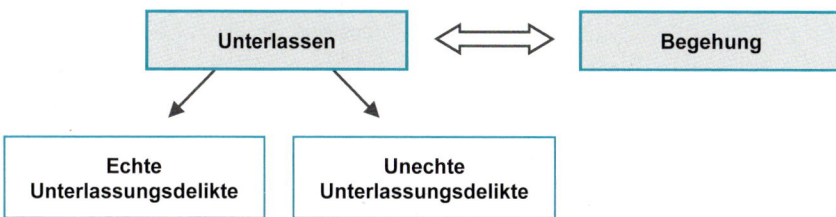

IV. Erfolgs- und (schlichte) Tätigkeitsdelikte

Erfolgsdelikte- und Tätigkeitsdelikte

Nach der Beziehung zwischen Handlung und Erfolg werden Erfolgsdelikte und schlichte Tätigkeitsdelikte unterschieden.

Die Tatbestände der *Tätigkeitsdelikte* beschreiben ein aktives Tun, zu dem ein über das Tun hinausgehender Erfolg nicht einzutreten braucht.

Bsp.: falsche uneidliche Aussage, § 153. Der Tatbestand dieses Delikts ist bereits mit vollständiger Ausführung der falschen Aussage erfüllt.

Deshalb ist es gleichgültig, ob es dem Täter gelungen ist, das Gericht durch seine Falschaussage zu täuschen.

Die *Erfolgsdelikte* setzen im Tatbestand den Eintritt eines von der Tathandlung gedanklich abgrenzbaren Erfolgs voraus.

Bsp.: Durch eine Tathandlung kommt es zum Tode eines anderen Menschen als Erfolg i.S.v. § 212 I.

hemmer-Methode: (Nur) bei den Erfolgsdelikten ist die Kausalität, also der ursächliche Zusammenhang zwischen Handlung und Erfolg, zu prüfen (Rn. 65 f.).

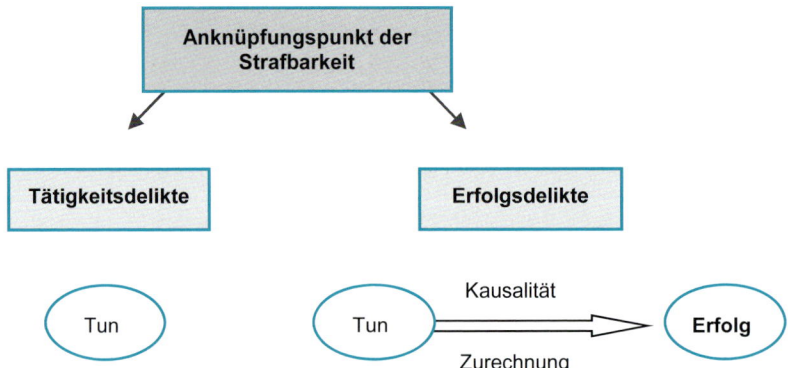

Sondergruppe: erfolgsqualifizierte Delikte

Eine Sonderstellung im Rahmen der Erfolgsdelikte bilden die sog. **erfolgsqualifizierten Delikte**. Hier sieht das Gesetz eine Strafschärfung vor, wenn durch die Verwirklichung eines bestimmten Grunddelikts zusätzlich leichtfertig bzw. mindestens fahrlässig (vgl. § 18) eine bestimmte Folge herbeigeführt wird.

30

> ***Bsp.:*** *Körperverletzung mit Todesfolge, § 227. Der Täter, der als Grunddelikt eine vorsätzliche Körperverletzung gemäß § 223 I begangen hat, wird nach § 227 schwerer bestraft, wenn es durch die Körperverletzung zumindest fahrlässig (§ 18) zum Tode eines anderen Menschen als schwerer Folge kam.*

Hintergrund der strafschärfenden Erfolgsqualifikation ist, dass der Begehung des Grunddelikts ein tatbestandsspezifisches Gefährdungspotenzial zugeschrieben wird, das sich in der schweren Folge realisiert.

V. Verletzungs- und Gefährdungsdelikte

Verletzungs- / Gefährdungsdelikte

Hinsichtlich der Intensität der Rechtsgutsbeeinträchtigung lassen sich Verletzungs- und (abstrakte/konkrete) Gefährdungsdelikte unterscheiden.

31

Gehört der Eintritt eines Schadens zum Tatbestand, so spricht man von den *Verletzungsdelikten*. Bsp.: §§ 211, 303.

Für den Tatbestand der *Gefährdungsdelikte* genügt hingegen die Herbeiführung einer Gefahrenlage für das jeweilige Schutzobjekt. Dabei ist zwischen **konkreten** und **abstrakten** Gefährdungsdelikten zu differenzieren.

Konkretes Gefährdungsdelikt

Bei einem **konkreten** Gefährdungsdelikt muss die Gefahr im Einzelfall konkret in Erscheinung treten. Ihr Eintritt ist ein Tatbestandsmerkmal. Eine tatsächliche Beschädigung des Schutzobjekts setzt der Tatbestand jedoch nicht voraus.

Die konkrete Gefahr ist dabei ein Zustand, bei dem die nicht fern liegende Möglichkeit der Verletzung eines konkreten Objekts besteht (hohe Wahrscheinlichkeit eines Schadenseintritts). Diese Delikte sind Unterfälle der Erfolgsdelikte. Der Erfolg liegt dabei im Eintritt der konkreten Gefährdung.

Bsp.: Die Verkehrsdelikte §§ 315b, 315c setzen im Tatbestand neben dem verkehrswidrigen Verhalten voraus, dass eine konkrete Gefährdungslage der Rechtsgüter Leib, Leben oder Eigentum eines anderen Menschen eintritt.

Abstraktes Gefährdungsdelikt

Bei den **abstrakten** Gefährdungsdelikten beruht die Strafbarkeit auf der gesetzlichen Vermutung, dass bestimmte Verhaltensweisen für ein Schutzobjekt generell gefährlich sind. Hier ist die abstrakte Gefahr nicht Tatbestandsmerkmal, sondern Grund für die Existenz der Vorschrift. Alle Tätigkeitsdelikte gehören zugleich diesem Deliktstyp an. Wird eine Tathandlung als strafwürdig normiert, ohne dass es der Feststellung nachteiliger Wirkungen bedarf, so geht der Gesetzgeber von einem ihr innewohnenden abstrakten Gefahrenpotenzial aus.

Bspe.: die Falschaussage (§ 153) als abstrakte Gefahr für die Rechtsordnung; das Führen eines Kfz in fahruntüchtigem Zustand (§ 316) als abstrakte Gefahr für die Sicherheit des Straßenverkehrs.

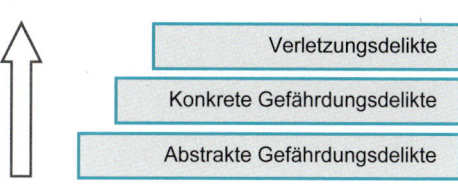

hemmer-Methode: Die Unterscheidung zwischen abstrakten und konkreten Gefährdungsdelikten wird in der Klausur auch im subjektiven Tatbestand relevant: Da bei den konkreten Gefährdungsdelikten die Gefahr Tatbestandsmerkmal ist, muss sich der Vorsatz hierauf beziehen.

VI. Dauer- und Zustandsdelikte

Dauer-/
Zustandsdelikte

Besonderheit der sog. *Dauerdelikte* ist das vom Vorsatz umfasste Aufrechterhalten eines widerrechtlichen Zustands. Nicht nur das Herbeiführen (*Zustandsdelikt*), sondern auch das Fortdauernlassen der Rechtsgutverletzung erfüllt den gesetzlichen Tatbestand dieses Deliktstyps.

Bsp. Für Dauerdelikt: die Freiheitsberaubung, vgl. § 239 I. T sperrt den O einen Tag lang im Keller ein. Die Straftat der Freiheitsberaubung ist bereits mit dem Einsperren, also der völligen Aufhebung der potentiellen körperlichen Bewegungsfreiheit vollendet, die Strafbarkeit also gegeben. Aber auch das Fortdauernlassen des Zustands ist tatbestandsmäßig.

Bsp. Für reines Zustandsdelikt: die Sachbeschädigung, vgl. § 303 I. T schlägt mit dem Baseballschläger auf die Vase des O, diese zerbricht.

Das Dauerdelikt ist erst beendet, wenn der rechtswidrige Zustand wieder aufgehoben ist (im Bsp.: wenn die eingesperrte Person ihre körperliche Bewegungsfreiheit wiedererlangt). Ein Zustandsdelikt ist vollendet und häufig gleichzeitig beendet mit Eintritt des tatbestandsmäßigen, rechtswidrigen Zustands (im Bsp.: wenn die Vase zertrümmert ist).

VII. Allgemeindelikte, Sonderdelikte und eigenhändige Delikte

Darüber hinaus erfolgt eine Einteilung nach dem Täterkreis in Allgemeindelikte, Sonderdelikte und eigenhändige Delikte.

Allgemeindelikte

Tauglicher Täter eines *Allgemeindelikts* kann jedermann sein (vgl. etwa §§ 212, 223, 242). Ein Hinweis auf diese Delikte ist es, wenn das Gesetz einen namenlosen „Wer" als tauglichen Täter im Tatbestand benennt.

Sonder-/
Pflichtdelikte

Als *Sonder-* oder auch *Pflichtdelikte* bezeichnet man solche Straftaten, die im gesetzlichen Tatbestand nur Personen mit bestimmten Eigenschaften als tauglichen Täter beschreiben (z.B. Arzt in § 203 oder Amtsträger in §§ 331 ff.).

Diese Delikte kann entweder nur eine solche bestimmte Person begehen (strafbegründende Wirkung der besonderen Subjektsqualität bei **echten** Sonderdelikten: z.B. §§ 331, 332, 339, 344), oder die Eigenschaft des Täters hat im Vergleich zum Jedermannstäter strafschärfende Wirkung (sog. **unechte** Sonderdelikte: z.B. §§ 120 II, 133 III, 258a). Für den Teilnehmer ist bei den echten Sonderdelikten eine obligatorische Strafmilderung vorgesehen, wenn der Teilnehmer nicht die besondere Subjektsqualität aufweist, § 28 I. Bei den unechten Sonderdelikten ist § 28 II zu beachten.

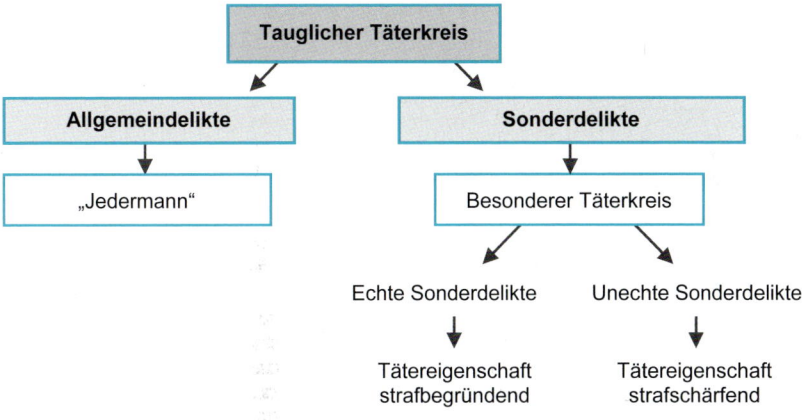

Eigenhändige Delikte

Bei den *eigenhändigen Delikten* kann Täter nur sein, wer die tatbestandsmäßige Handlung selbst voll verwirklicht (z.B. §§ 154, 160, 316, 323a).

Klausurtipp

hemmer-Methode: Bedeutung erlangt diese Besonderheit v.a. bei der Abgrenzung von Täterschaft und Teilnahme. Wer nicht die Sondereigenschaft besitzt bzw. nicht eigenhändig handelt, kann schon gar nicht Täter sein, so dass Mittäterschaft und mittelbare Täterschaft ausscheiden (vgl. Rn. 375). In Betracht kommt dann nur Teilnahme (Anstiftung bzw. Beihilfe).

VIII. Vollendungs- und Unternehmensdelikte

Vollendungs- und Unternehmensdelikte

Nach dem Grad der erforderlichen Ausführungshandlung lassen sich Vollendungs- und Unternehmensdelikte unterscheiden.

Bei *Vollendungsdelikten* (Normalfall) führt ein Verhalten, das alle Merkmale des Unrechtstatbestands verwirklicht, zur Strafbarkeit wegen vollendeten Delikts.

Unter den Voraussetzungen des §§ 22, 23 I wird eine Versuchsstrafbarkeit begründet, wenn keine komplette Tatbestandsverwirklichung vorliegt.

Demgegenüber wird beim *Unternehmensdelikt* auch das unmittelbare Ansetzen zur Tat (sozusagen der „Versuch") erfasst, da lediglich das „Unternehmen" der Tat zur Tatvollendung ausreicht, vgl. § 11 I Nr. 6. Insoweit führt bereits das Ansetzen zur Tat zur Vollendung des Delikts. Durch diese gesetzgeberische Konstruktion ist die Möglichkeit einer Strafmilderung gemäß § 23 II ebenso ausgeschlossen wie ein Rücktritt vom Versuch gemäß § 24.

Bspe. Für Unternehmensdelikte sind die §§ 81 ff., 316c I S. 1 Nr. 2, 357 („wer es unternimmt,...").

Beachten Sie: Eine Tatbegehung ist häufig nicht nur einem der oben genannten Deliktstypen zuzuordnen. So kann die Freiheitsberaubung zum Beispiel ein Dauerdelikt mit Begehungscharakter oder ein Dauerdelikt mit Unterlassungscharakter sein.
Bsp. 1: S schließt die Tür zu einem Raum vorsätzlich ab, in dem sich O befindet, und öffnet diese erst nach 3 Stunden wieder (Dauerdelikt mit Begehungscharakter, § 239 I).
Bsp. 2: T, der Vater des O, öffnet die Tür nicht, obschon er die Möglichkeit dazu hat und der eingesperrte O ihn darum bittet (Dauerdelikt mit Unterlassungscharakter, §§ 239 I, 13 I).

IX. Grundtatbestand, Qualifikation, Privilegierung

Tatbestands-abwandlungen

Das StGB enthält Gruppen zusammengehöriger Straftatbestände, die den Schutz desselben Rechtsguts betreffen. Diese Gruppen bestehen dann vielfach aus einem Grundtatbestand und daran anknüpfenden qualifizierenden bzw. privilegierenden (unselbständigen) Abwandlungen.

Bsp.: Diebstahl § 242 als Grunddelikt, §§ 244, 244a als Qualifikationen, §§ 247, 248a als prozessuale Privilegierungen.

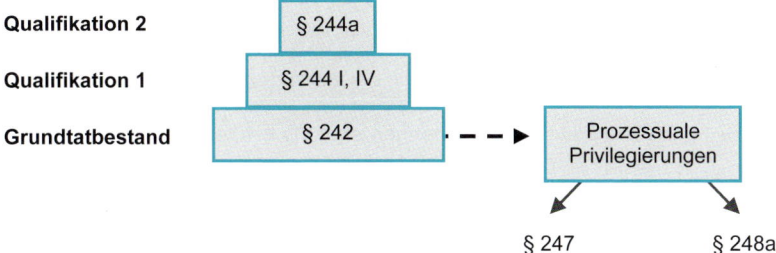

Der **Grundtatbestand** stellt ein in sich abgeschlossenes Delikt dar, dessen Verwirklichung eine eigenständige Strafbarkeit begründet. Darüber hinaus kann es aber bei Hinzutreten weiterer Umstände Ausgangspunkt für weitere Delikte sein.

Bsp.: einfache Körperverletzung, § 223.

Unselbständige Abwandlungen

Eine sogenannte unselbständige Abwandlung modifiziert den Grundtatbestand.

Es handelt sich also um eine verwandte Erscheinungsform des Grundtatbestands, die von diesem weiterhin abhängig ist und mit ihm in einem rechtlich verbindenden Stufenverhältnis steht. Die Bejahung der Strafbarkeit nach der Abwandlung setzt stets die Erfüllung des Grunddelikts voraus.

Unterfälle: Privilegierung und Qualifikation

Führt die unselbständige Abwandlung zu einer Abmilderung der Strafdrohung des Grundtatbestands oder einer prozessualen Erschwerung der Strafverfolgung (z.B. §§ 247, 248a), handelt es sich um eine sog. **Privilegierung**.

Bsp.: Die Tötung auf Verlangen nach § 216 I wird in der Mindeststrafe weniger schwer geahndet als der Totschlag (§ 212 I), obwohl bei beiden Delikten die Tötung eines anderen Menschen pönalisiert wird. Grund für die Privilegierung des § 216 I ist, dass die Tötung nicht gegen, sondern mit ausdrücklichem Willen des Getöteten geschah und deshalb der Unwertgehalt der Tat vom Gesetzgeber als geringer angesehen wird.

Führt die unselbständige Abwandlung zu einer Verschärfung der Strafdrohung des Grundtatbestands, liegt eine sog. **Qualifikation** vor.

> *Bsp.:* *§§ 244, 244a zu § 242. Die Strafbarkeit nach dem Grundtatbestand des Diebstahls ist gemäß des Qualifikationstatbestands § 244 I, IV bei Verwirklichung der zusätzlichen Voraussetzung „bandenmäßig", „Wohnungseinbruchsdiebstahl" oder „mit Waffen" verschärft.*

Selbständige Abwandlungen

Selbständige Abwandlungen sind eigenständige Delikte, da der Unwertgehalt im Vergleich zum Ausgangsdelikt ein anderer ist. Beispiel hierfür ist etwa der Raub gemäß § 249 im Verhältnis zum Diebstahl, § 242: Die Verwirklichung des Diebstahlstatbestands ist im Raubtatbestand enthalten. Aufgrund des Nötigungselements hat der Raub jedoch ein anderes Gepräge und ist daher als eigenständiges Delikt konzipiert.

§ 2 GRUNDLAGEN DER STRAFBARKEITSPRÜFUNG

A. Die Begründung einer Strafbarkeit

Straftat

Wie eingangs erwähnt, beantwortet sich die Frage der Strafbarkeit eines Verhaltens mit der Feststellung einer **Straftat** (Verbrechen im materiellen Sinn).

Unrecht und Schuld

Die zwei fundamentalen Straftatelemente sind das „**Unrecht**" und die „**Schuld**".

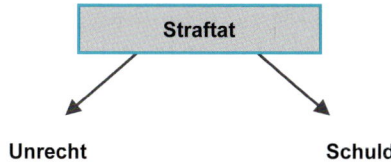

„*Unrecht*" ist der Inbegriff aller Voraussetzungen, die das Urteil begründen, der Täter habe sich in strafrechtlich relevanter Weise verboten verhalten.

„*Schuld*" ist der Inbegriff aller Voraussetzungen, die das Urteil begründen, der Täter habe für das von ihm begangene Unrecht in strafbarer Weise einzustehen, so dass ihm das Unrecht mit der Folge seiner Strafbarkeit zum Vorwurf gemacht werden kann.

Das Unrecht stellt also den Gegenstand des Schuldvorwurfs dar.

Unrechtsbestandteile

Konstitutiv für das Unrecht eines Verhaltens sind drei Bestandteile: eine strafrechtlich relevante *Handlung*, ihre *Tatbestandsmäßigkeit* und ihre *Rechtswidrigkeit*.

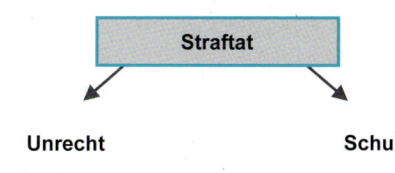

⇨ Handlung
⇨ Tatbestand
⇨ Rechtswidrigkeit

I. Tatbestandsmäßigkeit

1. Vorfrage: Handlung im strafrechtlichen Sinn

Strafrechtlich relevante Handlung

Zu Beginn jeder Deliktsprüfung stellt sich die (gedankliche) Vorfrage, ob überhaupt eine strafrechtlich relevante Handlung vorliegt.

38

Tatbestandsmäßig im Sinne eines bestimmten Deliktstyps kann nicht sein, was noch nicht einmal Handlung im Sinne des Strafrechts ist.

Der *strafrechtliche Handlungsbegriff* ist im Einzelnen sehr umstritten. Einigkeit besteht jedoch über die Mindestanforderungen an eine strafrechtlich relevante Handlung: *Handlungsqualität besitzt nur ein in der Außenwelt bedeutsames menschliches Verhalten, das vom Willen beherrscht oder wenigstens beherrschbar ist.*

Es kann sich dabei sowohl um ein *aktives Tun* als auch um ein *Unterlassen* handeln.

Keine Handlungen im Strafrechtssinn sind demnach etwa bloße Reflexbewegungen oder Gedanken.

2. Tatbestandsmäßigkeit einer Handlung

Tatbestandsmäßigkeit

Tatbestandsmäßig ist eine Handlung nur dann, wenn diese von einer Verbotsnorm des BT erfasst wird. Das Täterverhalten muss unter einen gesetzlichen Straftatbestand subsumierbar (lat.: = unterzuordnen) sein. Dies erfordert das Gesetzlichkeitsprinzip *(nullum crimen sine lege, s.o. Rn. 10)*.

39

Nach heutigem Verständnis des Deliktsaufbaus erschöpft sich die tatbestandliche Verwirklichung eines Delikts nicht im Vorliegen der **äußeren Unrechtsmerkmale** eines Straftatbestands, vielmehr muss das Verhalten auch subjektive Voraussetzungen erfüllen.

40

Vorsatz

Für alle Straftatbestände gilt gemäß § 15, dass nur die vorsätzliche Verwirklichung der jeweiligen gesetzlichen Tatbestandsmerkmale zur Strafbarkeit führt, sofern nicht ausdrücklich fahrlässiges Handeln unter Strafe gestellt ist. Nach dem heute herrschenden Verständnis des Deliktsaufbaus ist der Vorsatz Voraussetzung der Deliktsbegehung auf Tatbestandsebene (vgl. Rn. 43).

Deliktsspezifische subjektive Merkmale

Einige Straftatbestände erfordern zusätzliche Umstände, die dem psychisch-seelischen Bereich und dem Vorstellungsbild des Täters angehören: Absichten, Tendenzen oder Motive der Tatbegehung (sog. **subjektive Tatbestandsmerkmale**).

Bei einem Vorsatzdelikt (⇔ Fahrlässigkeitsdelikt) ist im subjektiven Tatbestand daher wegen § 15 stets der **Vorsatz hinsichtlich der Verwirklichung des objektiven Tatbestands** zu prüfen.

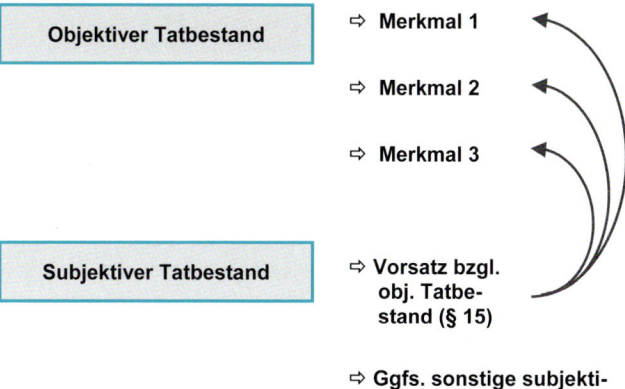

Beim Vorsatzdelikt setzt die Tatbestandsmäßigkeit einer Handlung demnach die Verwirklichung des *objektiven* und des *subjektiven Tatbestands* eines BT-Delikts voraus.

> *Bsp.: T schlägt O absichtlich mit einem Baseballschläger auf den Kopf, um ihn zu töten. O stirbt infolge schwerer Kopfverletzungen. T hat den Tatbestand des § 212 I objektiv (Tötung eines anderen Menschen) und subjektiv (mit Vorsatz, vgl. § 15) verwirklicht.*

Fehlt es an der Zielgerichtetheit der Handlung i.S.d. Tatbestandsvorsatzes, so scheitert eine Strafbarkeit nach einem Vorsatzdelikt. Die Handlung kann dann nur tatbestandsmäßig im Sinne eines Fahrlässigkeitsdelikts sein, vgl. § 16 I S. 2. Die subjektiven Komponenten der Handlung (individuelle Vorhersehbarkeit und individuelle Vermeidbarkeit) werden dann in der Schuld geprüft.

> *Bsp.: T spielt im Stadtpark Golf, ohne sich Gedanken über die Gefährlichkeit seines Verhaltens zu machen. Der Jogger O wird am Kopf getroffen und verstirbt.*

T hat den Tatbestand des § 212 I zwar in objektiver, mangels vorsätzlichen Handelns aber nicht in subjektiver Hinsicht verwirklicht. Eine Strafbarkeit nach § 212 I scheidet daher aus (§ 15). Jedoch hat T durch das sorgfaltspflichtwidrige Verhalten den Tatbestand der fahrlässigen Tötung (§ 222) verwirklicht.

Vertiefung

Exkurs: Die Prüfung des Vorsatzes im subjektiven Tatbestand und damit der heutige Deliktsaufbau ist das Ergebnis jahrzehntelanger Diskussionen bezüglich des richtigen Verbrechensaufbaus.
Hier nur ein Kurzüberblick:
(1) Der **klassische Verbrechensbegriff** verstand den Tatbestand basierend auf der *kausalen Handlungslehre* nur als äußere Beschreibung eines typisierten Geschehens, die Schuld dagegen als Bezugspunkt geistig-seelischer Umstände in der Person des Täters. Insbesondere Vorsatz und Fahrlässigkeit waren lediglich Schuldformen.
Die Existenz einer subjektiven Tatbestandsseite beweisen aber einige Delikte, die spezifische subjektive Merkmale normieren (z.B. § 242 „Zueignungsabsicht"). Daher erkannte der **neoklassische Verbrechensbegriff** subjektive Unrechtsmerkmale auf Tatbestandsseite an, ordnete den Vorsatz aber weiterhin als Schuldform ein.
(2) Der mit den **modernen Handlungslehren** korrespondierende **heutige Verbrechensbegriff** spaltet den Unrechtstatbestand in einen objektiven und einen subjektiven Tatbestand auf, wobei letzterer den Tatbestandsvorsatz beinhaltet.
⇨ Die Grundlage dafür bildete die **finale Handlungslehre**, die der menschlichen Handlung über die bloße naturalistisch-kausale Erfolgsverursachung in der Außenwelt hinaus einen zweckgerichteten Sinngehalt beimisst. Die Trennung zwischen äußerer Unrechtsverwirklichung durch eine Handlung und innerer Einstellung des Täters wurde damit aufgegeben und der Vorsatz zur tatbestandlichen Unrechtsbeschreibung erhoben: Damit ein Verhalten einen Deliktstatbestand erfüllt, muss das Tatgeschehen nicht nur äußerlich einem Straftatbestand entsprechen, sondern auch innerlich, d.h. einer vom Bewusstsein des Täters gesteuerten, zielgerichteten Handlung.
⇨ Neben der finalen Handlungslehre wird heute auch die sog. **soziale Handlungslehre** als Grundlage des modernen Verbrechenssystems vertreten. Sie geht im Grundsatz - wie die finale Handlungslehre - davon aus, dass der Vorsatz zum subjektiven Tatbestand gehört. Sie misst ihm jedoch auch Bedeutung im Rahmen der Schuld zu: Im Tatbestand kennzeichne der Vorsatz als Verhaltensform die psychische Beziehung zum äußeren Tatgeschehen (d.h. bewusste und gewollte Verwirklichung der objektiven Tatumstände). Im Rahmen der Schuld hingegen kennzeichne der Vorsatz die Gesinnung des Täters. Fehlt es an dieser mangelhaften Einstellung zur Rechtsordnung, so fehle dem Täter die „Vorsatzschuld".
Nach dieser Lehre hat der Vorsatz somit eine Doppelfunktion als Handlungs- und Schuldform.

Klausurrelevanz: Die Vorsatzschuld ist für den Studenten nur dann zu diskutieren, wenn sich in der Strafrechtsklausur das Problem des Irrtums über das Vorliegen rechtfertigender Umstände stellt (sog. **Erlaubnistatbestandsirrtum**, siehe unten Rn. 232 ff.).

II. Rechtswidrigkeit

Rechtswidrigkeit = Fehlen von Rechtfertigungsgründen

Die tatbestandsmäßige Handlung muss *rechtswidrig*, d.h. verboten sein, um zur Strafbarkeit zu führen. Die Rechtswidrigkeit einer Handlung ist im Regelfall schon durch ihre Tatbestandsmäßigkeit gegeben, denn der Gesetzgeber würde kaum eine Handlung in einer Verbotsnorm vertypen, wenn er sie nicht prinzipiell als rechtlich missbilligt ansehen würde. Jedoch kann eine tatbestandsmäßige Handlung in besonderen Grenzsituationen *gerechtfertigt*, also ausnahmsweise erlaubt sein.

Für die Prüfung der Strafbarkeit bedeutet dies, dass nach dem Vorliegen bestimmter Rechtfertigungsgründe zu fragen ist. Liegt ein Rechtfertigungsgrund vor, so ist das Verhalten zwar tatbestandsmäßig, jedoch nicht rechtswidrig und damit erlaubt. Die Handlung ist dann nicht *„Unrecht"* im Sinne des Strafrechts.

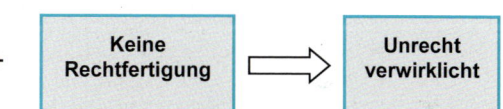

Bsp.: T verteidigt sich gegen den Angreifer O, welcher ihn mit einem Messer angreift, durch einen gezielten Faustschlag. T hat den Tatbestand des § 223 I objektiv und subjektiv verwirklicht. Die Tat ist aber gemäß § 32 durch Notwehr geboten und deshalb nicht rechtswidrig.

III. Schuld

Schuld = persönliche Vorwerfbarkeit

Strafbarkeit setzt die Schuld des Täters voraus. Das heißt, dem Täter muss die Verwirklichung des Unrechts (tatbestandsmäßige und rechtswidrige Handlung) persönlich vorwerfbar sein.

Schuldfähigkeit + Fehlen von Entschuldigungsgründen

Dazu bedarf es einerseits der Schuldfähigkeit des Täters (vgl. §§ 19, 20), andererseits dürfen keine Entschuldigungsgründe (bspw. §§ 33, 35) vorliegen.

Bsp.: Der geisteskranke T tötet O. Wegen Schuldunfähigkeit (§ 20) entfällt eine Strafbarkeit.

Abgrenzung zur Rechtswidrigkeit

hemmer-Methode: Der Unterschied zwischen einer entschuldigten und einer gerechtfertigten Handlung liegt darin, dass ein gerechtfertigtes Verhalten vom Gesetzgeber als legal anerkannt wird, also *erlaubt* und von jedermann hinzunehmen ist.
Demgegenüber wird eine tatbestandsmäßige, rechtswidrige und nur entschuldigte Handlung nicht gebilligt und bleibt daher *verboten*, also „*Unrecht*". Die Tat wird lediglich nicht bestraft, weil sie dem Täter nicht vorwerfbar ist.

IV. Dreistufiger Deliktsaufbau

Dreistufiger Verbrechensaufbau

Die h.M. folgt somit dem dreistufigen Verbrechensaufbau. In einem ersten Schritt ist das Vorliegen einer tatbestandsmäßigen Handlung festzustellen. Daraufhin ist die tatbestandsmäßige Handlung auf ihre Rechtswidrigkeit im Sinne einer fehlenden Rechtfertigung hin zu überprüfen. Im Anschluss folgt die Frage nach der Schuld des Täters bzgl. des begangenen Unrechts. Ist diese zu bejahen, so liegt ein Verbrechen im materiellen Sinn vor, das die Strafbarkeit begründet.[4]

46

Deliktsaufbau	⇨ dreistufig (h.M.)
I. Tatbestand II. Rechtswidrigkeit III. Schuld	

Zweistufiger Verbrechensaufbau, Lehre von den negativen Tatbestandsmerkmalen

Die Lehre von den negativen Tatbestandsmerkmalen vertritt hingegen einen zweistufigen Verbrechensaufbau. Hiernach sollen die Rechtfertigungsgründe als „negative Tatbestandsmerkmale" anzusehen sein, weil deren Nichtvorliegen für die Unrechtsbewertung die gleiche Bedeutung hat wie das Vorliegen der unrechtsbegründenden (= positiven) Tatbestandsmerkmale. Danach wird also auf einen eigenständigen Prüfungspunkt „Rechtswidrigkeit" verzichtet, indem schon im objektiven Tatbestand das Fehlen von Rechtfertigungsgründen geprüft wird.

47

---

[4] Einzelne besondere Deliktstatbestände setzen noch weitere Bedingungen der Strafbarkeit voraus.

> **Deliktsaufbau** ⇨ zweistufig
>
> **I. Unrecht**
> 1. Tatbestand
> 2. Nichtvorliegen von Rechtfertigungsgründen
>
> **II. Schuld**

Kritik

Nur der dreistufige Verbrechensaufbau der h.M. steht mit dem Wortlaut des Gesetzes im Einklang. So wird bspw. gem. § 32 I eine aus Notwehr begangene Tat als *„nicht rechtswidrig"* und nicht etwa als „nicht unrecht" bezeichnet.

hemmer-Methode: Aufbaufragen sind in der Klausur nicht zu diskutieren. Sie legen Ihrer Deliktsprüfung daher den dreistufigen Verbrechensaufbau zugrunde, ohne dies zu begründen. Ausführungen sind nur dann erforderlich, wenn der Streit praktische Auswirkungen hat.

B. Veranschaulichung anhand von Beispielsfällen

Zum besseren Verständnis soll dieses Grundgerüst der Strafbarkeitsprüfung anhand von drei Beispielsfällen mit Lösungen veranschaulicht werden.

Fall 1

Bsp. 1: *T tötet O durch einen Schuss mit einer Pistole. Wie hat er sich strafbar gemacht?*

Formulierungsbeispiel

Lösung:

I. Strafbarkeit des T gemäß § 212 I (Totschlag)

T könnte sich gemäß § 212 I strafbar gemacht haben, indem er auf O schoss.

1. Tatbestand

a) Objektiver Tatbestand

T hat O getötet. Seine Handlung (das vom Willen getragene Schießen) war kausal für den tatbestandlichen Erfolg i.S.v. § 212 I (Tod des O). Der objektive Tatbestand ist damit erfüllt.

b) Subjektiver Tatbestand

T müsste vorsätzlich gehandelt haben, § 15. Da er wusste und wollte, dass sein Handeln den tatbestandlichen Erfolg „Tod eines Menschen" herbeiführen würde, handelte er vorsätzlich. Damit ist auch der subjektive Tatbestand erfüllt.

2. Rechtswidrigkeit

Vorliegend fehlen Anhaltspunkte dafür, dass ein Rechtfertigungsgrund vorliegen könnte. Die Tat ist damit auch rechtswidrig.

3. Schuld

T handelte auch schuldhaft.

II. Ergebnis: T hat sich aufgrund seines Verhaltens gemäß § 212 I wegen Totschlags strafbar gemacht.

Fall 2

Bsp. 2: T zertrümmert eine Vase, die ihm nicht gefällt. Er denkt dabei, es sei seine eigene. In Wirklichkeit gehört die Vase dem O. Strafbarkeit des T?

Formulierungsbeispiel

Lösung:

I. Strafbarkeit gemäß § 303 I (Sachbeschädigung)

T könnte sich wegen Sachbeschädigung gemäß § 303 I strafbar gemacht haben, indem er die Vase zertrümmerte.

1. Tatbestand

a) Objektiver Tatbestand

§ 303 I setzt die Beschädigung oder Zerstörung einer fremden Sache voraus. Die Vase ist eine Sache und wurde zerstört. Sie war für den T auch fremd, denn sie stand im Eigentum des O (fremd = nicht im Alleineigentum des Täters stehend und nicht herrenlos). Der objektive Tatbestand ist damit erfüllt.

b) Subjektiver Tatbestand

T müsste vorsätzlich gehandelt haben (§ 15), d.h. mit Wissen und Wollen bezüglich aller Merkmale, die zum objektiven Tatbestand gehören.

Er wusste jedoch nicht, dass die Vase für ihn fremd war. Vielmehr glaubte T, die Vase gehöre ihm selbst. Damit befand sich T in einem sog. Tatbestandsirrtum. Dieser ist in § 16 I S. 1 geregelt.

Da T bei Begehung der Tat einen Umstand nicht kannte, der zum gesetzlichen Tatbestand gehört, fehlte ihm der Vorsatz (vgl. § 16 I S. 1). Der subjektive Tatbestand ist daher nicht erfüllt.

T ist damit nicht wegen seines Verhaltens wegen vorsätzlicher Sachbeschädigung (§ 303 I) strafbar.

II. In Betracht käme eine Strafbarkeit des T wegen fahrlässiger Sachbeschädigung, vgl. § 16 I S. 2. Strafbar ist jedoch nur vorsätzliches Handeln, wenn nicht die Fahrlässigkeitsstrafbarkeit ausdrücklich geregelt ist (vgl. § 15). Die fahrlässige Sachbeschädigung ist aber insoweit nicht unter Strafe gestellt.

III. Ergebnis: T ist nicht gemäß § 303 I strafbar.

Fall 3

Bsp. 3: T geht im Bahnhofsviertel spazieren. Plötzlich kommt O und will ihm mit einem Messer in den Bauch stechen. T schlägt dem O mit einem gezielten Faustschlag ins Gesicht, woraufhin dieser die Flucht ergreift. Strafbarkeit des T?

Formulierungsbeispiel

Lösung:

I. Strafbarkeit der T gemäß § 223 I (Körperverletzung)

1. Tatbestand

T könnte sich wegen Körperverletzung gemäß § 223 I strafbar gemacht haben, indem er O ins Gesicht schlug.

a) Objektiver Tatbestand

T hat O durch den Faustschlag ins Gesicht körperlich misshandelt, denn es liegt eine üble unangemessene Behandlung vor, durch die das körperliche Wohlbefinden des O nicht nur unerheblich beeinträchtigt wurde.

Der objektive Tatbestand des § 223 I ist damit erfüllt.

b) Subjektiver Tatbestand

T schlug O bewusst und gewollt ins Gesicht, er handelte damit vorsätzlich, § 15. Auch der subjektive Tatbestand ist daher erfüllt.

2. Rechtswidrigkeit

T könnte durch Notwehr (§ 32 I) gerechtfertigt sein.

a) Eine Notwehrlage i.S.v. § 32 II lag vor, denn von O ging ein gegenwärtiger rechtswidriger Angriff auf das Leben des T aus.

b) Die Notwehrhandlung des T war auch erforderlich i.S.v. § 32 II, denn es gab kein milderes gleich geeignetes Mittel, den Angriff des O dauerhaft und effektiv abzuwehren.

c) Da T auch die rechtfertigenden Umstände kannte und mit dem erforderlichen Verteidigungswillen handelte, waren die Faustschläge durch Notwehr gerechtfertigt.

Die Körperverletzung des O durch T war daher nicht rechtswidrig.

II. Ergebnis: T hat sich nicht aufgrund seines Verhaltens strafbar gemacht.

C. Anmerkungen zur Falllösung

Die drei Fälle sind Grundtypen, wie sie Ihnen immer wieder begegnen werden. Der Unterschied zu den Klausuren, die Sie später zu schreiben haben, besteht allein darin, dass die Sachprobleme schwieriger werden und dann ausführlich erörtert werden müssen.

Klausurtipp

hemmer-Methode: In der Klausur sind stets die Begriffe „Tatbestandsmäßigkeit, Rechtswidrigkeit, Schuld" anzuführen. Ansonsten gibt es nur wenige allgemein gültige Regeln der Untergliederung. Aufbauregeln sind nur Mittel zum Zweck. Der Zweck liegt darin, die einzelnen Merkmale an der richtigen Stelle zu prüfen und es dem Korrektor durch Übersichtlichkeit so einfach wie möglich zu machen, Ihre Prüfung nachvollziehen zu können. Unproblematisches kann kurz abgehandelt werden, ohne es bis ins Einzelne zu untergliedern. Sind dagegen mehrere Untermerkmale problematisch, kann es sich anbieten, weitere Untergliederungen vorzunehmen.

Dieses Skript erarbeitet die Basics des StGB-AT anhand vieler Beispielsfälle, die der Verdeutlichung einzelner Probleme dienen und von denen nur manche ausführlich gelöst werden.

Daneben ergänzen die klausurmäßig gelösten **„Die 34 wichtigsten Fälle nicht nur für Anfangssemester Strafrecht AT"** dieses Skript. Die Lektüre von Fällen trainiert die richtige Problemverortung bei der Gliederung einer Klausur und die Ausführung im Gutachtenstil und vermittelt das Gefühl für die richtige Problemgewichtung. Für den richtigen Umgang mit juristischen Fragestellungen empfiehlt sich eine Beschäftigung mit dem abstrakten Hintergrund ebenso wie mit der konkreten Anwendung im Fall. Beides zusammen erzielt ein vertieftes Verständnis und ist optimal für Ihre Prüfungsvorbereitung!

§ 3 DAS VOLLENDETE VORSÄTZLICHE BEGEHUNGSDELIKT

Für das Verständnis des AT sowie des Strafrechts insgesamt ist der Aufbau des vorsätzlichen Begehungsdelikts grundlegend. Gerade in den Anfängerklausuren werden hauptsächlich Delikte dieses Deliktstyps geprüft. *50*

Bei der Prüfung des (vollendeten) vorsätzlichen Begehungsdelikts ist nach folgendem Grundschema vorzugehen: *51*

Grundschema des vollendeten vorsätzlichen Begehungsdelikts

> I. **Tatbestand**
>   1. Objektiv
>   2. Subjektiv
> II. **Rechtswidrigkeit**
> III. **Schuld**

Damit wird dem System der modernen Handlungslehre und dem dreistufigen Verbrechensaufbau gefolgt.

Merken Sie sich: Der dreistufige Deliktsaufbau wird nicht nur im vorsätzlichen Begehungsdelikt, sondern auch bei den anderen Deliktsarten verwendet.

Problemeinordnung

Das nachfolgende ausführliche Aufbauschema gibt Ihnen eine Übersicht zu wichtigen Problemen und zur (v.a. für Anfänger oft schwierigen) Zuordnung dieser Probleme zu den Prüfungspunkten: *52*

> **Das vorsätzliche Begehungsdelikt**
> **I. Tatbestand**
>   **1.** Objektiver Tatbestand
>   a) (Gedankliche) Vorfrage: strafrechtliche Handlung
>   b) Deliktsspezifische äußere Unrechtsmerkmale
>   Täter, Tathandlung, Tatobjekt, Erfolg
>   c) Nur bei Erfolgsdelikten
>   ⇨ Kausalität
>   ⇨ Objektive Zurechenbarkeit

2. **Subjektiver Tatbestand**
   a) Vorsatz
   b) Ggf. deliktsspezifische subjektive Merkmale wie z.B. Absichten, Tendenzen, Motive
3. Evtl. objektive Bedingungen der Strafbarkeit

II. Rechtswidrigkeit
1. Grundsätzlich indiziert
2. Es sei denn: Rechtfertigungsgrund
   a) Objektive Voraussetzungen
   b) Subjektive Voraussetzungen

III. Schuld
1. Schuldfähigkeit: §§ 19 - 21, actio libera in causa
2. Unrechtsbewusstsein, vgl. § 17
3. Fehlen von Entschuldigungsgründen: §§ 33, 35
4. Vorsatzschuld (str.)
5. Evtl. spezielle strafschärfende oder -mildernde Schuldmerkmale

IV. Strafaufhebungs- und Strafausschließungsgründe, Absehen von Strafe, z.B.:
1. §§ 36, 258 VI, 173 III
2. § 60
3. Tätige Reue, §§ 83a, 306e

V. Prozessvoraussetzungen
§ 77 Strafantrag, § 78 Verjährung

Keine vollständige Prüfung nötig

Dieses ausführliche Schema stellt nur einen Vorschlag dar. Wie bei allen Schemata ist in der Klausur nur das ausführlich zu prüfen, was im konkreten Einzelfall problematisch ist.

hemmer-Methode: Natürlich können die meisten Probleme auch bei anderen Verwirklichungsformen der Delikte auftreten, so z.B. die Rechtfertigungsgründe beim Versuch oder die Kausalität im Tatbestand des Fahrlässigkeitsdelikts. Auf Gemeinsamkeiten und Besonderheiten wird in den jeweiligen Kapiteln hingewiesen.

A. Tatbestandsmäßigkeit

Allgemeines

Anknüpfungspunkt jeder Strafbarkeit ist ein gesetzlicher Straftatbestand. Diese Tatbestände finden sich vorwiegend im Besonderen Teil des StGB, im Übrigen in den Gesetzen des Nebenstrafrechts.

Handhabung der Tatbestände	Jeder Tatbestand besteht aus verschiedenen Merkmalen, den sog. Tatbestandsmerkmalen. Aufgabe des Rechtsanwenders ist es, unter diesem Prüfungspunkt

a) die einzelnen Tatbestandsmerkmale sauber voneinander zu trennen,

b) festzustellen, welchen Inhalt die jeweiligen Merkmale haben, was also unter einem bestimmten Begriff zu verstehen ist (Definition) und

c) festzustellen, ob das vorliegende Verhalten des Täters von dem jeweiligen Tatbestandsmerkmal erfasst wird (Subsumtion). Grundlage des Verständnisses eines Straftatbestands ist das zu schützende Rechtsgut.

Objektiver und subjektiver Tatbestand	Ferner muss der Vorsatz des Täters im Hinblick auf die Verwirklichung der objektiven Tatbestandsmerkmale festgestellt werden (vgl. § 15).

I. Objektiver Tatbestand

Elemente des objektiven TB	Die *Elemente des objektiven Tatbestands* beschreiben diejenigen Umstände, welche das *äußere Erscheinungsbild der Tat* bestimmen (sog. äußere Unrechtsmerkmale).	54

Um das strafwürdige äußere Geschehen in typisierter Form zu bezeichnen, verwendet das Gesetz

⇨ *Deskriptive Merkmale,* die sinnlich wahrnehmbare, reale Gegenstände und Vorgänge oder seelische Geschehnisse und Zustände äußerlich beschreiben. *Bsp.* § 242: „Sache", „beweglich", „wegnimmt"	55
⇨ *Normative* (= *wertausfüllungsbedürftige*) *Merkmale,* die vom Richter im Wege eines ergänzenden Werturteils festgestellt werden. *Bsp.* §§ 242 I, 249 I, 303 I: „fremd" ⇨ Rückgriff auf Zivilrecht erforderlich	56

Merken Sie sich: Eine Abgrenzung zwischen deskriptiven und normativen Tatbestandsmerkmalen ist oft schwierig, da auch die deskriptiven Merkmale regelmäßig nicht ohne eine weitere normative Betrachtung bestimmt werden können.

Bsp.: §§ 211 ff. „Mensch": Ab wann ist der Mensch ein Mensch? – Nach h.M. zum Zeitpunkt des Beginns der Geburt. Dieser wird nach h.M. definiert durch den Beginn der Eröffnungswehen bzw. durch das Ansetzen des Skalpells bei einem Kaiserschnitt.

hemmer-Methode: Eine Rolle spielt die Abgrenzung zwischen deskriptiven und normativen Merkmalen insbesondere beim Vorsatz bzw. beim Irrtum.

Hinsichtlich deskriptiver Tatbestandsmerkmale muss der Täter nur die tatsächlichen Umstände kennen, aufgrund derer der Sachverhalt unter das Merkmal subsumiert wird.

Bei normativen Merkmalen muss sich der Vorsatz des Täters nicht nur auf die tatsächlichen Umstände des Falles erstrecken. Vielmehr ist erforderlich, dass der Täter den rechtlichen Bedeutungsgehalt des einzelnen Tatumstands (z.B. „fremd") im Wesentlichen erkennt (s.u. Rn. 102 f.)

Objektive Strafbarkeitsbedingungen

Einige Delikte formulieren weitere Voraussetzungen der Strafbarkeit, die nicht das tatbestandsmäßige Verhalten beschreiben. Diese sog. objektiven Strafbarkeitsbedingungen gehören als Tatbestandsannexe nicht zum objektiven Tatbestand (siehe unter **III.**).

hemmer-Methode: Regelmäßig gehört also das, was in den Straftatbeständen genannt ist, zum objektiven Tatbestand. Dass sich i.d.R. auch der Vorsatz darauf beziehen muss, ergibt sich aus §§ 15, 16. In einigen Tatbeständen (vgl. §§ 211, 242) sind aber auch subjektive Merkmale genannt ("... um zu ...", "... in der Absicht ..."). Diese erweitern dann deliktsspezifisch den subjektiven Tatbestand.

Objektiver Tatbestand	Merkmal 1	Merkmal 2	
Subjektiver Tatbestand	⇧ Vorsatz	⇧ Vorsatz	ggfs. weitere subjektive Elemente

1. Vorfrage: Handlungsqualität

Vorfrage

Am Beginn der Prüfung einer vorsätzlichen Begehungstat steht als Vorfrage, ob überhaupt eine strafrechtlich relevante Handlung vorliegt.

Objektiv tatbestandsmäßig im Sinne eines bestimmten Deliktstyps kann nicht sein, was noch nicht einmal Handlung im Sinne des Strafrechts ist.

Anforderungen an Handlungsqualität

An eine Handlung im strafrechtlichen Sinn sind folgende Mindestanforderungen zu stellen:

⇨ Menschliches Verhalten

⇨ Äußerliches (körperliches) Verhalten

⇨ Vom Willen beherrschtes/beherrschbares Verhalten

„Nicht-Handlungen"

Insbesondere in folgenden Fallgruppen liegt danach *keine* Handlung im strafrechtlichen Sinne vor:

- Kein menschliches Verhalten

⇨ Naturereignisse, Tierverhalten (sofern keine menschliche Steuerung)

⇨ Akte juristischer Personen

- Fehlender Außenweltbezug

⇨ Bloße Gedanken oder Gesinnungen

- Kein willentlich beherrschbares Verhalten

⇨ Bloße Reflexbewegungen, die auf körperlich-physiologische Reize zurückgehen, krampfbedingtes Verhalten, Bewegungen im Schlaf, unter Bewusstlosigkeit oder Hypnose (h.M.) erzwungene Bewegungen

⇨ Verhalten, das durch unwiderstehlich wirkenden körperlichen Zwang von außen bedingt ist (vis absoluta, absolute Gewalt; nicht: vis compulsiva als den Willen beugende Gewalt)

Bsp.: H stürzt nach einem Schlag des G und fällt auf den X. Dieser bricht sich den Arm. Hier liegt aufgrund von vis absoluta keine Handlung des H im strafrechtlichen Sinn vor.

hemmer-Methode: In der Klausur ist diese Vorfrage meist nur gedanklich zu prüfen, da regelmäßig keine Zweifel bestehen, dass ein Verhalten als strafrechtlich relevante Handlung einzuordnen ist. Schriftliche Ausführungen sind nur in den oben beschriebenen Problemfällen der Abgrenzung Handlung / Nichthandlung erforderlich.

2. Deliktsspezifische äußere Unrechtsmerkmale

Umfang strafbaren Unrechts

Die gesetzlichen Tatbestandsmerkmale bestimmen den Umfang des Straftatbestands und somit den Umfang strafbaren Unrechts.

Anknüpfungspunkte des vorsätzlichen Begehungsdelikts sind der **Täter**, dessen **Handlung** und in der Regel ein **Erfolg** (anders bei schlichten Tätigkeitsdelikten).

Im Beispiel der Sachbeschädigung nach § 303 I ist jedermann tauglicher Täter („wer"), die Handlung muss sich gegen eine „fremde Sache" als Tatobjekt richten und zum Erfolg der „Beschädigung" bzw. „Zerstörung" führen.

Diese Oberbegriffe werden in den einzelnen Delikten spezifisch präzisiert, um die jeweilige strafwürdige Verhaltensweise näher zu charakterisieren.

Bezugspunkte

Die deliktsspezifischen äußeren Unrechtsmerkmale beziehen sich also auf

⇨ Täterkreis

⇨ Tathandlung, Tatsituation, Tatobjekt

⇨ Handlungserfolg

Täterkreis

Nach dem Kreis tauglicher Täter unterscheidet man Allgemeindelikte, Sonderdelikte und eigenhändige Delikte (siehe dazu Rn. 33).

Tathandlung, Tatsituation, Tatobjekt

Tathandlung und Tatobjekt erfassen das strafwürdige Verhalten im Regelfall durch eine allgemeine Bezeichnung. So etwa § 212 I, dessen Tatbestand keine bestimmten Tatmittel oder Eigenschaften des Opfers benennt („Tötung eines Menschen").

Einzelne Delikte treffen eine nähere Umschreibung z.B. durch die Angabe bestimmter Begehungsformen *(etwa § 315c I Nr. 2 „grob verkehrswidrig")* oder Tatmitteln *(etwa § 224 I Nr. 2 „mittels einer Waffe")* oder bestimmter Eigenschaften des Handlungsobjekts *(z.B. § 225 „Schutzbefohlener").*

Erfolg

Die meisten Delikte setzen einen bestimmten Erfolg voraus (Erfolgsdelikte im Gegensatz zu Tätigkeitsdelikten, vgl. Rn. 29). Unter den Erfolgsdelikten wird zum Teil die Verletzung des geschützten Rechtsguts gefordert (sog. Verletzungsdelikte, z.B. §§ 223 I, 212 I), zum Teil reicht eine bloße Gefährdung zur Erfüllung des objektiven Tatbestands aus (sog. konkrete Gefährdungsdelikte, z.B. § 315c).

Klausurtipp **hemmer-Methode:** Die Prüfungsreihenfolge der deliktsspezifischen Merkmale im objektiven Tatbestand ist variabel. Bei Erfolgsdelikten ist es grundsätzlich sinnvoll, die Prüfung mit dem Punkt „Eintritt des tatbestandsmäßigen Erfolgs" zu beginnen. Bei verhaltensbetonten Delikten bietet sich die Prüfung der Tathandlung an erster Stelle an (Bsp. § 240 I: Nötigungshandlung vor Nötigungserfolg). Bei Sonderdelikten erörtert man eingangs die Tauglichkeit des Tatsubjekts.

3. Kausalität

a) Einleitung

Kausalitätsprüfung bei Erfolgsdelikten

Die Kausalität zwischen Tathandlung und Tatererfolg ist bei **Erfolgsdelikten** als **ungeschriebenes Merkmal des objektiven Tatbestands** zu prüfen.

Die Erfolgsdelikte setzen zur Erfüllung des Tatbestands den Eintritt einer bestimmten Rechtsgutsbeeinträchtigung (Erfolg) voraus. Daher muss zwischen der Handlung des Täters und dem eingetretenen Erfolg eine Verbindung hergestellt werden, die den Erfolg als Werk der Handlung des Täters erscheinen lässt. Mit anderen Worten: Der Tatererfolg muss gerade auf der Tathandlung beruhen (Ursächlichkeitszusammenhang).

Zur Verdeutlichung folgendes Beispiel:

T will O töten und gibt einen Schuss auf ihn ab. Bevor die Kugel O erreicht, wird dieser von einem Bergrutsch verschüttet und stirbt. Ist T strafbar gemäß § 212?

Hier wollte T zwar den Tod des O und nahm mit der Schussabgabe auch die Tötungshandlung vor.

Jedoch ist schon für den juristischen Laien erkennbar, dass allein das Anlegen mit Vorsatz nichts mit dem Tod des O zu tun hatte. T hat den objektiven Tatbestand „Tötung eines Menschen" nicht verwirklicht, wenngleich Tathandlung und Tatererfolg zu bejahen sind. Dieses Ergebnis liefert die Feststellung der fehlenden Kausalität.

Tätigkeitsdelikte

Der Prüfungspunkt Kausalität entfällt bei schlichten Tätigkeitsdelikten, die im Tatbestand allein die Vornahme einer Handlung als strafbar normieren und keinen bestimmten Erfolg voraussetzen.

Bsp.: I.R.d. § 153 ist nur erforderlich, dass der Täter vor einer zuständigen Stelle eine Falschaussage tätigt. Unerheblich ist, ob dieser Erklärung Glauben geschenkt und dadurch auf den Prozessverlauf Einfluss genommen wird.

b) Kausalitätsbegriff i.S.d. Äquivalenz- oder Bedingungstheorie

Inhalt der conditio-sine-qua-non-Formel

Bei der Frage, ob für den Eintritt eines spezifischen Erfolgs eine Handlung kausal war, ist die sog. **Äquivalenz- oder Bedingungstheorie** zugrunde zu legen. Nach ihr ist eine Handlung dann Ursache eines Erfolgs, wenn sie nicht hinweggedacht werden kann, ohne dass der Erfolg in seiner konkreten Gestalt entfiele (sog. conditio-sine-qua-non-Formel).

Gleichwertigkeit der Ursachen

Kennzeichnend ist, dass **alle Ursachen**, die den Erfolg im Sinne einer „conditio sine qua non" bedingen, **gleichwertig** (= äquivalent) sind. Die Kausalität stellt nur darauf ab, ob eine Ursache den konkreten Erfolg (mit-)herbeigeführt hat.

Konkret eingetretener Erfolg als Maßstab

Ausgangspunkt der Kausalitätsprüfung ist der **Erfolgseintritt in seiner konkreten Gestalt**. Reserveursachen und hypothetische Kausalverläufe dürfen anstelle der weggedachten Handlung nicht hinzugedacht werden.

Bsp.: Hänsel gibt der Hexe vergifteten Tee. Diese stirbt an dem Gift. Die Hexe wäre aufgrund ihrer unheilbaren Krankheit eine Stunde später ohnehin verstorben. Der konkrete Erfolg ist hier der Tod durch das Gift. Daher hat der Hänsel durch seine Handlung den tatbestandsmäßigen Erfolg des § 212 I in seiner konkreten Gestalt kausal herbeigeführt.

Konsequenzen

Die Kausalitätsprüfung anhand der conditio-sine-qua-non-Formel hat folgende Auswirkungen:

⇨ Die Kausalität ist bei atypischen Kausalverläufen nicht ausgeschlossen.

⇨ Auf die Anzahl von Zwischenursachen kommt es nicht an.

⇨ Wie einzelne Kausalfaktoren naturwissenschaftlich zusammenhängen, bleibt unberücksichtigt.

⇨ Erfolgsvermittelndes Zweitverhalten des Täters, des Opfers oder eines Dritten ist unbeachtlich, sofern die Handlung bis zum Erfolgseintritt fortwirkt.

Fazit

Es wird deutlich: Nach der conditio-sine-qua-non-Formel gibt es keine Unterscheidung zwischen wesentlichen und unwesentlichen Bedingungen oder nach deren Nähe zum Erfolg. Konsequenz der Äquivalenztheorie ist daher ein sehr weit gefasster Ursachenkreis.

Bsp.: *Der Vater V bittet seinen Sohn S, für ihn im Supermarkt Kaugummis zu kaufen. Während S den Auftrag ausführt, wird er bei einem Überfall auf den Supermarkt als Geisel genommen und anschließend erschossen. Hier ist die Handlung des Vaters kausal für den Tod des S im Sinne der Äquivalenztheorie: Die Handlung des V kann nicht hinweggedacht werden, ohne dass der konkrete Erfolg (Tod des S) entfiele. Mit anderen Worten: Hätte V den S nicht geschickt, so wäre dieser nicht bei dem Überfall auf den Supermarkt als Geisel genommen und anschließend erschossen worden.*

Korrektiv der objektiven Zurechnung

Die Äquivalenztheorie bedarf daher einer Einschränkung. Diese wird überwiegend unter dem Prüfungspunkt der „objektiven Zurechnung" vorgenommen (vgl. unten Rn. 76 ff.).

Klausurtipp

hemmer-Methode: Die Kausalität ist zumeist unproblematisch und kann in einem Satz festgestellt werden. Nähere Ausführungen sind nur erforderlich, wenn einer der unter **c)** (vgl. Rn. 71 ff.) genannten Sonderfälle vorliegt. Die Lehre von der objektiven Zurechnung ist ein *zusätzliches* Korrektiv. Merken Sie sich deshalb schon hier: Wenn Sie in einem Fall die objektive Zurechnung verneinen, sollten Sie auf eine präzise Sprache achten und *nicht* davon reden, das Handeln des Täters sei „nicht kausal" gewesen.

c) Sonderfälle der Kausalität

Sonderfälle

In verschiedenen Fällen scheint die Äquivalenztheorie zu versagen, da sie von einer Gleichwertigkeit aller Ursachen ausgeht. Hier sind teilweise gewisse Modifikationen angebracht.

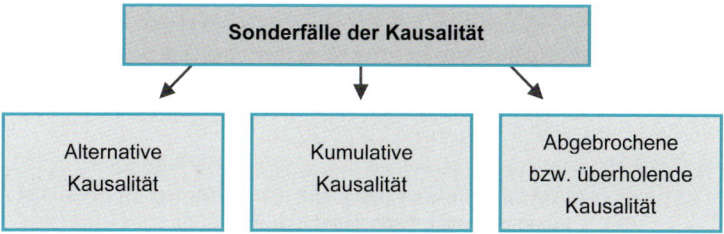

aa) Alternative Kausalität oder Mehrfachkausalität

Alternative Kausalität

Im Fall der *alternativen Kausalität* oder *Mehrfachkausalität* führen zwei oder mehrere, voneinander unabhängig gesetzte Bedingungen zum selben Erfolg. Jede Bedingung hätte für sich allein den Erfolg zum selben Zeitpunkt herbeigeführt.

Bsp.: *Hänsel und Gretel schütten jeweils unabhängig voneinander eine tödliche Menge Gift in den Wein der Hexe. Diese stirbt nach Genuss des Weins. Beide Gifte wirken gleich schnell, ohne dass der Todeseintritt hierdurch beschleunigt wurde.*

Wird die Handlung des H hinweggedacht, bleibt der Erfolg bestehen. Die Handlung des H wäre somit nach der Äquivalenztheorie nicht kausal. Gleiches gilt aber für die Handlung der G. Somit wären beide Handlungen nicht kausal.

Wegen dieses unbefriedigenden Ergebnisses wird die Formel der Äquivalenztheorie in Fällen alternativer Kausalität daher modifiziert: *Von mehreren Bedingungen, die zwar alternativ, aber nicht kumulativ hinweggedacht werden können, ohne dass der konkrete Erfolg entfiele, ist jede kausal für den Erfolg.*

Damit können sowohl H als auch G (falls die weiteren Bedingungen einer Straftat vorliegen) wegen einer Vollendung des § 212 I (Totschlag) bestraft werden.

hemmer-Methode: Aus wissenschaftlicher Sicht ist es natürlich sehr unbefriedigend, eine Formel im Einzelfall so zurechtzubiegen, dass man das gewünschte Ergebnis erzielt. Für die Klausur genügt an derartigen Stellen jedoch die Kenntnis der jeweiligen Modifizierungen, weitergehende Auseinandersetzungen mit alternativen Lösungsvorschlägen werden regelmäßig nicht erwartet.

bb) Kumulative Kausalität

Im Fall der *kumulativen Kausalität* führen ebenfalls zwei oder mehrere, unabhängig voneinander gesetzte Ursachen zum konkreten Erfolg. Jedoch reichen die einzelnen Bedingungen für sich allein gesehen nicht zur Erfolgsherbeiführung aus, sondern erst ihr Zusammenwirken.

Aufgrund der Gleichwertigkeit der Ursachen ist nach der Äquivalenztheorie *jede Handlung kausal* für den Erfolgseintritt, auch wenn der Erfolg durch eine Handlung allein nicht eintreten kann.

Bsp.: H und G schütten unabhängig voneinander Gift in den Wein der Hexe. Beide wissen nicht, dass ihre Dosis allein nicht tödlich wirkt. Erst beide Dosen zusammen führen zum Tod der Hexe.

Hier kann weder die Handlung des H noch die der G hinweggedacht werden, ohne dass der Erfolg entfiele. Daher sind beide Handlungen nach der Äquivalenztheorie kausal.

Problematisch ist in solchen Fällen jedoch der Gesichtspunkt der objektiven Zurechnung:

Es handelt sich um einen völlig atypischen Kausalverlauf, dass eine zweite Person ebenfalls Gift in den Wein schüttet (vgl. Rn. 84). Handelten H und G also völlig unabhängig voneinander und in Unkenntnis des geschwisterlichen Tatbeitrags, so kann der Tod der Hexe dem H bzw. der G jeweils nicht zugerechnet werden. So sind beide jeweils nur wegen versuchten Totschlags strafbar.

Klausurtipp

hemmer-Methode: Wenn Sie in einer Anfängerklausur alternative und / oder kumulative Kausalität zu prüfen haben, sollten Sie gedanklich in zwei Schritten vorgehen und diese auch dem Korrektor deutlich werden lassen: Zeigen Sie zunächst das Ergebnis nach der conditio-sine-qua-non-Formel und stellen Sie dann dar, wie die dadurch entstehenden und unbefriedigenden Ergebnisse jeweils korrigiert werden (alternative Kausalität: Modifikation der conditio-sine-qua-non-Formel; kumulative Kausalität: Problem im Rahmen der objektiven Zurechnung).

cc) Abgebrochene bzw. überholende Kausalität

Abgebrochene bzw. überholende Kausalität

Die Ursächlichkeit der Handlung entfällt im Fall der überholenden Kausalität dadurch, dass eine andere Ursache den Erfolg herbeiführt, bevor sich die vom Täter gesetzte Bedingung realisieren kann. Aus der Sicht der zweiten Ursachenreihe, die also zeitlich schneller war, spricht man von überholender Kausalität. Die vom Täter in Gang gesetzte Kausalkette wird durch diese abgebrochen.

74

Rechtsfolge: Nur die zweite (überholende) Bedingung ist für den konkreten Erfolgseintritt kausal, wobei der hypothetische Kausalverlauf (Erfolgsherbeiführung durch die erste Bedingung als Reserveursache) unbeachtlich ist.

Das Setzen der ersten Bedingung begründet aufgrund Abbruchs der Kausalkette lediglich eine Versuchsstrafbarkeit.

Bsp.: Hänsel schüttet Gift in den Wein der Hexe, den diese austrinkt. Bevor das Gift zu wirken beginnt, wirft Gretel unabhängig hiervon die Hexe aus dem Fenster. Die Hexe stirbt durch den Fenstersturz.

Hier ist die Handlung der G kausal für den Todeseintritt in seiner konkreten Gestalt, nicht aber die des H (sog. Reserveursache), da die Ursachenkette Vergiften des Weines sich nicht im konkreten Erfolg niederschlug. H ist „nur" wegen Versuchs strafbar.

Abgrenzungshinweis

Anmerkung: Von einer abgebrochenen Kausalkette ist nur dann auszugehen, wenn ein späteres Ereignis die Fortwirkung einer früheren Ursachenkette beseitigt und nunmehr allein - unter Eröffnung einer neuen Ursachenreihe - den Erfolg herbeiführt. Die früher gesetzte Bedingung darf im Erfolgseintritt also nicht mehr fortwirken. Letzteres ist aber schon dann der Fall, wenn die zweite Bedingung an die erste anknüpft, die hierdurch geschaffene Situation also gerade ausnutzt.

75

Anders wäre die Kausalitätsfrage somit im vorangegangenen Beispiel zu beurteilen, wenn Gretel die Hexe nur deshalb aus dem Fenster werfen konnte, weil das von Hänsel beigegebene Gift diese bereits geschwächt hatte. Dann wäre die Handlung des Hänsel weiterhin kausal. Problematisch wäre dann aber die objektive Zurechnung.

4. Objektive Zurechnung[5]

a) Einleitung: Die Lehre von der objektiven Zurechnung

Kausalität

Wie gezeigt, werden durch das Kausalitätserfordernis nur solche Verhaltensweisen ausgesondert, die in keiner ursächlichen Verbindung zum Erfolgseintritt stehen.

76

Die Kausalität ist daher notwendig, aber nicht hinreichend, um den strafbarkeitsbegründenden Zusammenhang zwischen Täterhandlung und Erfolg herzustellen.

Die Äquivalenztheorie ist so weitreichend, dass ohne zusätzliches Korrektiv selbst die Eltern eines Täters durch dessen Zeugung jeweils den objektiven Tatbestand des später durch diesen verübten Delikts erfüllen würden. Dies wird einhellig als unbillig empfunden.

Lehre von der objektiven Zurechnung

Daher vertritt das *neuere Schrifttum* zunehmend die **Lehre von der objektiven Zurechnung**. Diese dient als Ergänzung der Äquivalenztheorie und nimmt bereits auf der Ebene des objektiven Tatbestands eine Korrektur der zu weit gefassten conditio-sine-qua-non-Formel vor. Die „objektive Zurechenbarkeit" eines Erfolgs ist demnach in problematischen Fällen als eigener Prüfungspunkt im objektiven Tatbestand im Anschluss an die Kausalität zu erörtern.

77

---

[5] Auch „objektive Zurechenbarkeit" genannt.

Definition

Objektiv zurechenbar ist ein durch menschliches Verhalten verursachter tatbestandsmäßiger Erfolg nur dann, wenn dieses Verhalten eine rechtlich missbilligte Gefahr des Erfolgseintritts geschaffen und sich diese Gefahr im konkreten Erfolg in tatbestandsmäßiger Weise verwirklicht hat.

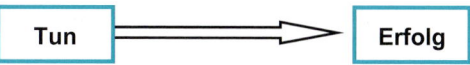

1. **Kausal?**
   (= conditio-sine-qua-non–Formel)
2. **Objektiv zurechenbar?**
   (= Korrektur / „Filter")

hemmer-Methode: Während die *Kausalität* die Frage betrifft, ob ein bestimmtes Verhalten des Täters den tatbestandsmäßigen Erfolg nach naturwissenschaftlichen Kriterien verursacht hat, betrifft die *objektive Zurechnung* die Frage, ob man dem Täter einen bestimmten, von ihm kausal verursachten Erfolg auch normativ (d.h. im Wege einer rechtlichen Bewertung) als „sein Werk" zurechnen kann.

b) Kriterien der objektiven Zurechnung

Zwei Elemente

Die obige Definition objektiver Zurechnung lässt sich auf zwei Elemente reduzieren:

⇨ „Schaffung einer rechtlich missbilligten Gefahr" (= *rechtlich relevantes Risiko*)

⇨ „Verwirklichung dieser Gefahr im konkreten Erfolg" (= *Risikozusammenhang*)

Bei näherer Betrachtung dieser beiden Elemente ergeben sich verschiedene **Fallgruppen**, in welchen die objektive Zurechnung ausscheidet.

aa) Rechtlich relevantes Risiko

Ein rechtlich relevantes Risiko fehlt,

Kein rechtlich relevantes Risiko (Fallgruppen)

(1) wenn sich der Schadenseintritt außerhalb des menschlichen Beherrschungsvermögens ereignet.

Bsp.: T überredet O zu einer Flugreise. Er hofft, dass O bei einem Absturz infolge eines Unwetters ums Leben kommt, was auch geschieht.

Hier findet keine Erfolgszurechnung statt, da ein Flugzeugabsturz außerhalb des Beherrschungsvermögens des T lag.

(2) wenn an **sozialadäquates Verhalten** angeknüpft wird. Kein rechtlich missbilligtes, sondern erlaubtes Risiko schaffen Verhaltensweisen, die in ihrer potentiellen Schädlichkeit den Bereich des allgemeinen Lebensrisikos bzw. von der Gesellschaft tolerierten Risikos betreffen.

Bsp.: T fährt mit seinem Pkw in der Hoffnung, dass sein Nachbar O ins Auto läuft und sich verletzt, was auch geschieht.

Hier findet keine Erfolgszurechnung statt, weil der Betrieb eines Kfz als im Gemeinschaftsleben unabdingbar und daher sozialadäquat angesehen wird.

(3) in den Fällen der sog. **Risikoverringerung**. Hier wird ein drohender schwererer Erfolg abgeschwächt oder zeitlich hinausgeschoben, ohne dass der Täter zur Erreichung dieses Ziels eine neue, andersartige Gefahr setzt.

Bsp.: X holt mit der Axt zum lebensgefährlichen Schlag auf den Kopf des O aus. Dem T gelingt es durch sein Dazwischentreten, dass der Schlag auf Schulter und Arm des O abgeleitet wird.

Hier war die Handlung des T kausal für die Verletzung des O: Sie kann nicht hinweggedacht werden, ohne dass der Erfolg in seiner konkreten Gestalt entfiele. Wäre nämlich T nicht dazwischengetreten, so wäre es zu Kopfverletzungen gekommen, nicht zu den Verletzungen an Arm und Schulter. Dennoch kann der Schlag dem T nicht als Körperverletzung (vgl. § 223) zugerechnet werden, denn er hat keine rechtlich missbilligte Gefahr geschaffen. Vielmehr hat er das Risiko einer solchen bestehenden Gefahr durch sein Eingreifen verringert.

Anmerkung: Die Risikoverringerung ist im Rahmen der vorsätzlichen Begehungstat der einzige Fall, bei dem die Einbeziehung des hypothetischen Kausalverlaufs zum Ausschluss der Erfolgszurechnung führt.

bb) Risikozusammenhang

Wertungskriterien Risikozusammenhang

Am Risikozusammenhang fehlt es, wenn sich das vom Täter geschaffene rechtlich relevante Risiko im konkret eingetretenen Erfolg nicht in tatbestandsmäßiger Weise realisiert hat.

In die Beurteilung des Risikozusammenhangs sind folgende Wertungsgesichtspunkte einzubeziehen:

⇨ Adäquanz (= objektive Vorhersehbarkeit)

⇨ Schutzzweck der Norm

⇨ Pflichtwidrigkeitszusammenhang

⇨ Trennung der Verantwortungsbereiche (erfolgsvermittelndes Zweitverhalten)

Diese Aspekte werden anhand der folgenden Fallgruppen erläutert.

Am Risikozusammenhang fehlt es in folgenden Fällen:

Fehlender Risikozusammenhang (Fallgruppen)

(1) Bei einem **völlig atypischen Kausalverlauf**, d.h. bei einer ganz ungewöhnlichen, atypischen Schadensfolge oder einem unvorhersehbaren, außerhalb jeglicher Wahrscheinlichkeit liegenden Geschehensverlauf (**Adäquanz**).

Bsp.: T verletzt O, der sich zur Behandlung ins Krankenhaus begibt. Dort entsteht ein Brand, O verstirbt an einer Rauchvergiftung.

Der Todeseintritt ist kausal auf die Handlung des T zurückzuführen, aber nicht objektiv zuzurechnen, da er völlig außerhalb dessen liegt, was nach dem gewöhnlichen Lauf der Dinge und nach allgemeiner Lebenserfahrung zu erwarten ist. *Ebenso Bsp. Rn. 73.*

(2) Wenn sich im eingetretenen Erfolg nicht das verbotene, sondern ein anderes Risiko verwirklicht hat. Der Erfolg ist nur zurechenbar, wenn sich Risiken verwirklichen, vor denen die Norm gerade schützen soll (sog. **Schutzzweck der Norm**).

Bsp. 1: T fährt auf der B 12 nach Würzburg mit überhöhter Geschwindigkeit. In der Innenstadt angekommen, passt er seine Geschwindigkeit dem erlaubten Limit an. Als dort der Fußgänger O eine Kreuzung unvorsichtig überquert, kommt es zu einem für T unvermeidbaren Unfall. O verunglückt tödlich.

Die Handlung des T ist kausal für den eingetretenen Erfolg: Wäre T auf der B 12 nicht zu schnell gefahren, so hätte er die Kreuzung nicht zu dem Zeitpunkt erreicht, als O sie überquerte. Der Tod des O ist dem T aber nicht objektiv zurechenbar: Durch das zu schnelle Fahren entgegen der StVO hat er zwar ein rechtlich relevantes Risiko geschaffen, dieses hat sich im Erfolgseintritt aber nicht in tatbestandstypischer Weise realisiert.

Die entsprechende Verbotsnorm soll nämlich andere Verkehrsteilnehmer vor den Gefahren schützen, die mit der hohen Geschwindigkeit eines Fahrzeugs im konkreten Straßenbereich verbunden sind. Der Schutzzweck der Geschwindigkeitsbegrenzung geht nicht dahin, dass ein Kfz einen bestimmten Ort später erreicht.

Bsp. 2: T verletzt O lebensgefährlich. Während des Transports ins Krankenhaus verstirbt O infolge eines Verkehrsunfalls im Rettungswagen.

Hier scheidet die objektive Zurechnung aus, da sich nicht die durch die Verletzungshandlung seitens des T geschaffene Gefahr realisiert hat, sondern das mit jeder Autofahrt verbundene allgemeine Lebensrisiko.

Anders wäre dies zu beurteilen, wenn sich im Unfall gerade die Risiken eines Rettungstransports verwirklicht hätten, wenn etwa der Wagen aufgrund akuter Lebensbedrohung des O mit stark überhöhter Geschwindigkeit fuhr und es gerade deshalb zum Unglück kam.

Dieses Risiko ist noch als in der Handlung einer lebensgefährlichen Körperverletzung angelegt anzusehen. Ausgehend davon will die Verhaltensnorm, welche die Verletzung eines Menschen verbietet, auch hiervor bewahren. Der Schutzzweckzusammenhang ist daher noch gewährleistet.

(3) Bei fehlendem **Pflichtwidrigkeitszusammenhang**, d.h., wenn der durch eine sorgfaltspflichtwidrige Handlung herbeigeführte Erfolg auch dann eingetreten wäre, wenn sich der Täter pflichtgemäß verhalten hätte **(rechtmäßiges Alternativverhalten)**. Diese Fallgruppe wird nur i.R.d. Fahrlässigkeitsdelikts relevant, siehe dort Rn. 329.

86

(4) Wenn eine an das gefahrschaffende Erstverhalten anknüpfende Zweithandlung eine völlig neue Gefahr schafft und damit die Erfolgsvermittlung nicht mehr im Wertungszusammenhang zur Ersthandlung steht.

87

Wird der Erfolg durch ein Zweitverhalten bewirkt, das zeitlich auf eine gefahrschaffende Ersthandlung folgt und an diese *anknüpft*, so ist die Kausalkette der Ersthandlung nicht unterbrochen (siehe zur Abgrenzung der abgebrochenen bzw. überholenden Kausalität Rn. 75). In entsprechenden Fällen ist jedoch unter dem Gesichtspunkt des tatbestandstypischen Risikozusammenhangs zu fragen, ob der Ersthandlung der Erfolgseintritt wertungsmäßig noch zugerechnet werden kann. In dieser wichtigen Fallgruppe geht es letztlich um eine **Abschichtung der Verantwortungsbereiche (Autonomieprinzip)**.

Zu unterscheiden sind die **drei Untergruppen** eines sog. Zweitverhaltens, nämlich die erfolgsvermittelnde Selbstgefährdung des **Opfers**, eines **Dritten** sowie des **Täters**.

1. Untergruppe: erfolgsvermittelnde Selbstgefährdung des Opfers

88

Hier führt eine Verhaltensweise erst aufgrund einer eigenverantwortlich gewollten und verwirklichten Selbstschädigung oder Selbstgefährdung des Opfers zum tatbestandlichen Erfolgseintritt. Angesichts der freiverantwortlichen Herbeiführung des Erfolgs seitens des Opfers stellt sich die Rechtsgutsbeeinträchtigung als Erfolg einer Selbstschädigung bzw. Selbstgefährdung dar.

Unter dem Gesichtspunkt der Trennung der Verantwortungsbereiche ist der Erfolg dem Ersthandelnden daher nicht objektiv zuzurechnen. Die Straftatbestände sollen den Rechtsinhaber vor Eingriffen Dritter bewahren, nicht aber vor sich selbst schützen. Es fehlt damit am tatbestandstypischen Risikozusammenhang.

Bsp.: Dealer T überlässt seinem Kunden O eine Heroinspritze, die dieser sich selbst injiziert. O stirbt an einer Überdosis.

Anders liegt der Fall wiederum, wenn die selbstgefährdende Handlung auf einem einsichtigen Motiv beruht und gerade in der Minderung oder Beendigung des vom Ersttäter geschaffenen Risikos liegt.

Bsp.: Auf der Flucht vor dem Mörder T rennt das Opfer O bewusst über eine vielbefahrene Straße und wird von einem Lkw erfasst.

hemmer-Methode: Unterscheiden Sie zwischen der „eigenverantwortlichen Selbstgefährdung" und der („nur" rechtfertigend wirkenden, vgl. Rn. 160 ff.) „einverständlichen Fremdgefährdung". Abgrenzungskriterium ist hierbei die sog. Tatherrschaft (vgl. Rn. 379). Die objektive Zurechnung ist danach umso eher zu verneinen, je mehr das Opfer den Geschehensablauf selbst in den Händen hält.

2. Untergruppe: erfolgsvermittelnde Anknüpfungshandlungen Dritter

89

Hier begründet ein Dritter vollverantwortlich eine neue, an die ursprüngliche Handlung anknüpfende, selbständig auf den Erfolgseintritt hinwirkende Gefahr, die sich dann allein im konkreten Erfolg realisiert.

Anmerkung: Gemeint sind hier nur die Fälle, in denen der Ersttäter die unmittelbar erfolgsvermittelnde Zweithandlung ungewollt veranlasst. Beim gezielten Einsatz einer anderen Person richtet sich die Erfolgszurechnung nach den §§ 25-27 (Täterschaft und Teilnahme).

Bsp. Ausgangsfall: T fügt O in Tötungsabsicht zahlreiche Stichverletzungen mit einem Messer zu und lässt ihn nebst Tatwaffe am Tatort liegen in der Meinung, O sei tot.

Variante 1: Der von einem Passanten gerufene Notarzt D kommt hinzu, erkennt in O seinen Nebenbuhler und injiziert ihm eine tödlich wirkende Überdosis Insulin.

Variante 2: Der Jäger D kommt hinzu und gibt dem qualvoll sterbenden O den Gnadenschuss.

Variante 3: Der Jogger D kommt hinzu und fügt dem wehrlosen O einen weiteren, tödlichen Stich mit dem Messer zu, um seinen Freund T vor Strafverfolgung zu schützen.

Variante 4: O stirbt, als dem Arzt D bei der Rettungsoperation ein Fehler infolge leichter Fahrlässigkeit unterläuft.

Die Handhabung der Fälle „eigenverantwortliches Dazwischentreten eines Dritten" ist in weiten Bereichen umstritten. Die Rspr. hat den Zurechnungsausschluss unter dem Gesichtspunkt der getrennten Verantwortungsbereiche erst beim Fahrlässigkeitsdelikt anerkannt und löst die Problematik beim vorsätzlichen Begehungsdelikt über eine Adäquanzbetrachtung unter dem Prüfungspunkt, ob eine den Vorsatz ausschließende Kausalabweichung vorliegt.

Folgender Vorschlag zur Herangehensweise:

Grundsätzlich endet die Verantwortung des Ersttäters, wenn ein Dritter eigenverantwortlich und selbständig den Deliktserfolg herbeiführt. Die objektive Zurechnung ist aber nur ausgeschlossen, wenn der Dritte einen *völlig neuen Steuerungsprozess* in Gang gesetzt hat und dieser in keiner inneren Verbindung mit der vom Ersthandelnden geschaffenen Gefahr steht.

Danach erfolgt in Fallvariante 1 ein Zurechnungsausschluss, da D durch den Rechtsgutsangriff den tödlichen Injektion einen völlig neuen Kausalverlauf initiiert hat und sich die Ausgangsgefahr im Erfolg nicht mehr niederschlägt. In Fallvariante 2 bleibt der Erfolg dem T objektiv zurechenbar, da das Verhalten des D so spezifisch mit der schweren Verletzung seitens T verbunden ist, dass es bereits als typischerweise in der Ausgangsgefahr begründet erscheint (str.).

In Fallvariante 3 erfolgt ebenfalls kein Zurechnungsausschluss, da D die durch T geschaffene Lage ausnutzt und gleichsam dessen Tötungswerk zu Ende bringt. Auch in Fallvariante 4 ist eine Rückausnahme vom Autonomieprinzip angezeigt, da die erfolgsvermittelnde Handlung des D gerade zur Abwendung der von T geschaffenen Gefahr vorgenommen wird und dem Retter dabei keine grobe Fahrlässigkeit anzulasten ist.

3. Untergruppe: erfolgsvermittelndes Zweithandeln des Täters

Hier begründet der Täter vollverantwortlich eine neue, an die ursprüngliche Handlung anknüpfende, selbständig auf den Erfolgseintritt hinwirkende Gefahr, die sich dann allein im konkreten Erfolg realisiert. Die Erfolgsherbeiführung wird ausschließlich der Zweithandlung des Täters zugerechnet.

Bsp.: Nach einem Familienstreit steckt T sein Elternhaus in Brand, um dadurch den Tod seines Vaters O herbeizuführen. Sogleich reut ihn seine Tat und er versucht zunächst, O zu retten. Als er erkennt, dass dies vergeblich ist, erschießt er O.

Übersicht über Problemkonstellationen

c) Zusammenfassende Übersicht

Rechtlich relevantes Risiko (-), wenn	Tatbestandstypischer Risikozusammenhang (-), wenn
⇨ Schadenseintritt außerhalb menschlichen Beherrschungsvermögens ⇨ Sozialadäquates Verhalten ⇨ Risikoverringerung	⇨ Fehlende objektive Vorhersehbarkeit ⇨ Fehlender Schutzzweckzusammenhang ⇨ Fehlender Pflichtwidrigkeitszusammenhang ⇨ Zurechnungsausschluss bei erfolgsvermittelndem Zweitverhalten

Klausurtipp

hemmer-Methode: Merken Sie sich nicht die oben aufgeführten Fallgruppen im Einzelnen, sondern vergegenwärtigen Sie sich die *argumentative Begründung* am Einzelfall! Sollten Zurechnungsprobleme auftauchen, zählt vor allem Ihre argumentative Auseinandersetzung mit dem Problem. Eine auch nur geringfügige Abweichung im Sachverhalt kann zu einem ganz anderen Ergebnis führen.

5. Tatbestandsausschließendes Einverständnis

Disponibilität des Rechtsgüterschutzes

Der Wille des Tatopfers, seine rechtlich geschützten Interessen preiszugeben, kann tatbestandsausschließende Wirkung haben. Man spricht dann vom tatbestandausschließenden **Einverständnis**. Daneben kann die Zustimmung eines Rechtsgutsinhabers auch erst auf der Ebene der Rechtfertigung in Form der rechtfertigenden **Einwilligung** Bedeutung haben.

Delikte gegen oder ohne den Willen des Rechtsgutsinhabers

Das **tatbestandsausschließende Einverständnis** ist streng von der **rechtfertigenden Einwilligung** zu trennen. Ein tatbestandsausschließendes Einverständnis kommt nur bei denjenigen Straftatbeständen in Betracht, deren deliktischer Charakter gerade darauf beruht, dass die **Tathandlung gegen den Willen oder ohne Zustimmung** des Rechtsgutsinhabers vorgenommen wird.

In allen übrigen Fällen kommt dagegen bei der Zustimmung des Rechtsgutsinhabers eine Einwilligung in Betracht.

Wenn Tatopfer mit „Verletzung" einverstanden:

⇨ Als Einverständnis zu prüfen, wenn der Tatbestand ein Handeln gegen den Willen des Rechtsgutsinhabers voraussetzt (= TB-Ebene)

⇨ Sonst: als Einwilligung prüfen, wenn Rechtsgut disponibel (= RW-Ebene)

Delikte gegen oder ohne den Willen des Rechtsgutsinhabers

Teilweise wird im Gesetzestext der erforderliche entgegenstehende Wille des Verletzten ausdrücklich genannt (z.B. § 248b: „... gegen den Willen des Berechtigten...").

Bei anderen Delikten, die einen Angriff auf die freie Willensentschließung oder Willensbetätigung zum Inhalt haben, ist die Möglichkeit des tatbestandsausschließenden Einverständnisses in der normierten Tathandlung angelegt.

Bsp.: §§ 123, 242, 239, 240, 253, 255.

Zur Erläuterung: Das Merkmal „Eindringen" in § 123 I zeigt, dass der Tatbestand gerade von einem Betreten gegen oder ohne den Willen des Berechtigten ausgeht. Bei § 242 I setzt die „Wegnahme" den Bruch fremden Gewahrsams voraus, daher muss gegen oder ohne den Willen des Gewahrsamsinhabers gehandelt werden.

Wirksamkeitsvoraussetzungen des Einverständnisses

Das Einverständnis hat einen rein tatsächlichen Charakter. Daher wird seine Wirksamkeit nicht dadurch berührt, dass es durch Täuschung erschlichen oder von einem Geschäftsunfähigen erteilt wird. Es kommt allein auf die natürliche Willensfähigkeit des Betroffenen an. Willensmängel sind grundsätzlich unbeachtlich. Ein durch Drohung erzwungenes Einverständnis wirkt hingegen nicht tatbestandsausschließend, weil es zumindest freiwillig zustande gekommen sein muss.

95

Bsp.: Der Trickdieb T erschleicht sich den Zugang zur Wohnung der Oma O mit der Behauptung, er sammle für karitative Zwecke.

Da O ihr tatbestandsausschließendes Einverständnis erteilt hat, liegt kein „Eindringen" i.S.v. § 123 I vor. Die Tatsache, dass das Einverständnis durch Täuschung erlangt wurde, ist unerheblich. Anders wäre dies, wenn der T die O durch die Drohung, er werde sie sonst mit einem Messer verletzen, dazu zwingt, ihm die Tür zu öffnen.

Auch ohne Bewusstsein des Täters beachtlich

Ferner wirkt bereits die bewusste innere Zustimmung des Rechtsgutsträgers als tatbestandsausschließendes Einverständnis, ohne dass diese nach außen zum Ausdruck gebracht werden muss. Ein entsprechendes subjektives Element des Täters, also das Handeln in Kenntnis des Einverständnisses, ist nicht notwendig.

96

Hat der Täter vom tatsächlich vorliegenden Einverständnis keine Kenntnis, ist er wegen untauglichen Versuchs strafbar, wenn der Versuch des betreffenden Delikts mit Strafe bedroht ist.

Bsp.: T entwendet während der Kaffeepause Zigaretten aus der Schachtel seines Bürokollegen O. Dabei weiß er nicht, dass O die Schachtel extra auf dem Schreibtisch liegen gelassen hat, damit andere sich bedienen können.

O ist zum Tatzeitpunkt mit der Entnahme von Zigaretten durch T einverstanden. Damit scheitert die Verwirklichung des objektiven Tatbestands des § 242 I am Merkmal der „Wegnahme". Da T Vorsatz hat, den Tatbestand des § 242 I zu verwirklichen und dazu auch unmittelbar ansetzte (vgl. § 22), hat er sich wegen Versuchs strafbar gemacht.

Zusammenfassung

Zusammenfassung: Voraussetzungen des tatbestandsausschließenden Einverständnisses:

97

(1) Delikt setzt entgegenstehenden oder fehlenden Willen des Berechtigten tatbestandlich voraus

(2) Berechtigung zur Disposition über das geschützte Rechtsgut (nur der Inhaber des geschützten Rechtsguts oder der Verfügungsberechtigte)

(3) Erteilung des Einverständnisses durch ausdrücklich erklärte oder bewusste innere Zustimmung und Fortbestand im Tatzeitpunkt

(4) Natürliche Willensfähigkeit und Freiwilligkeit (Willensmängel unbeachtlich)

Rechtsfolge: Objektiver Tatbestand zu verneinen

II. Subjektiver Tatbestand

Inhalt des subjektiven Tatbestands

Der subjektive Tatbestand kennzeichnet die innere Einstellung des Täters zu seiner Tat.

Dieser beinhaltet den Tatbestandsvorsatz sowie ggf. deliktsspezifische subjektive Merkmale.

1. Vorsatz

Vorsatz

Eine Legaldefinition des Vorsatzes fehlt im StGB. Literatur und Rspr. definieren den Vorsatz üblicherweise wie folgt:

Definition

„Vorsatz ist der Wille zur Verwirklichung eines Straftatbestands in Kenntnis aller seiner Tatumstände."

Diese Definition lässt *zwei Elemente* des Vorsatzes erkennen:

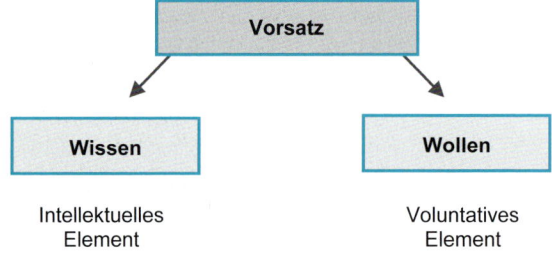

a) Wissen: intellektuelles Element

Wissen = intellektuelles Element

Das intellektuelle Element erfordert die Kenntnis des Täters vom Vorliegen der tatsächlichen Voraussetzungen des gesetzlichen Tatbestands im Zeitpunkt der Tatbegehung.

Notwendige Bezugspunkte

Aus **§ 16 I S. 1** lässt sich entnehmen, dass sich der Vorsatz auf alle Umstände beziehen muss, die zum *gesetzlichen Tatbestand* gehören.

Merken Sie sich: Der Vorsatz als Wissenselement umfasst die Kenntnis aller objektiven Tatumstände einschließlich seiner Kausalbeziehungen.

Nicht vom Vorsatz umfasst sein müssen: 101

⇨ bei erfolgsqualifizierten Delikten die schwere Folge, vgl. § 18 (näher dazu Rn. 336 ff.)

⇨ die objektiven Strafbarkeitsbedingungen (vgl. Rn. 122)

⇨ die Voraussetzungen der Rechtfertigungsgründe bei Fahrlässigkeitsdelikten

⇨ die Voraussetzungen der Schuld

⇨ die Prozessvoraussetzungen

Die notwendigen Bezugspunkte des Vorsatzes im Einzelnen:

Deskriptive Merkmale **Alle deskriptiven Tatbestandsmerkmale:** Hier genügt die Kenntnis des natürlichen Sinngehalts. Der Täter muss die tatsächlichen Umstände kennen, aufgrund derer der Sachverhalt unter das Merkmal subsumiert wird. 102

> **Bsp.** *„Sache" bzw. „zerstören" im Tatbestand der Sachbeschädigung, § 303 I: T erschießt den Hund des Nachbarn O.*
>
> Der Hund ist eine Sache im Sinne des § 303 I. Durch die Tötung wurde diese in ihrem Substanzwert vernichtet, mithin zerstört. Für den Tatbestandsvorsatz hinsichtlich dieser Merkmale reicht aus, dass T das Objekt seiner Tötungshandlung als Hund erkennt. Dass das Tier dem strafrechtlichen Sachbegriff unterfällt und die Tötung unter das Merkmal der „Zerstörung" subsumiert wird, muss T nicht wissen. Ging der T davon aus, dass die Tiertötung keinem Straftatbestand zuzuordnen sei, so handelt es sich dabei um einen unbeachtlichen Subsumtionsirrtum.

Normative Merkmale **Alle normativen Tatbestandsmerkmale:** Hier ist neben der Kenntnis des natürlichen Sinngehalts für die Bejahung des Vorsatzes erforderlich, dass der Täter zusätzlich den rechtlich-sozialen Bedeutungsgehalt des Tatumstands erkennt. Nur wenn dies der Fall ist, kann dem Täter auch der Vorwurf gemacht werden, dass er sich nicht rechtstreu verhalten wollte. Dabei sind keine hohen Anforderungen an die intellektuelle Erfassung der normativen Tatbestandsmerkmale zu stellen. Es muss auf einen juristischen Laien abgestellt und gefragt werden, ob dieser das Verhalten in der Situation des Täters als objektiv tatbestandsmäßig angesehen hätte (sog. *Parallelwertung in der Laiensphäre*). 103

Bsp.: *T ändert die Anzahl der Striche auf seinem Bierdeckel, um eine niedrigere Zeche zahlen zu müssen. Auf die Idee, dass es sich bei dem Bierdeckel um eine Urkunde i.S.v. § 267 (Urkundenfälschung) handelt, wäre T nie gekommen.*

Ein Bierdeckel ist eine Urkunde im Sinne von § 267 I (Urkundenfälschung). T hat diese Urkunde verfälscht i.S.v. § 267 I Var. 2, d.h., der objektive Tatbestand ist erfüllt. Er müsste auch vorsätzlich gehandelt haben. T wusste zwar, dass er einen Bierdeckel manipuliert. T als juristischer Laie war sich aber nicht bewusst, dass Bierdeckel mit Strichen des Wirtes als „Urkunde" aufzufassen sind.

Dies ist jedoch für die Bejahung des Vorsatzes nicht erforderlich. Denn T war sich bewusst, dass er durch die Manipulation die Beweisführungsmöglichkeiten des Wirtes vereitelt hat.

Dies genügt für die Bejahung des Vorsatzes, denn damit hat T den rechtlich-sozialen Bedeutungsgehalt des normativen Tatbestandsmerkmals „Urkunde" nach Laienart richtig erfasst. T handelte folglich vorsätzlich.

hemmer-Methode: Anders wäre der Fall unter Umständen zu beurteilen, wenn T aus einem völlig anders geprägten soziokulturellen Kreis stammt, erst kurzfristig in der BRD ist und deshalb niemals auf die Idee gekommen wäre, dass in Deutschland die Striche auf dem Bierdeckel dem Wirt dazu dienen, den Überblick über die Zahl der getrunkenen Biere zu behalten.

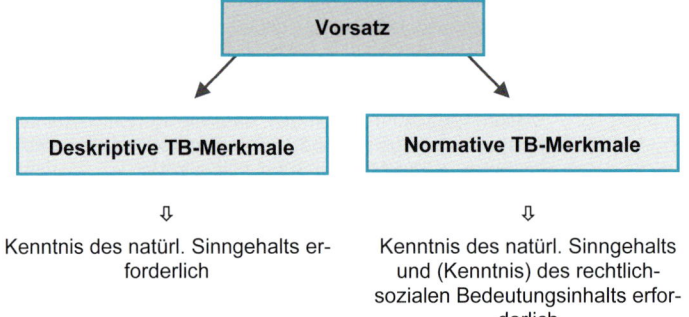

Kausalverlauf

Der Kausalverlauf ist bei Erfolgsdelikten ungeschriebenes Tatbestandsmerkmal. Zur Bejahung des Vorsatzes genügt es, wenn der Täter den Kausalverlauf in seinen wesentlichen Zügen richtig erkennt.

Vorsatzproblematik

⇨ Bei *Abweichungen zwischen dem vorgestellten und dem eingetretenen Kausalverlauf* ist für die Vorsatzfrage entscheidend, ob diese sich im Rahmen des nach allgemeiner Lebenserfahrung Voraussehbaren halten. Hierzu folgender Beispielsfall: 105

Fall 1

Bsp. 1: *T will das Kind O in den Fluss stürzen, damit es ertrinkt. Dieses stürzt jedoch so unglücklich auf den Brückenpfeiler, dass es bereits durch den Aufprall getötet wird.*

Formulierungsbeispiel

Der tatbestandliche Erfolg des § 212 I ist eingetreten. Dieser wurde auch kausal und objektiv zurechenbar durch die Handlung des T herbeigeführt. Somit ist der objektive Tatbestand des § 212 I erfüllt.

Im Rahmen des subjektiven Tatbestands könnte man den Vorsatz des T hinsichtlich des konkret eingetretenen Erfolgs bezweifeln, weil sich der T den Todeseintritt infolge Ertrinken im Fluss vorstellte. Hier wird man aber davon ausgehen können, dass es sich noch im Rahmen des nach allgemeiner Lebenserfahrung Voraussehbaren hält, dass das Kind auf den Brückenpfeiler stürzt. Als unwesentliche Kausalabweichung ist der Erfolgseintritt in seiner konkreten Gestalt daher noch als vom Vorsatz des T umfasst anzusehen. Der Tatbestand des Totschlags (§ 212 I) ist somit objektiv und subjektiv verwirklicht.

Objektive Zurechnungs- und Vorsatzproblematik

⇨ Stellt sich der im Sachverhalt umschriebene Geschehensablauf nicht nur als subjektive Abweichung von der Tätervorstellung, sondern *zusätzlich* als *objektiv ungewöhnlicher Kausalverlauf* dar, so wird dies an zwei Prüfungspunkten relevant: 106

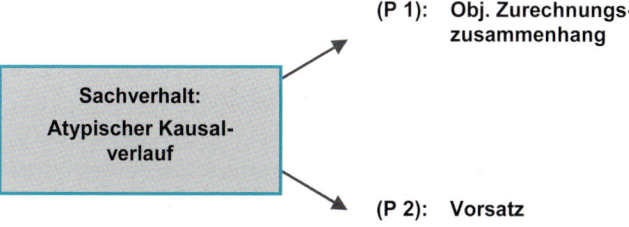

Zu (P 1): Im objektiven Tatbestand ist unter dem Prüfungspunkt „objektive Zurechenbarkeit" zu thematisieren, ob eine Adäquanzbetrachtung den tatbestandstypischen Risikozusammenhang zwischen der Handlung und dem Erfolgseintritt ausschließt. Maßgeblich ist die objektive Vorhersehbarkeit des tatsächlichen Geschehensablaufs.

Zu (P 2): Kommt man zum Ergebnis, dass kein völlig atypischer Kausalverlauf vorliegt und der objektive Zurechnungszusammenhang gewahrt ist, so ist im subjektiven Tatbestand zu thematisieren, ob sich der Vorsatz des Täters auf die konkrete Erfolgsherbeiführung erstreckt. Maßgeblich ist nun der Grad der Abweichung des tatsächlichen vom subjektiv vorgestellten Geschehensablauf.

Zur Veranschaulichung folgender klausurmäßig gelöster Beispielsfall: 107

Fall 2

Bsp. 2: *T will O im Wald erschießen, verfehlt ihn jedoch. Durch den Schuss wird aber eine Herde Pferde aufgeschreckt, durch die O niedergetrampelt wird und stirbt. Strafbarkeit des T wegen vorsätzlicher Tötung?*

Formulierungsbeispiel

Lösung:

I. Strafbarkeit des T gemäß § 212 I (Totschlag)

1. Tatbestand

a) *Objektiver Tatbestand*

Der Tod des O müsste kausal durch den Schuss des T herbeigeführt worden sein. Dies ist der Fall, denn die Handlung des T (Schuss) kann nicht i.S.d. conditio-sine-qua-non-Formel hinweggedacht werden, ohne dass der konkrete Erfolg (Tod des O) entfiele (Äquivalenztheorie). Fraglich ist, ob der Tod T auch objektiv zurechenbar ist. Nach der Lehre von der objektiven Zurechnung – als Korrektiv der weiten Äquivalenztheorie – müsste das Verhalten des O eine rechtlich missbilligte Gefahr geschaffen haben und gerade diese Gefahr müsste sich im konkreten tatbestandlichen Erfolg verwirklicht haben. Durch den Schuss wurde für T eine rechtlich missbilligte Gefahr geschaffen. Fraglich ist, ob sich gerade diese auch im tatbestandlichen Erfolg niedergeschlagen hat.

(P) Schließt der Kausalverlauf infolge Inadäquanz die objektive Zurechenbarkeit aus?

Es könnte am sog. *Risikozusammenhang* fehlen, wenn sich eine andere als die geschaffene Gefahr verwirklicht hat. Dies wird bei *völlig atypischen Kausalverläufen* angenommen. Ob dies hier der Fall ist, kann offenbleiben, wenn jedenfalls der Vorsatz des Täters hier zu verneinen wäre.

b) *Subjektiver Tatbestand*

(P) Schließt der Kausalverlauf infolge wesentlicher Abweichung von der Tätervorstellung den Vorsatz aus?

T müsste mit Vorsatz hinsichtlich aller Merkmale des objektiven Tatbestands gehandelt haben, § 15. Zu diesen Merkmalen gehört auch als ungeschriebenes Merkmal der Kausalzusammenhang. Problematisch ist, dass T hier dachte, er wird den O erschießen, nicht aber, dass er diesen durch das „Wild-Machen" der Pferde tötet.

Da ein Täter nicht alle naturwissenschaftlichen Einzelheiten eines Kausalverlaufs vorhersehen muss, genügt es, wenn der Täter den Kausalzusammenhang in seinen wesentlichen Zügen richtig erkennt. Dies ist dann der Fall, wenn sich das Geschehen im Rahmen des nach allgemeiner Lebenserfahrung Voraussehbaren hält. Da vorliegend der Tod des O für T nicht nach allgemeiner Lebenserfahrung voraussehbar war, muss davon ausgegangen werden, dass eine wesentliche Abweichung des tatsächlichen vom vorgestellten Kausalverlauf vorliegt. T hatte somit keinen Vorsatz hinsichtlich der Tötung des O durch die Pferde. Der subjektive Tatbestand ist nicht erfüllt.

II. Ergebnis: T ist nicht gemäß § 212 I strafbar.

III. Zu prüfen und zu bejahen wäre nun die Strafbarkeit wegen versuchten Totschlags (§§ 212 I, 22, 23 I[6]), da T den O *erschießen* wollte, sowie wegen fahrlässiger Tötung aufgrund des *Aufschreckens der Pferde* (§ 222[7]).

Vertiefung

Anmerkung: Die Ausführungen zu den Prüfungspunkten objektive Zurechnung und Vorsatz überschneiden sich inhaltlich scheinbar. Dies ist dadurch bedingt, dass der Sachverhalt einen objektiv ungewöhnlichen und zugleich subjektiv nicht vorhergesehenen Geschehensablauf vorgibt. Machen Sie sich aber klar, dass die beiden Prüfungspunkte Unterschiedliches thematisieren: Ein *objektiv unvorhersehbarer* Kausalverlauf schließt die objektive Zurechenbarkeit des Erfolgseintritts aus. Im subjektiven Tatbestand wird gefragt, ob ein *vom Täter unvorhergesehener* Kausalverlauf dem Geschehen das Gepräge einer Vorsatztat nimmt ("subjektive Zurechnung").
Da der Täter naturwissenschaftliche Kausalbeziehungen nicht im Detail in sein Vorstellungsbild aufnehmen muss, ist bei der Vorsatzfrage wiederum darauf abzustellen, ob die Abweichung des tatsächlichen vom subjektiv vorgestellten Geschehensablauf nach allgemeiner Lebenserfahrung zu erwarten und damit subjektiv vorhersehbar ist.[8]

b) Wollen – voluntatives Element

Wollen =
voluntatives Element

Neben der Wissensbeziehung muss der Täter auch in einer "Wollensbeziehung" zu seiner Tat stehen. Diese besteht darin, dass der Täter die von ihm erkannte Möglichkeit einer Tatbestandsverwirklichung (intellektuelles Element) *in seinen Willen aufnimmt und sich für sie entscheidet, diese also billigend in Kauf nimmt* (*voluntatives Element*).

108

---

[6] Zum Versuch allgemein s.u. Rn. 259 ff.
[7] Zur Fahrlässigkeit allgemein s.u. Rn. 313 ff.
[8] Siehe auch Hemmer/Wüst, **"Die 34 wichtigsten Fälle Strafrecht AT", Fall 1**.

Je nach Intensität der Willensbeziehung des Täters zur Tatbestandsverwirklichung können mehrere Vorsatzarten unterschieden werden.

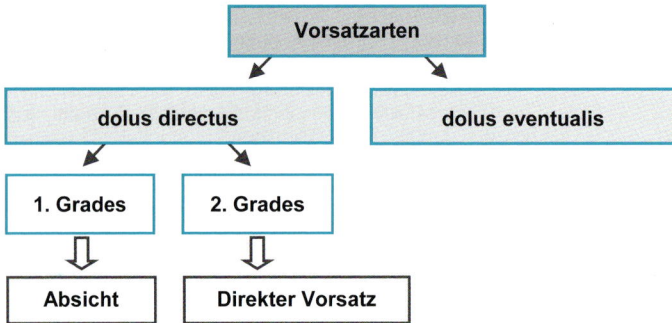

Klausurtipp 👍 **hemmer-Methode:** Diese Unterscheidung ist eigentlich unerheblich, soweit jedenfalls Vorsatz im Sinne des § 15 vorliegt. Ausführlicher sollten Sie auf die Vorsatzarten dolus directus 1. sowie 2. Grades nur dann eingehen, wenn in einer Strafvorschrift neben vorsätzlichem Handeln noch eine spezifische Absicht erforderlich ist (sog. „überschießende Innentendenz", näher dazu vgl. Rn. 120 ff.).

aa) Dolus directus 1. Grades – Absicht

Absicht

Absicht oder dolus directus 1. Grades ist die gesteigerte Form des direkten Vorsatzes. *Absicht* in diesem Sinne ist dann gegeben, wenn es dem Täter gerade darauf ankommt, den Eintritt des tatbestandlichen Erfolgs herbeizuführen oder den Umstand zu verwirklichen, für den das Gesetz absichtliches Handeln voraussetzt.

Hier steht folglich das voluntative Element im Mittelpunkt. Hinsichtlich der intellektuellen Seite genügt beim dolus directus 1. Grades, dass der Täter den Erfolg als möglich voraussieht. Ein sicheres Wissen ist möglich, aber nicht erforderlich.

Bsp.: M will seinen Nebenbuhler O töten. Er mischt daher Gift in O´s Medikamente. Allerdings weiß er nicht, ob O diese Medikamente noch zu sich nimmt.

bb) Dolus directus 2. Grades – direkter Vorsatz

Direkter Vorsatz

Direkter Vorsatz oder dolus directus 2. Grades ist dann gegeben, wenn der Täter als sicher voraussieht, dass sein Handeln zur Verwirklichung des gesetzlichen Tatbestands führt. Anders als bei dolus directus 1. Grades ist also hier das Wissenselement dominierend.

110

> *Bsp.: T zündet seine Scheune an, um in den Genuss der Versicherungssumme zu gelangen. T weiß, dass der Landstreicher O häufig in der Scheune übernachtet. Auch an diesem Abend hat er O hineingehen sehen. O verbrennt.*

Formulierungsbeispiel

Hier hat sich T nach § 212 I strafbar gemacht. Er handelte mit direktem Vorsatz, da er wusste, dass sich O in der Scheune aufhielt. In diesem Fall kommt es T zwar nur auf die Versicherungssumme an. Die Tötung des O mag ihm hier gleichgültig oder gar unerwünscht sein. Entscheidend ist jedoch sein sicheres Wissen.

Klausurtipp ✍

hemmer-Methode: Häufiger Anfängerfehler ist es, die Abgrenzung von Vorsatz und Fahrlässigkeit in Konstellationen auszuführen, bei denen dies gar nicht problematisch ist. Jedenfalls bei sicherem Wissen ist stets Vorsatz anzunehmen, eine Abgrenzung zur bewussten Fahrlässigkeit ist nicht erforderlich.

cc) Dolus eventualis – bedingter Vorsatz

Eventualvorsatz

Die schwächste Vorsatzform ist der dolus eventualis (auch Eventualvorsatz oder bedingter Vorsatz genannt). Hier ist weder das Willenselement noch das Wollenselement stark ausgeprägt: Der Täter sieht die Tatbestandsverwirklichung weder als sicher voraus noch erstrebt er sie unbedingt. Diese Vorsatzform muss daher von der bewussten Fahrlässigkeit abgegrenzt werden.

111

Einigkeit herrscht insoweit, als nach allen Ansichten für die Bejahung des dolus eventualis die **Kenntnis des Täters von der möglichen Tatbestandsverwirklichung** erforderlich ist. Der Täter muss den Eintritt des tatbestandlichen Erfolgs zumindest für möglich halten. Umstritten ist dabei, ob zusätzlich ein voluntatives Element erforderlich ist und wenn ja, welche Anforderungen daran zu stellen sind.

Intellektuelle Theorien

Die **intellektuellen Theorien** haben den Verzicht auf das voluntative Element gemeinsam. Die bekanntesten Unterarten der intellektuellen Theorien sind die Möglichkeits- und die Wahrscheinlichkeitstheorie.

Danach soll bedingter Vorsatz bereits vorliegen, wenn der Täter den Eintritt des tatbestandlichen Erfolgs für möglich bzw. wahrscheinlich hält.

Voluntative Theorien

Die **voluntativen Theorien** halten dagegen am Erfordernis eines Willenselements auch im Hinblick auf den dolus eventualis fest.

Bekannteste Variante dieser voluntativen Theorien ist die von der h.M. in der Rechtsprechung und Literatur vertretene Einwilligungs- oder Billigungstheorie. Danach ist für das Vorliegen des dolus eventualis erforderlich, dass der Täter den für möglich gehaltenen Erfolgseintritt **billigend in Kauf nimmt**. Der Täter muss zum einen erkennen, dass der Erfolgseintritt möglich und nicht ganz fernliegend ist. Zum anderen muss er den Erfolgseintritt billigen. „Billigen" bedeutet nach Meinung des BGH ein „Billigen im Rechtssinne": Dem Täter kann dabei der Erfolgseintritt unerwünscht sein. Er findet sich jedoch mit dem als möglich erkannten Erfolgseintritt ab, um sein angestrebtes Ziel zu erreichen.

Klausurtipp 👍

hemmer-Methode: Es ist wichtig, diesen Grundunterschied zwischen voluntativen und intellektuellen Theorien herauszuarbeiten. Dazu können beispielhaft noch einige der einzelnen Theorien aufgeführt werden, wobei man sich schließlich für die vom BGH vertretene Billigungstheorie entscheiden sollte. Als Argument gegen die intellektuellen Theorien ist anzuführen, dass auch die bewusste Fahrlässigkeit die Möglichkeit und Wahrscheinlichkeit des Erfolgseintritts umfasst und eine hinreichend trennscharfe Abgrenzung daher nur über ein voluntatives Element möglich erscheint.

Bewusste Fahrlässigkeit

Bei der *bewussten Fahrlässigkeit* dagegen erkennt der Täter zwar ebenfalls die Möglichkeit eines Erfolgseintritts, **vertraut aber pflichtwidrig** darauf, dass es nicht zur drohenden Rechtsgutsverletzung kommt.

112

Für die Klausur kann die 1. Frank'sche Formel als Hilfestellung dienen:

⇨ Bewusste Fahrlässigkeit:
  Der Täter sagt sich: „Es wird schon gutgehen!"
⇨ Dolus eventualis:
  Der Täter sagt sich: „Na, wenn schon!"

> **Bsp.:** T möchte pünktlich bei seiner Arbeit erscheinen. Obwohl er nichts sieht, überholt er deshalb auf der dicht befahrenen Landstraße bei starkem Nebel einen Lastzug.
>
> Dabei stößt er mit einem entgegenkommenden Motorradfahrer O zusammen. O stirbt. Strafbarkeit des T?
>
> T hat zwar die konkrete Möglichkeit des Erfolgseintritts gekannt (Wissenselement), vertraute jedoch in der konkreten Überholsituation darauf, dass schon nichts passieren werde. Deshalb scheidet Vorsatz aus. In Betracht kommt jedoch eine Fahrlässigkeitsstrafbarkeit nach § 222.
>
> Ein schwerer Anfängerfehler wäre hier, dem T aufgrund der hohen Unfallwahrscheinlichkeit und der Gefährlichkeit seines bewussten Verhaltens die billigende Inkaufnahme einer Körperverletzung oder Tötung zu *unterstellen*. Für eine Billigung im Rechtssinn müsste sein Verhalten den Schluss rechtfertigen, dass er sich mit dem Risiko der Tatbestandsverwirklichung abgefunden hätte. Dies lässt sich am Sachverhalt aber nicht festmachen.
>
> **Anmerkung:** Bei Tötungsdelikten wird teilweise die so genannte **Hemmschwellentheorie** vertreten. Demnach ist bei Tötungsdelikten tendenziell von einer hohen Hemmschwelle auszugehen. An die Bejahung der billigenden Inkaufnahme sind deshalb höhere Anforderungen zu stellen.[9] Der BGH hat klargestellt, dass sich der Gehalt dieser Theorie in der Aussage erschöpft, dass angesichts des hohen Strafrahmens die Anforderungen für eine Überzeugungsbildung hinsichtlich der Bejahung des Vorsatzes erhöht sind. Merken Sie sich hiernach Folgendes: je höher das abstrakte Strafmaß ist, desto restriktiver ist auszulegen.

c) Maßgeblicher Zeitpunkt

Simultanitätsprinzip

Der Vorsatz muss gemäß § 16 I S. 1 im Zeitpunkt der Begehung der Tat vorliegen (sog. Simultanitätsprinzip). Nicht ausreichend ist daher ein früheres Bewusstsein, das zum Tatzeitpunkt nicht mehr aktuell ist (sog. dolus antecedens), ebenso wenig eine nach der Tat erlangte Kenntnis der Tatumstände (sog. dolus subsequens).

113

> **Bsp.:** T schießt auf einen vermeintlichen Elch. Als er das erlegte Wild inspiziert, entdeckt er, dass er seinen Erzfeind F erschossen hat. T freut sich, er hatte den F sowieso erschießen wollen.

T kann hier trotz seiner nachträglichen Billigung nicht wegen eines vorsätzlichen Tötungsdelikts bestraft werden.

---

[9] Zu dieser Abgrenzung siehe auch die **Fälle 3 und 7 aus „Die 34 wichtigsten Fälle Strafrecht AT"**.

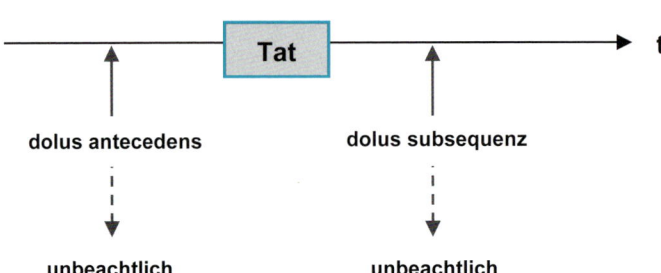

d) Irrtumsproblematik im subjektiven Tatbestand

Irrtumsproblematik

Klausurprobleme im Bereich des subjektiven Tatbestands ergeben sich vor allem bei Irrtumsfragen. Unter Irrtum versteht man das Auseinanderfallen von Vorstellung und Realität. § 16 I S. 1 regelt den Irrtum über die Tatumstände und misst diesem vorsatzausschließende Wirkung bei.

114

> **hemmer-Methode:** Der gerade beschriebene vorsatzausschließende Irrtum gemäß § 16 I S. 1 beschreibt einen Sachverhaltsirrtum bezogen auf Tatbestandsmerkmale. Denkbar ist auch, dass der Täter über den Sachverhalt bezüglich des Vorliegens einer rechtfertigenden Situation irrt (sog. „Erlaubnistatbestandsirrtum") oder bezüglich des Vorliegens entschuldigender Umstände (siehe § 35 II). Diese Irrtümer erfassen gerade nicht Tatbestandsmerkmale und werden daher nicht von § 16 I S. 1 erfasst. Unterscheiden Sie insoweit die unterschiedlichen Bezugspunkte bei Irrtümern über den Lebenssachverhalt.

> Übersicht über die wichtigsten Irrtümer im Bereich des subjektiven Tatbestands
>
> ⇨ Irrtum über das Tatobjekt (error in persona vel objecto)
> ⇨ Fehlgehen der Tat (aberratio ictus)
> ⇨ Irrtum über den Kausalverlauf (s.o. Rn. 63)

aa) Irrtum über das Handlungsobjekt

error in persona vel objecto

Beim Irrtum über das Handlungsobjekt (*error in persona vel objecto*) bezieht sich der Irrtum auf die Identität des Tatobjekts. Das Handeln des Täters trifft also das Opfer, auf das er abgezielt und seinen Vorsatz konkretisiert hat, der Täter hält das anvisierte Opfer aber für jemand anderen.

115

„Objektverwechslung"

Konstellation

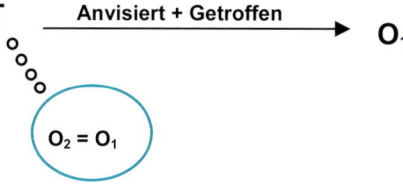

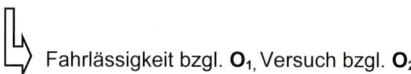

Rechtsfolge

⇨ Grds. unbeachtlicher Motivirrtum
⇨ Ausnahme: tatbestandlich ungleichwertig, § 16 I S. 1

↳ Fahrlässigkeit bzgl. O_1, Versuch bzgl. O_2

Rechtsfolge, wenn gleichwertige Tatobjekte

Dieser Irrtum ist grundsätzlich als unbeachtlicher Motivirrtum anzusehen, der den Tatbestandsvorsatz unberührt lässt.

Bsp.: T zielt auf den ahnungslosen Spaziergänger O und erschießt ihn, weil er ihn für seinen Feind F hält.

Formulierungsbeispiel

T hat den Menschen getötet, auf den er mit Tötungswillen gezielt und geschossen hat. Die Identitätsverwechslung war lediglich Grund für die Ausführung am falschen Objekt.

Die Verwechslung ist für die Strafbarkeit nach § 212 I ohne Bedeutung, denn § 212 I setzt „nur" die Tötung *eines Menschen* voraus. T hat genau Tötungsvorsatz hinsichtlich des konkret getöteten Menschen.

hemmer-Methode: Die *Identität* des Opfers gehört grundsätzlich nicht zu den Umständen, die nach dem objektiven Tatbestand relevant sind. Irrtümer in diesem Bereich betreffen lediglich die Motivation des Täters und sind daher unbeachtlich.

Rechtsfolge, wenn nicht gleichwertige Tatobjekte

Eine **Ausnahme** ist nur dann zu machen, wenn die **Tatobjekte nicht gleichwertig** sind.

Bsp.: T will den Hund seines Nachbarn erschießen, verwechselt diesen in der Dämmerung aber mit dem vor der Hundehütte spielenden Kind O. Er legt auf O an und trifft es tödlich.

In diesem Fall entfällt der Vorsatz bzgl. des tatsächlich getroffenen Objekts wegen eines beachtlichen Tatbestandsirrtums gemäß § 16 I S. 1, da T keinen *Menschen* töten wollte. Es kommt aber wegen § 16 I S. 2 i.V.m. § 15 eine fahrlässige Tötung (§ 222) neben der versuchten Sachbeschädigung (§§ 303 III, 22, 23 I) in Betracht. Der Fahrlässigkeitsvorwurf lässt sich damit begründen, dass man nicht auf Objekte schießen darf, die man wegen der Sichtverhältnisse nicht einwandfrei identifizieren kann.

bb) Fehlgehen der Tat – aberratio ictus

aberratio ictus

Beim Fehlgehen der Tat (*aberratio ictus*) tritt dagegen der Verletzungserfolg an einem anderen Objekt als demjenigen ein, welches zum Zeitpunkt der Ausführungshandlung das Ziel der Tat bildet: Der Täter visiert das Opfer 1 (O_1) an, er trifft jedoch das Opfer 2 (O_2).

117

„aberratio ictus"

Konstellation	T —anvisiert→ ? ------→ O_1
	getroffen ↘ O_2
Rechtsfolge	Fahrlässigkeit bzgl. O_2 Versuch bzgl. O_1

> **Bsp.:** *T will seine Frau F erschießen. Diese erkennt jedoch die Absicht des T und springt rechtzeitig zur Seite. Die auf F abgegebene Kugel trifft daher das hinter der F stehende Kind K. Strafbarkeit des T nach § 212 I wegen Totschlags zulasten K?*

Rechtsfolge umstritten

Die rechtliche Behandlung dieser Konstellation ist umstritten.

Mindermeinung

Eine **Mindermeinung** behandelt die Konstellation des aberratio ictus wie den error in persona vel objecto, indem sie nur ins Auge fasst, dass der Täter eine Rechtsgutsverletzung wollte und auch erreichte. Im Fall der Gleichwertigkeit der Handlungsobjekte kommt sie damit zur **Strafbarkeit wegen eines vorsätzlich vollendeten Delikts**.

Kritik

Diese Ansicht lässt unbeachtet, dass der *Vorsatz* des Täters in der Konstellation der aberratio ictus im Zeitpunkt der Handlung bereits auf ein bestimmtes Objekt konkretisiert war.

Im Unterschied zur Objektsverwechslung wird das anvisierte Objekt aber verfehlt. Der am anderen Objekt eingetretene Erfolg ist dogmatisch im Rahmen einer Fahrlässigkeitstat zu erfassen.

h.M. Zu Recht nimmt daher die h.M. Versuch hinsichtlich der beabsichtigten Tat am Zielobjekt und ggf. eine Fahrlässigkeitstat hinsichtlich der ungewollten Verletzung des Zweitobjekts an.

Da die aberratio ictus ein beliebtes Problem in Anfängerklausuren ist, soll die folgende Lösung des Beispielsfalls die Einordnung der Problematik in den Prüfungsaufbau verdeutlichen.

118

Formulierungsbeispiel I. Strafbarkeit gemäß § 212 I wegen Tötung des K

1. Tatbestand

a) Objektiver Tatbestand

T hat den Tod des Kindes kausal herbeigeführt, denn der Schuss kann nicht hinweggedacht werden, ohne dass der Erfolg entfiele (Äquivalenztheorie). Der konkrete Erfolgseintritt ist T auch objektiv zurechenbar, da sich darin das durch die Schusshandlung geschaffene Risiko in tatbestandsmäßiger, insbesondere objektiv vorhersehbarer Weise realisiert hat. Der objektive Tatbestand ist erfüllt.

b) Subjektiver Tatbestand

Fraglich ist jedoch, ob er dabei vorsätzlich gehandelt hat (§ 15), d.h. mit Wissen und Wollen hinsichtlich aller Umstände, die zum objektiven Tatbestand gehören.

Problematisch ist, dass T seine Frau *F töten wollte und diese auch anvisiert* hat, wogegen er das Kind K gar nicht wahrgenommen hat. Es liegt eine sog. *aberratio ictus* (lat.: „Fehlgehen des Schlages") vor, deren rechtliche Behandlung umstritten ist.

Nach einer Ansicht ist T auch in diesem Fall wegen vollendeter vorsätzlicher Tötung strafbar. Denn T wollte einen Menschen töten und hat dies auch getan. Dass es sich bei dem Opfer nicht um das anvisierte Tatobjekt handelt, ist nach dieser Ansicht unbeachtlich, denn es komme alleine darauf an, dass T den *Vorsatz hatte, das Rechtsgut Leben zu zerstören*.

Nach vorzugswürdiger Ansicht ist hier jedoch entscheidend, dass der Vorsatz im Zeitpunkt der Handlung bereits auf ein *bestimmtes* Objekt konkretisiert war.

Die Tatsache, dass T mit Tötungsvorsatz hinsichtlich F handelte, ändert nichts daran, dass es am Vorsatz fehlte, das Kind K zu töten. Insoweit liegt ein wesentlicher Irrtum über den Kausalverlauf vor.

2. T ist nicht wegen eines Totschlags des K strafbar.

II. Strafbarkeit gemäß § 222 wegen fahrlässiger Tötung des K

Alle Voraussetzungen des Fahrlässigkeitsdelikts sind erfüllt (näher dazu vgl. Rn. 313 ff.). Insbesondere handelte T sorgfaltspflichtwidrig, als er auf die F schoss und dabei K traf. T ist daher gem. § 222 wegen fahrlässiger Tötung des K strafbar.

III. Strafbarkeit gemäß §§ 212 I, 22, 23 I Alt. 1, 12 I wegen versuchten Totschlags an F

1. Vorprüfung (näher zum Schema vgl. Rn. 259 ff.)

a) Der Versuch des Totschlags ist, da es sich um ein Verbrechen handelt, stets strafbar, vgl. §§ 23 I Alt. 1, 12 I.

b) Es kam nicht zur Vollendung, F lebt noch.

2. Tatentschluss

T hatte in dem Moment, als er mit der Pistole schoss, den Tatentschluss, F zu töten.

3. Unmittelbares Ansetzen, § 22

T hat auch zur Tat unmittelbar angesetzt i.S.v. § 22, denn er hatte bereits die erste Ausführungshandlung vorgenommen.

4. Die Tat war rechtswidrig.

5. T handelte auch schuldhaft.

6. T hat sich aufgrund seines Verhaltens wegen versuchten Totschlags an F strafbar gemacht.

IV. Gesamtergebnis: T ist wegen fahrlässiger Tötung des K (§ 222) in Tateinheit mit versuchtem Totschlag an F (§§ 212 I, 22, 23 I) strafbar.

cc) Abgrenzungsproblem: „Mittelbare" Individualisierung

Abgrenzungsproblem: Fall der mittelbaren Individualisierung

Bei der Abgrenzung zwischen error in persona und aberratio ictus ist darauf abzustellen, ob das Objekt, an dem der Erfolg eintritt, dasjenige ist, das der Täter anvisiert hat. Problematisch sind dabei die Fälle der **mittelbaren Individualisierung**:

119

Bsp.: T will seinen Nebenbuhler N töten. Dazu bringt er abends einen Sprengsatz an dessen Pkw an. T stellt sich vor, dass dieser gezündet wird, wenn N am nächsten Morgen zur Arbeit fährt. Tags darauf benutzt allerdings seine Freundin F das Auto und kommt infolge der Explosion um Leben. Strafbarkeit des T?

Vordergründig erscheint von T durch die Auswahl des Pkw eine Opferindividualisierung dergestalt getroffen, dass der N als Tatobjekt anvisiert ist. Demnach läge die Konstellation der aberratio ictus vor, wenn sich der Anschlag im Tod der F realisiert.

Hier gilt es jedoch zu beachten, dass ein Fall der mittelbaren Objektsindividualisierung vorliegt. Der Täter nimmt das Opfer dabei nicht sinnlich wahr, sondern visiert vielmehr dasjenige Objekt an, das den „Programmvorgaben" entspricht. Der Vorsatz des T richtet sich gerade darauf, dass derjenige Mensch getötet wird, der das Auto als nächstes benutzt. Insoweit ist diese Konstellation wertungsmäßig wie ein unbeachtlicher error in persona zu behandeln.[10]

Klausurtipp

hemmer-Methode: Die Abgrenzung aberratio ictus - error in persona ist ein beliebtes Problem in Anfängerklausuren. Führen Sie sich bei der Bearbeitung schwieriger Grenzfälle den einfachen Standardfall der jeweiligen Grundkonstellation vor Augen und untersuchen Sie dann, inwieweit der vorliegende Fall tatsächlich und wertungsmäßig abweicht.

2. Deliktsspezifische subjektive Tatbestandsmerkmale

Besondere subjektive TBM

Einige Straftatbestände beinhalten besondere subjektive Tatbestandsmerkmale, die den Unwertgehalt des deliktischen Verhaltens in subjektiver Hinsicht näher kennzeichnen. Diese sind Bestandteile des subjektiven Unrechtstatbestands und stehen als Merkmale eigenständigen Charakters selbständig neben dem Tatbestandsvorsatz.

120

Sie finden jedoch im objektiven Tatbestand, anders als der Vorsatz, der sich gerade auf dessen Merkmale beziehen muss, keinerlei Entsprechung. Delikte, die neben dem Vorsatz noch besondere subjektive Tatbestandsmerkmale erfordern, werden daher auch als *Delikte mit überschießender Innentendenz* bezeichnet.

---

[10] Siehe dazu **Fall 3 aus „Die 34 wichtigsten Fälle Strafrecht AT"**.

Absichten und Motive

Deliktsspezifische subjektive Tatbestandsmerkmale sind die von einigen Straftatbeständen geforderten *besonderen Absichten*.

> *Bsp. § 242 I: Der Diebstahl verlangt im objektiven Tatbestand die Wegnahme einer fremden beweglichen Sache. Im Rahmen des subjektiven Tatbestands muss der Täter seinen Vorsatz auf die Verwirklichung dieser Merkmale richten. Zusätzlich muss er die Absicht der rechtswidrigen Zueignung aufweisen. Letzteres findet als deliktsspezifisches subjektives Merkmal keine Entsprechung im objektiven Tatbestand, da dieser keine erfolgte Zueignung voraussetzt.*

Aufbau des Tatbestands von § 242 I

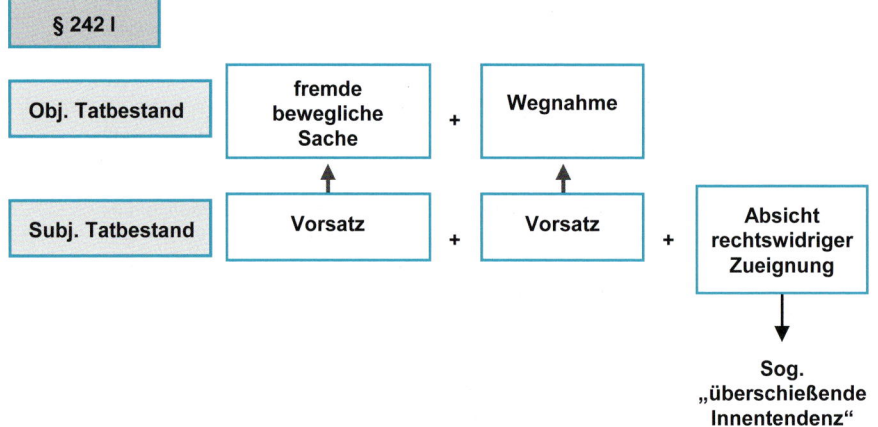

Ebenfalls zu den besonderen subjektiven Tatbestandsmerkmalen werden bestimmte Motivationen gezählt (nach a.A. Behandlung als spezielle Schuldmerkmale).

> *Bsp.: § 211 II 1. und 3. Gruppe: niedrige Beweggründe, Mordlust, Habgier; Verdeckungs- und Ermöglichungsabsicht. Näher dazu im BT-Skript.*

III. Objektive Bedingungen der Strafbarkeit

Objektive Strafbarkeitsbedingungen

Objektive Strafbarkeitsbedingungen sind im Strafgesetz bezeichnete Tatumstände, die Voraussetzungen für eine Bestrafung sind, aber außerhalb des Straftatbestands liegen.

Man spricht daher von sog. „Tatbestandsannexen", die nicht vom Vorsatz umfasst sein müssen. Deswegen sind Irrtümer in diesem Bereich unbeachtlich. Um dies klarzustellen, bietet sich die Prüfung der objektiven Strafbarkeitsbedingungen als eigener Punkt nach dem subjektiven Tatbestand an (siehe Aufbauschema Rn. 52).

Beispiele sind in § 186 die Nichterweislichkeit der ehrenrührigen Tatsache, in § 231 I die Verursachung der schweren Körperverletzung bzw. des Todes und in § 323a I die Rauschtat.

hemmer-Methode: Objektive Bedingungen der Strafbarkeit treten nur in einigen Strafnormen auf, von denen wiederum nur wenige Klausurrelevanz haben. Bei anderen Tatbeständen ist dieser Punkt in der Prüfung daher mit keinem Wort zu erwähnen.

B. Rechtswidrigkeit

I. Einleitung

Rechtswidrigkeit: i.d.R. indiziert

Nachdem die Tatbestandsmäßigkeit eines Verhaltens bejaht wurde, ist dessen Rechtswidrigkeit zu prüfen. Tatbestand und Rechtswidrigkeit bilden zusammen das Unrecht der Tat. Dabei umschreibt der Tatbestand typisches Unrecht in abstrakter Weise. Wer einen Tatbestand verwirklicht, begeht damit nach der Vorstellung des Gesetzgebers regelmäßig auch Unrecht, handelt also rechtswidrig. Etwas anderes gilt nur dann, wenn ausnahmsweise ein sog. Rechtfertigungsgrund eingreift.

123

Bsp.: § 212 I bringt zum Ausdruck, dass ein Verhalten typischerweise im Widerspruch zum Recht steht, durch das ein anderer Mensch getötet wird. Wenn man sich aber ausnahmsweise in einer Notwehrlage (§ 32) befindet, kann die Rechtsordnung u.U. auch die Tötung eines anderen Menschen billigen, so dass bei Vorliegen des Rechtfertigungsgrundes „Notwehr" die Tötung des anderen gerechtfertigt ist.

Ausnahme: offene TB

Eine Ausnahme gilt bei den sog. „offenen Tatbeständen". Diese sind so weit gefasst, dass sie ihrer Formulierung nach auch eine Vielzahl nicht sozialschädlicher und strafwürdiger, sondern wertneutraler Verhaltensweisen erfassen (z.B. §§ 240 I, 253 I).

124

Da die Rechtswidrigkeit tatbestandsmäßigen Verhaltens hier nicht zwingend ist, hat der Gesetzgeber korrigierend eine Definition der Rechtswidrigkeit beigefügt.

Bsp.: §§ 240 II, 253 II: Verwerflichkeitsprüfung

Um das Unrecht der Tat zu begründen, ist hier nach der Prüfung der allgemeinen Rechtfertigungsgründe eine gesonderte „positive" Feststellung der Rechtswidrigkeit aufgrund der im Gesetz umschriebenen Voraussetzungen erforderlich.

Klausurtipp

hemmer-Methode: Oft kann die Prüfung der Rechtswidrigkeit bei den offenen Tatbeständen sehr knapp erfolgen, sie sollte aber zumindest angesprochen werden. Beachten Sie dabei, dass zuerst alle Rechtfertigungsgründe geprüft werden müssen, die eingreifen könnten. Denn wenn die Tat bereits gerechtfertigt ist, kommt es auf die Verwerflichkeit gar nicht mehr an.

Formulierung in der Klausur

Im Gutachten sollte man die Floskel „Die Rechtswidrigkeit ist durch die Tatbestandsmäßigkeit indiziert." vermeiden. Denn diese Aussage erklärt das Verhältnis von Tatbestand und Rechtswidrigkeit und beinhaltet kein konkretes Ergebnis für letztere. Besser sind Formulierungen wie die folgenden:

⇨ Wenn ein Rechtfertigungsgrund gegeben ist oder zumindest in Frage kommt und damit anzuprüfen ist:

Formulierungsbeispiel

„*T könnte aber gerechtfertigt gehandelt haben. In Betracht kommt Notwehr, § 32.*"

⇨ Wenn augenscheinlich kein Rechtfertigungsgrund in Betracht kommt:

Formulierungsbeispiel

„*Rechtfertigungsgründe sind nicht ersichtlich, die Tat des T war somit auch rechtswidrig.*"

⇨ Wenn schon mehrere Tatbestände geprüft wurden und keinerlei Rechtfertigungsgründe vorliegen:

Formulierungsbeispiel

„*Die Tat war rechtswidrig.*"

II. Überblick über die Rechtfertigungsgründe

Überblick

Die Rechtfertigungsgründe stellen Erlaubnissätze dar, nach denen ein typischerweise rechtswidriges Verhalten im Einzelfall ausnahmsweise erlaubt sein kann. Für die Rechtfertigungsgründe gilt der Gedanke der sog. *Einheit der Rechtsordnung*, so dass z.B. eine Handlung, die zivilrechtlich erlaubt ist, strafrechtlich grundsätzlich nicht verboten sein kann.

> **Überblick über wichtige Rechtfertigungsgründe**
>
> I. **Aus dem StGB**
>   1. § 32, Notwehr
>   2. § 34, rechtfertigender Notstand
>   3. § 193, Wahrnehmung berechtigter Interessen
> II. **Aus dem BGB**
>   1. § 227 BGB, Notwehr
>   2. § 228 BGB, defensiver Notstand
>   3. § 229 BGB, Selbsthilferecht
>   4. § 859 BGB, Besitzwehr und Besitzkehr
>   5. § 904 BGB, aggressiver Notstand
> III. **Aus der StPO**
>   1. § 81a StPO, körperliche Untersuchung
>   2. § 127 StPO, Festnahmerecht
> IV. **Aus Gewohnheitsrecht**
>   1. Einwilligung und mutmaßliche Einwilligung
>   2. Rechtfertigende Pflichtenkollision
>
> **Hintergrund**: Da die Rechtfertigungsgründe nur zugunsten des Täters eingreifen, können Rechtfertigungsgründe grundsätzlich aus Gewohnheitsrecht abgeleitet werden.

Daher können sich strafrechtlich relevante Rechtfertigungsgründe außer aus dem StGB auch aus anderen Rechtsgebieten ergeben.

III. Struktur der Rechtfertigungsgründe

Elemente

Soweit die Straftatbestände sich in einen objektiven und subjektiven Teil (§ 15) aufspalten lassen, gilt nach h.M. Entsprechendes auch bei den in Betracht kommenden Rechtfertigungsgründen. Das heißt, dass zu ihrem Eingreifen nicht nur objektive Voraussetzungen vorliegen müssen, sondern auch ein subjektives Rechtfertigungselement erforderlich ist.

Objektive Elemente

Der **objektive Teil** bezeichnet eine Konflikt- oder Eingriffssituation sowie den Rahmen zulässigen Handelns. Diese äußeren Rechtfertigungsmerkmale ergeben sich bei den geschriebenen Rechtfertigungsgründen aus dem Gesetz.

Bsp. „Notwehr": Objektive Merkmale sind gemäß § 32 der gegenwärtige, rechtswidrige Angriff („Notwehrlage") und die zu seiner Abwehr erforderliche (und gebotene) Handlung („Notwehrhandlung").

Bsp. „Notstand": Objektive Merkmale sind gemäß § 34 die gegenwärtige Gefahr für die aufgezählten Rechtsgüter („Notstandslage") und die angemessene Rettungshandlung („Notstandshandlung").

Subjektive Elemente

Der **subjektive Teil** erfordert, dass der Täter in Kenntnis der rechtfertigenden Sachlage und aufgrund der ihm dadurch verliehenen Befugnis handelt. Das subjektive Rechtfertigungselement beinhaltet also die Kenntnis der tatsächlichen Voraussetzungen eines Rechtfertigungsgrundes und den Willen, (zumindest auch) den Angriff bzw. die Gefahr abwehren zu wollen.

Anmerkung: Problematisch sind die Konsequenzen des Fehlens der objektiven Rechtfertigungsvoraussetzungen bei Vorliegen eines Rechtfertigungswillens sowie die Behandlung objektiv gerechtfertigter Sachverhalte bei fehlendem subjektiven Rechtfertigungselement. Vgl. hierzu die Ausführungen zur Irrtumsproblematik unten, Rn. 176 ff.

IV. Wichtige Rechtfertigungsgründe im Einzelnen

1. Notwehr, § 32

Notwehr

Zentraler Rechtfertigungsgrund im Strafrecht ist die Notwehr, § 32. Der Anwendungsbereich ist immer dann eröffnet, wenn vom späteren Opfer ein gegenwärtiger rechtwidriger Angriff ausging.

128

Da sie dem Verteidiger die am weitesten reichenden Abwehrrechte einräumt, ist sie vorrangig zu prüfen. Ist die Tat durch Notwehr gerechtfertigt, so sind andere Rechtfertigungsgründe nicht mehr zu prüfen. Wegen der enormen Klausurrelevanz sollten Prüfungsstruktur und einzelne Standardprobleme gut beherrscht werden.

Prüfungsschema Notwehr/Nothilfe, § 32

I. Notwehrlage
1. Angriff auf ein notwehrfähiges Rechtsgut
2. Gegenwärtigkeit des Angriffs
3. Rechtswidrigkeit des Angriffs

II. Notwehrhandlung
1. Zur Abwehr geeignet und gegen Rechtsgüter des Angreifers gerichtet
2. Erforderlichkeit
3. Evtl. Gebotenheit, bei sozialethischen Einschränkungen

III. Subjektives Rechtfertigungselement
1. Subjektive Kenntnis der rechtfertigenden Umstände
2. Sog. Verteidigungswille

---

a) Notwehrlage

Notwehrlage

Voraussetzung der Notwehr ist zunächst das Vorliegen einer Rechtfertigungssituation. Diese definiert § 32 II als *gegenwärtigen, rechtswidrigen Angriff auf sich oder einen anderen* (Notwehrlage). Sie kann also auch zugunsten beliebiger Dritter ausgeübt werden und wird dann als *Nothilfe* bezeichnet.

129

aa) Angriff auf ein notwehrfähiges Rechtsgut

Angriff

Ein *Angriff* ist jede unmittelbare Bedrohung rechtlich geschützter individueller Güter oder Interessen durch **willensgetragenes menschliches Verhalten**.

130

> *Bsp. 1: Gegen einen beißenden Hund ist grundsätzlich keine Notwehr möglich, da kein menschliches Verhalten vorliegt. Etwas anderes gilt, wenn der Hund gleichsam als „Waffe" auf den Menschen gehetzt wird, weil dann das steuernde menschliche Verhalten im Vordergrund steht.*

Bsp. 2: Auch gegen einen stolpernden Menschen kann mangels Angriffsqualität seines Verhaltens (Willensgetragenheit) keine Notwehr geübt werden.[11]

Notwehrfähiges Rechtsgut

Dass der Angriff gemäß § 32 II „von sich oder einem anderen" abgewehrt werden muss, bedeutet nicht, dass er sich gegen Leib und Leben richten muss. Vielmehr ist grundsätzlich *jedes Individualrechtsgut* des Angegriffenen *notwehrfähig*.

131

Bsp.: Neben Leib und Leben auch Freiheit, Eigentum, Ehre, Recht am eigenen Bild, Vermögen, Nachtruhe etc.

Nicht notwehrfähig sind nach h.M. Rechtsgüter der Allgemeinheit wie die öffentliche Ordnung oder die Sicherheit des Straßenverkehrs. Grund: Die Allgemeinheit ist kein „anderer" im Sinne des § 32 II.

bb) Gegenwärtigkeit des Angriffs

Gegenwärtigkeit

Gegenwärtig ist der Angriff, wenn er unmittelbar bevorsteht, gerade stattfindet oder noch fortdauert. Nicht gegenwärtig sind daher Angriffe, die erst künftig bevorstehen oder schon abgeschlossen sind. Maßgeblich ist dabei die objektive Sachlage zur Zeit der Tat.

132

Bsp. 1: Der Wirt W einer Gaststätte hört, wie sich zwei Gäste verabreden, nach Eintritt der Sperrstunde die Kasse der Gaststätte auszunehmen. Weil W einem Angriff der beiden Gäste nicht gewachsen wäre, schüttet er ihnen KO-Tropfen ins Bier. Hier liegt nur ein künftiger Angriff vor, so dass allenfalls eine Rechtfertigung nach § 34, nicht aber nach § 32 in Betracht kommt. Präventivmaßnahmen werden nicht durch § 32 gedeckt.

Bsp. 2: T wehrt sich gegen den Räuber O, der ihn überfallen wollte. Als O am Boden liegt und sich ersichtlich nicht mehr rühren kann, schlägt T immer noch auf ihn ein. Hier ist das Tatgeschehen zu unterteilen: Die Körperverletzungshandlungen bis zur Überwältigung des O sind nach § 32 gerechtfertigt, nicht dagegen die darauf folgenden. Denn nach Eintritt der Kampfunfähigkeit ging von O keine Rechtsgutsbedrohung mehr aus, es fehlt somit an einem gegenwärtigen Angriff.

---

[11] Das Verhalten kann aber eine Notstandslage i.S.d. §§ 34, 35 begründen.

cc) Rechtswidrigkeit des Angriffs

Rechtswidrigkeit (-), wenn gerechtfertigter Angriff

Schließlich muss der Angriff auch *rechtswidrig* sein. Dies ist insbesondere dann nicht der Fall, wenn dem Angreifer selbst ein Notwehrrecht oder ein anderer Rechtfertigungsgrund zur Seite steht. Hier hat ggf. eine Inzidentprüfung zu erfolgen.

133

b) Notwehrhandlung

Notwehrhandlung

Voraussetzung einer rechtmäßigen Notwehrhandlung ist gemäß § 32, dass sie *zur Abwehr des Angriffs geeignet, erforderlich und normativ geboten* ist.

134

aa) Abwehrhandlung gegen den Angreifer

Geeignet zur Abwehr

Die Handlung muss zur Abwehr des Angriffs (potentiell) *geeignet* sein (i.d.R. unproblematisch).

Dies ist der Fall, wenn die Maßnahme grundsätzlich dazu in der Lage ist, den Angriff entweder ganz zu beenden oder ihm wenigstens ein Hindernis in den Weg zu legen.

135

hemmer-Methode: Die Geeignetheit kann auch als erster Unterpunkt im Rahmen der Erforderlichkeit geprüft werden.

Gegen Angreifer

Außerdem muss sie sich als Abwehrhandlung gegen den Angreifer bzw. dessen Rechtsgüter richten (⇨ *keine Drittwirkung der Notwehr*).

Bsp.: *X läuft dem T mit einem Messer nach, um ihn zu erstechen. T kann sich nur retten, indem er die Garage des O aufbricht, um sich in dieser zu verstecken. Hier kann sich T dem O gegenüber hinsichtlich der Sachbeschädigung (§ 303) nicht auf § 32 berufen, da nicht O ihn angegriffen hat, sondern X.*[12]

bb) Erforderlichkeit

Erforderlichkeit

Erforderlich ist die Notwehrhandlung, wenn sie das mildeste verfügbare Mittel darstellt, um den Angriff *sofort und ohne Risiko* abzuwehren.

136

---

[12] Allerdings kommt eine Rechtfertigung nach § 904 BGB in Betracht.

Der Angegriffene muss also weder eine „schimpfliche Flucht" in Kauf nehmen noch die Ineffizienz einer milden Abwehrhandlung riskieren. Er darf sich vielmehr optimal verteidigen und dabei auch von der Schutz- zur Trutzwehr, also zum „Gegenangriff", übergehen. Stichwort: Das Recht braucht dem Unrecht nicht zu weichen.

Vertiefung

hemmer-Methode: Hintergrund für die „Schärfe" des Notwehrrechts sind die zwei Prinzipien, die ihm zugrunde liegen (sog. dualistische Notwehrlehre):
1. **Schutzprinzip:** Jedermann darf sich und seine Rechtsgüter verteidigen.
2. **Rechtsbewährungsprinzip** („Das Recht braucht dem Unrecht nicht zu weichen"): Wer Notwehr übt, verteidigt damit zugleich die Rechtsordnung.
Diese zwei Prinzipien sollten Sie im Hinterkopf behalten, wenn Sie die Voraussetzungen der Notwehr subsumieren. In problematischen Fällen kann man die Grundsätze dann auch zu Papier bringen.

Nur wenn erkennbar ein milderes Mittel als gleicheffizientes zur Verfügung steht, ist das schärfere nicht „erforderlich". Dabei ist auf die Perspektive des Angegriffenen *ex ante* abzustellen.

hemmer-Methode: Liegt zwar eine Notwehrlage vor, überschreitet der Täter aber die Grenzen der Erforderlichkeit aus Verwirrung, Furcht oder Schrecken, ist i.R.d. „Schuld" an einen (intensiven) Notwehrexzess gemäß § 33 zu denken (vgl. Rn. 219 ff.).

cc) Gebotenheit

Gebotenheit

Gemäß § 32 I ist eine *durch Notwehr gebotene Tat* gerechtfertigt.

(1) Grundsätzlich keine Güterabwägung bei Notwehr

Grundsatz: keine Güterabwägung

Eine erforderliche Verteidigungshandlung ist grundsätzlich auch „geboten" i.S.v. § 32 I. Denn bei der Notwehr findet **grundsätzlich keine Güterabwägung** statt.

Insbesondere ist auch eine erhebliche Körperverletzung oder sogar – als ultima ratio – die Tötung des Angreifers zum Schutz von Sacheigentum prinzipiell nicht ausgeschlossen.

(2) Sozialethische Einschränkungen („Gebotenheit")

Sozialethische Einschränkungen

In bestimmten Fällen ist die Befugnis zur Notwehr allerdings nach ganz überwiegender Ansicht einzuschränken (sog. **„sozialethische Einschränkungen"**). Einer normativen Korrektur bedarf das scharfe Notwehrrecht vor allem in den Fällen, bei denen es *rechtsmissbräuchlich* erschiene, wenn der Verteidiger zum Gegenangriff übergeht.

138

Die entsprechende Beschränkung wird am Wortlaut des § 32 I am Merkmal der „Gebotenheit" festgemacht und dogmatisch mit dem *Rechtsbewährungsprinzip* begründet.

Anmerkung: Bei missbräuchlicher Ausübung kann der Verteidiger nicht für sich in Anspruch nehmen, als „Statthalter" des Rechts aufzutreten. Das dem § 32 zugrunde liegende Rechtsbewährungsprinzip greift daher nicht.

Ausschluss des Notwehrrechts

Rechtsfolge bei sozialethischem Einschränkungsbedarf kann ein **Ausschluss** des Notwehrrechts sein.

Abgeschwächtes Notwehrrecht: 3-Stufen-Modell

In den meisten Fallgruppen verbleibt dem Angegriffenen ein **eingeschränktes Notwehrrecht**. Grundlage eines eingeschränkten Notwehrrechts ist allein das *Schutzprinzip*. Die Befugnis zur Selbstverteidigung umfasst aber nur Handlungen, die zur Erhaltung des angegriffenen Gutes unabdingbar sind. Daraus ergeben sich hinsichtlich zulässigen Verteidigungshandelns folgende Vorgaben: Primär muss dem Angriff ausgewichen werden (Flucht). Eine Verletzung der Rechtsgüter des Angreifers ist nur gerechtfertigt, wenn dies nicht möglich ist. In diesem Fall müssen vorrangig defensive Verteidigungshandlungen versucht werden (Schutzwehr). Der Übergang zum Gegenangriff ist nur als „ultima ratio" (letztes Mittel) zulässig (sog. Trutzwehr).

Sozialethische Einschränkung des Notwehrrechts
↓
Rechtsfolge

Vollständiger Ausschluss

Abschwächung i.S.d. Drei-Stufen-Modells
1. Ausweichen
2. Schutzwehr
3. Trutzwehr

(3) Fallgruppen

Fallgruppen

Im Folgenden werden Fallgruppen aufgeführt, bei denen die „Gebotenheit" zu problematisieren ist.

139

Schuldlos Handelnde

⇨ *Angriffe schuldlos Handelnder* (z.B. Kinder, Geisteskranke, Betrunkene mit BAK ab 3,0 bzw. 3,3 Promille), welche die Geltung der Rechtsordnung weniger stark in Frage stellen. Allerdings kann man auch hier nicht vom Opfer verlangen, dass es sich selbst ernsthaften Gefahren aussetzt.

Enge persönliche Beziehungen

⇨ *Angriffe in engen persönlichen, insbesondere familiären Beziehungen*, da hier den Angegriffenen zugleich eine grundsätzliche Schutzpflicht für die Interessen des Angreifers trifft.

Bagatellangriffe / krasses Missverhältnis

⇨ *Abwehrhandlungen, die völlig außer Verhältnis zum Angriff stehen*, so dass auch ohne grundsätzliche Güterabwägung das Missverhältnis geradezu unerträglich erscheint.

Bsp.: Schuss des gelähmten Bauern auf die Kinder in seinem Kirschbaum, der keine andere Möglichkeit hat, seine Kirschen zu verteidigen.

Notwehrprovokation

⇨ Die Fälle der sog. *Notwehrprovokation*, innerhalb derer zwischen Absichtsprovokation und sonstiger (wissentlicher oder fahrlässiger) schuldhafter Provokation zu unterscheiden ist.

Sonderfall: Absichtsprovokation

⇨ Im Fall der *Absichtsprovokation*, bei welcher der Täter das Opfer zu einem Angriff provoziert, um unter dem Deckmantel der Notwehr dieses verletzen zu können, ist das Notwehrrecht nach h.M. (mit Unterschieden in der Begründung) ausgeschlossen.

Argumentationsansätze:

⇨ Kein rechtswidriger Angriff (Notwehrlage), da Verzicht auf Rechtsgüterschutz durch Einwilligung in Verletzung

⇨ Keine Verteidigungshandlung (Abwehrhandlung), da verkappter Angriff

⇨ Wegen Provokation keine Befugnis zur Verteidigung der Rechtsordnung, so dass mangels eines Rechtsbewährungsinteresses der Schutzzweck der Notwehr nicht eingreift (Gebotenheit)

⇨ Kein Verteidigungswille, sondern Angriffswille (subjektives Rechtfertigungselement)

Sonstige Provokation

⇨ Wird die Notwehrlage (nur) *wissentlich oder fahrlässig* herbeigeführt, so ist dagegen das Notwehrrecht nicht ausgeschlossen. Es ist nur dahingehend eingeschränkt, dass der Angegriffene zuerst versuchen muss, dem Angriff auszuweichen.

Nur wenn dies nicht möglich ist, darf er zur Schutzwehr und erforderlichenfalls sogar zur Trutzwehr übergehen.

hemmer-Methode: Voraussetzung für eine Einschränkung des Notwehrrechts ist, dass die Notwehrlage durch ein rechtswidriges oder jedenfalls sozialethisch zu missbilligendes Verhalten herbeigeführt wurde. Rechtmäßiges Verhalten führt grundsätzlich nicht zu einer Beschränkung des Notwehrrechts.

2. Rechtfertigender Notstand, § 34

Rechtfertigender Notstand

Auffangfunktion

Häufig geht die Gefahr für ein Rechtsgut nicht von einem menschlichen Angriff aus (vgl. Rn. 130), sondern droht auf andere Weise, so dass Notwehr ausscheidet. Dann kommt u.U. eine Rechtfertigung nach den Vorschriften über den rechtfertigenden Notstand, § 34, in Betracht. § 34 fungiert auch dann als Auffangtatbestand, wenn es an der Unmittelbarkeit eines bevorstehenden Angriffs fehlt oder sich die Schutzhandlung nicht auf den Angreifer bezieht.

140

Prinzip der Güterabwägung

Den Regeln über den Notstand liegt das utilitaristische Prinzip zugrunde, wonach – mit gewissen Einschränkungen – bei wesentlichem Überwiegen eines bestimmten Rechtsguts ein anderes zurückzutreten hat.

141

Prüfungsschema zum rechtfertigenden Notstand, § 34

I. **Notstandslage**

   1. Gefahr für notstandsfähiges Rechtsgut

   2. Gegenwärtigkeit der Gefahr

II. **Notstandshandlung**

   1. Erforderlichkeit („nicht anders abwendbar")

   2. Interessenabwägung (wesentliches Überwiegen)

   3. Angemessenheit

III. **Subjektives Rechtfertigungselement**

   1. Subjektive Kenntnis der rechtfertigenden Umstände

   2. Gefahrabwendungswille

a) Notstandslage

Notstandslage

Auch die Notstandslage kann – wie bei der Notwehrlage – für den Täter oder einen anderen bestehen, es gibt also auch eine „Notstandshilfe".

142

aa) Es muss eine Gefahr für ein notstandsfähiges Rechtsgut bestehen.

Notstandsfähiges Rechtsgut

Die Aufzählung notstandsfähiger Rechtsgüter in § 34 („Leben, Leib, Freiheit, Ehre, Eigentum") ist nicht abschließend (vgl. Wortlaut „oder ein anderes Rechtsgut"). Demnach ist jedes rechtlich anerkannte Interesse notstandsfähig, auch wenn seine Beeinträchtigung keinen Straftatbestand erfüllt.

Gefahr

Eine **Gefahr** für das Rechtsgut liegt vor, wenn aufgrund tatsächlicher Umstände im Zeitpunkt der Notstandshandlung der Eintritt eines Schadens oder die Beeinträchtigung des Rechtsguts aus der ex-ante-Sicht eines objektiven Betrachters als wahrscheinlich zu beurteilen ist.

Gegenwärtigkeit

bb) Die Gefahr ist **gegenwärtig**, wenn die Rechtsgutsbedrohung bei natürlicher Weiterentwicklung in allernächster Zeit in einen Schaden umschlagen kann. Dies ist bei einer (als „Gefahr" grundsätzlich ausreichenden) sog. Dauergefahr nur der Fall, wenn ein unverzügliches Handeln erforderlich ist.

143

> *Bsp.: Ein baufälliges Haus stellt eine Dauergefahr dar, da es jederzeit zu einer Rechtsgutverletzung führen kann, möglicherweise aber auch noch lange steht. Entsteht akute Einsturzgefahr, wird die Dauergefahr zu einer gegenwärtigen Gefahr.*

b) Notstandshandlung

Notstandshandlung

Nach § 34 muss die Notstandshandlung, also die Handlung, durch die zum Schutz eines der oben genannten Rechtsgüter in ein anderes eingegriffen wird, folgende Voraussetzungen erfüllen:

144

Nicht anders abwendbar

aa) Die Gefahr darf **nicht anders abwendbar** sein, § 34 S. 1. Die vom Täter vorgenommene Notstandshandlung muss also das mildeste Mittel zur sicheren und endgültigen Gefahrenabwehr sein. Bei mehreren möglichen Mitteln muss das mildeste eingesetzt werden.

145

Interessenabwägung

bb) Das geschützte Interesse muss das beeinträchtigte wesentlich überwiegen, d.h. es muss eine Interessenabwägung stattfinden, bei der sich ein deutlicher Vorrang des geschützten Rechtsguts ergeben muss. Nach überwiegender Ansicht bezeichnet das „wesentliche Überwiegen" i.S.d. § 34 S. 1 dabei keine quantitativ große, sondern nur eine eindeutige, vernünftigen Zweifeln entrückte Wertdifferenz.

Bei der Abwägung sind verschiedene **Kriterien** zu beachten, wie z.B. das materielle Wertverhältnis zwischen Eingriffs- und Erhaltungsgut, die Ersetzbarkeit eines Guts, der Grad der jeweils konkret drohenden Gefahr, die Verantwortlichkeit des Rechtsgutsinhabers für die Gefahr etc. Es handelt sich also nicht um eine reine Güterabwägung, sondern um eine umfassende Interessenabwägung.

hemmer-Methode: Bei den Notstandvorschriften ist regelmäßig Ihr Argumentationsvermögen und Ihre Fähigkeit, einen Sachverhalt auszuschöpfen, gefragt.

Einprägen sollten Sie sich folgende klausurrelevante Konstellationen:

⇨ Handeln im Defensivnotstand:

Bei einer Abwehrhandlung, die allein in die Gütersphäre des Gefahrverursachers eingreift (sog. Defensivnotstandshandlung), ist eine Beeinträchtigung der Güter des Gefahrverursachers auch bei Gleich- oder Geringerwertigkeit (Grenze: Unverhältnismäßigkeit) des zu erhaltenden Gutes zulässig. Dies folgt aus der Wertung des für die Sachwehr geltenden § 228 BGB (s.u. Rn. 151), der in die Interessenabwägung i.R.d. § 34 S. 1 einfließt.

Interessenabwägung in Bezug auf das Rechtsgut „Leben":

Das menschliche Leben geht als höchstes Gut in der Abwägung allen anderen Gütern vor.

Zwischen einzelnen Menschenleben findet wegen Art. 1 GG keine Abwägung statt, weder in qualitativer noch in quantitativer Hinsicht: Es können keine Unterschiede zwischen alten und jungen oder kranken und gesunden, nicht einmal zwischen wenigen und vielen Menschen gemacht werden.

Angemessenheit

cc) Die Notstandshandlung muss gemäß § 34 S. 2 „angemessen" sein. Dieses zusätzliche Korrektiv hat aber keine große Bedeutung, wenn man die Interessenabwägung – wie hier dargestellt – umfassend vornimmt und nicht auf einen reinen Wertigkeitsvergleich zwischen den in Frage stehenden Gütern beschränkt.

148

Grenzen der Eingriffsbefugnisse aus § 34 finden sich auch bei wesentlichem Überwiegen des geretteten Rechtsguts allerdings dort, wo dem durch die Notstandshandlung Betroffenen „*Solidaritätspflichten*" abgenötigt werden, zu denen er nicht verpflichtet ist und die ihn in seiner *Menschenwürde* verletzen (z.B. Folter zugunsten der Rettung eines entführten Kindes).

Bsp.: O besucht im Krankenhaus einen Freund, als er nach seiner Blutgruppe befragt wird. Auf seine Antwort hin wird er um eine sofortige Blutspende für einen in Lebensgefahr Schwebenden gebeten. Als O sich weigert, hält Dr. T den O fest und entnimmt ihm gewaltsam 250 ml Blut.

Nach der Bejahung der Tatbestände der §§ 223, 224 ist an eine Rechtfertigung nach § 34 zu denken, da das Leben des in Lebensgefahr Schwebenden höherwertig ist als Willensfreiheit und körperliche Unversehrtheit des O. Allerdings verstößt es gegen Art. 1 GG, wenn O gewaltsam zur „menschlichen Blutbank" degradiert würde. Mangels Abwägungsfähigkeit der Menschenwürde scheitert die Rechtmäßigkeit der Notstandshandlung an der Angemessenheitsklausel des § 34 S. 2. T ist nicht gerechtfertigt.

Nötigungsnotstand

Ein Sonderproblem, das ebenfalls bei der Angemessenheit eingeordnet werden kann, bildet der sog. *Nötigungsnotstand*, der nach h.M. zu keiner Rechtfertigung, sondern nur zu einer Entschuldigung führt.

149

Bsp.: T zwingt den O mit vorgehaltener Waffe, die Briefmarkensammlung des M zu stehlen.

Streng begrifflich könnte man hier an eine Rechtfertigung nach § 34 denken, da die Gefahr für das Leben des O nicht anders abwendbar ist und dieses das Eigentumsrecht des Betroffenen sicher überwiegt. Gleichwohl nimmt die h.M. hier keine Rechtfertigung an, da der Täter sich „bewusst auf die Seite des Unrechts geschlagen" habe und deshalb von einem rechtmäßigen Handeln nicht ausgegangen werden könne.

Außerdem würde man auf diese Weise M, der mit der Sache nichts zu tun hat, die Erlaubnis nehmen, seinerseits gegen den Einbrecher Notwehr zu üben, da § 32 die Rechtswidrigkeit des Angriffs voraussetzt.[13]

---

[13] Allerdings wäre O nach h.M. nach § 35 entschuldigt.

3. Besondere Notstände

Besondere Notstände

Als spezielle Ausprägung des allgemeinen rechtfertigenden Notstands können v.a. die §§ 228, 904 BGB von Bedeutung sein. Soweit sie in Erwägung gezogen werden, sind sie in der Klausur **vor § 34 zu prüfen**.

150

> **Rechtfertigender Notstand**
>
> **§ 34 allgemein**
>
> **§§ 228, 904 BGB spezieller ⇨ „Sache"**

a) Defensivnotstand, § 228 BGB (Sachwehr)

Defensivnotstand

§ 228 BGB betrifft den speziellen Fall, dass zur Abwendung einer Gefahr auf eine Sache eingewirkt wird, von der die Gefahr ausgeht. Da diese gefahrbringende Sache weniger schutzwürdig ist, ist die Rechtfertigung nur dann ausgeschlossen, wenn der Schaden an der beeinträchtigten Sache unverhältnismäßig größer ist als derjenige Schaden, welcher der geretteten Sache droht.

151

> *Bsp.: O`s Hund H fällt die Katze K des T an. Weil H die K sonst in Stücke reißen würde, schlägt T seinerseits H tot. Da hier die Gefahr von der Sache H ausgeht, scheidet eine Rechtfertigung der Sachbeschädigung (§ 303) durch T zu Lasten von O erst aus, wenn H viel wertvoller ist, weil es sich z.B. um einen teuren Zuchthund handelt. Ein Überwiegen der geretteten Sache i.S.v. § 34 ist nicht erforderlich.*

b) Aggressivnotstand, § 904 BGB

Aggressivnotstand

§ 904 BGB regelt den umgekehrten Fall, dass auf eine Sache zugegriffen wird, von der die Gefahr gerade nicht ausgeht.

152

> *Bsp.: Im Bsp. oben Rn. 151 bedient sich T zum Erschlagen des Hundes einer Holzlatte, die er aus dem Gartenzaun des X herausreißt.*

Deshalb ist – ähnlich wie bei § 34 – erforderlich, dass das Erhaltungsgut das Eingriffsgut wesentlich überwiegt.

> **hemmer-Methode:** Machen Sie sich noch einmal den grundlegenden Unterschied zwischen § 228 BGB und § 904 BGB klar: Bei § 228 BGB geht die Gefahr von der beeinträchtigten Sache aus, deshalb darf grundsätzlich in sie eingegriffen werden, es sei denn, sie ist unverhältnismäßig wertvoller. Bei § 904 BGB ist das Regel-Ausnahme-Verhältnis gerade umgekehrt, da die Gefahr nicht von der Sache ausgeht, in die eingegriffen wird.
> Deshalb werden an Eingriffe in die Rechtssphäre unbeteiligter Dritter engere Voraussetzungen geknüpft.

4. Festnahmerecht des § 127 I S. 1 StPO

Festnahmerecht, § 127 I StPO

Das Festnahmerecht ist in § 127 I S. 1 StPO geregelt. Der Standort im Prozessrecht sollte den Anfänger nicht dazu verleiten, dieser Vorschrift keine Klausurrelevanz beizumessen.

Es handelt sich um einen materiell-rechtlichen Rechtfertigungsgrund, dessen Anwendung keine prozessualen Kenntnisse voraussetzt und der daher in einer Anfängerklausur durchaus vorkommen kann.

Jedermann-Festnahmerecht

Nach § 127 I StPO ist jedermann, d.h. Privatpersonen und Polizeibeamte, zur vorläufigen Festnahme berechtigt, wenn jemand auf frischer Tat betroffen oder verfolgt wird. **(Jedermann-Festnahmerecht)**.

Prüfungsschema des § 127 I StPO

I. Konfliktlage
 1. Auf frischer Tat betroffen oder verfolgt
 2. Fluchtverdacht oder Identität nicht sofort feststellbar

II. Festnahmehandlung
 1. Eingriff in die Fortbewegungs- bzw. Willensfreiheit
 2. Erforderlichkeit, Grenze der Verhältnismäßigkeit

III. Subjektives Rechtfertigungselement
  Festnahmeabsicht

---

a) Konfliktlage

Konfliktlage

Es müsste zunächst eine **Tat im Sinne des § 127 I StPO** vorliegen. Was unter „Tat" im Sinne des § 127 I StPO zu verstehen ist, ist umstritten.

„Tat" im Sinne des § 127 I StPO

Nach e.A. ist der dringende Verdacht einer Tat ausreichend. Dem Privatmann wird damit ein Irrtumsprivileg eingeräumt, da man es für unbillig erachtet, ihn mit der strafrechtlichen Beurteilung eines Verhaltens zu belasten. Die a.A. verlangt dagegen eine wirklich begangene, verfolgbare Tat im Sinne des § 11 I Nr. 5.

Für die letztgenannte Ansicht spricht die Gesetzessystematik, denn nach § 127 II StPO steht den Polizeibeamten ein Festnahmerecht zu, wenn die Voraussetzungen einer Haftbefehlserteilung vorliegen. Dies ist bei dringendem Tatverdacht der Fall, § 112 I S. 1 StPO. Aus § 127 II StPO ist also zu folgern, dass nur Polizeibeamte beim bloßen Verdacht einer Straftatbegehung zur Festnahme befugt sind.

Zudem muss sich ein vermeintlicher Straftäter seinerseits gegen den Angriff in rechtfertigender Weise verteidigen dürfen (§ 32). Dem irrend Festnehmenden helfen die Regeln über den Erlaubnistatbestandsirrtum (vgl. dazu Rn. 232 ff.).

Klausurtipp

hemmer-Methode: Die andere Auffassung, welche einen bloßen Tatverdacht ausreichen lässt, ist ebenso gut vertretbar. Insoweit kann damit argumentiert werden, dass in der StPO der in-dubio-pro-reo-Grundsatz bis zur rechtskräftigen Verurteilung gilt und demzufolge bei der Begrifflichkeit „Tat" regelmäßig der durch Tatsachen begründete Tatverdacht gemeint ist. Außerdem kann angeführt werden, dass dem Festnehmenden das Risiko, ungewollt Unrecht zu verwirklichen, nicht aufgebürdet werden könne.
Der Streit spielt keine größere Rolle, wenn es nicht darauf ankommt, ob die Schuld oder bereits das Unrecht der Tat zu verneinen ist. Wirklich relevant wird die Streitfrage jedoch dann, wenn eine Teilnahme, die eine vorsätzliche, rechtswidrige Haupttat voraussetzt, durch eine dritte Person in Betracht kommt oder wenn sich die betroffene Person der Festnahme widersetzt: Eine Notwehr gegenüber der Festnahme käme nur dann in Betracht, wenn der Angriff „rechtswidrig" wäre.

„Frische Tat"

Auf **frischer Tat** betroffen ist, wer bei Begehung der Tat oder unmittelbar danach am Tatort, also in räumlich-zeitlicher Nähe des Tatgeschehens, angetroffen wird.

Festnahmegrund

Zudem muss ein **Festnahmegrund** vorliegen. Es muss demzufolge der Verdacht der Flucht bestehen, also eines Verhaltens, durch das der Täter sich der Strafverfolgung entziehen will. Dazu reichen konkrete Hinweise des Falles aus. Die Festnahme zur Identitätsfeststellung ist zulässig, wenn der Betroffene Angaben zur Person verweigert und sich nicht ausweisen kann.

b) Festnahmehandlung

Festnahmehandlung

§ 127 I StPO rechtfertigt Eingriffe in die persönliche Fortbewegungs- und Willensbetätigungsfreiheit des Festzunehmenden (z.B. §§ 239, 240) und weniger einschneidende Maßnahmen (z.B. Wegnahme der Zündschlüssel für ein Fluchtfahrzeug). Auch die Anwendung körperlicher Gewalt mit der Gefahr oder Folge von Verletzungen ist grundsätzlich zulässig.

158

Erforderlichkeit / Verhältnismäßigkeit

Eingeschränkt ist das Festnahmerecht jedoch durch den Grundsatz der Verhältnismäßigkeit, d.h. die Festnahmehandlung muss auch erforderlich und angemessen sein. Eine Befugnis zur erheblichen Verletzung von Leib und Leben um der Festnahme willen ist damit ausgeschlossen.[14]

159

5. Einwilligung und mutmaßliche Einwilligung

Rechtfertigende (mutmaßliche) Einwilligung

Wichtige Rechtfertigungsgründe stellen die Einwilligung und die mutmaßliche Einwilligung dar. Diese sind nicht gesetzlich geregelt.

160

„Ratio"

Die rechtfertigende Wirkung der Einwilligung beruht auf dem Gedanken, dass derjenige keines (straf-)rechtlichen Schutzes bedarf, der in die Beeinträchtigung seiner Rechtsgüter einwilligt.

Abgrenzung vom tatbestandsausschließenden Einverständnis

Die rechtfertigende (mutmaßliche) Einwilligung ist streng vom tatbestandsausschließenden Einverständnis zu unterscheiden. Während es sich bei der Einwilligung um einen Rechtfertigungsgrund handelt, lässt das Einverständnis bereits den objektiven Tatbestand entfallen (siehe dazu Rn. 92 ff.).

161

Prüfungsschema zum Rechtfertigungsgrund Einwilligung

I. Voraussetzungen der Einwilligung
1. Disponibilität des Rechtsguts und Dispositionsbefugnis des Einwilligenden
2. Einwilligungsfähigkeit
3. Frei von Willensmängeln
4. Konkludente oder ausdrückliche Erklärung vor der Tat und zum Zeitpunkt der Tat noch fortbestehend.

II. Subjektives Rechtfertigungselement

---

[14] Das Festnahmerecht des § 127 I StPO wird auch in **Fall 11 von „Die 34 wichtigsten Fälle zum Strafrecht AT"** problematisiert.

a) Einwilligung

Form und Zeitpunkt der Einwilligung

Damit eine Einwilligung wirksam ist und rechtfertigend wirken kann, muss sie nach außen erkennbar (ausdrückliche oder konkludente Einwilligung) *vor* der zu rechtfertigenden Handlung erfolgen.

162

hemmer-Methode: Eine „nachträgliche" Einwilligung hilft daher nicht mehr. Dies folgt aus der Tatsache, dass ab dem Moment der Vollendung des Delikts ein staatlicher Strafanspruch besteht, der nicht mehr zur Disposition des Verletzten steht. Zu denken ist in solchen Konstellationen aber an die mutmaßliche Einwilligung, vgl. Rn. 169.

Subjektives Rechtfertigungselement

Darüber hinaus ist als subjektives Rechtfertigungselement nötig, dass der Täter in Kenntnis der Einwilligung und gerade wegen der Einwilligung gehandelt hat.

163

Dispositionsbefugnis des Einwilligenden

Zu beachten ist, dass nur in die Verletzung solcher Rechtsgüter eingewilligt werden kann, die zur Disposition des Verletzten stehen. Ausdrückliche Grenzen für besonders wertvolle Rechtsgüter (Leib bzw. Leben) enthalten die §§ 216, 228. Freilich kann der Einzelne im Übrigen nicht über Rechtsgüter verfügen, die nicht ihm zustehen, sondern primär die Allgemeinheit schützen.

164

Bsp.: T schwört vor Gericht, dass O ihm Geld schuldet. Dies ist falsch. O war jedoch damit einverstanden, da es den beiden Popsängern nur darum ging, Aufmerksamkeit in der Presse zu erregen.

Hier ist der Meineid (§ 154) des T nicht durch Einwilligung gerechtfertigt, denn die Norm soll die staatliche Rechtspflege schützen.

Dieses Rechtsgut steht nicht zur Disposition des O.[15]

Einwilligungsfähigkeit

Hinsichtlich der Einwilligungsfähigkeit kommt es nicht auf eine bestimmte Altersgrenze oder zivilrechtliche Geschäftsfähigkeit, sondern auf die natürliche Willensfähigkeit an. Der Rechtsgutträger muss ausreichende Verstandesreife und Urteilsfähigkeit besitzen, um die Bedeutung des Verzichts erkennen zu können.

165

---

[15] Instruktiv zum Problem des Sittenverstoßes bei der eingewilligten Körperverletzung (§ 228) vgl. **Fall 10 aus „Die 34 wichtigsten Fälle zum Strafrecht AT"**.

Frei von Willensmängeln

Darüber hinaus muss die Einwilligung frei von Willensmängeln erfolgen. Demnach sind eine durch Drohung erzwungene sowie eine durch Täuschung erschlichene oder anderweitig irrtumsbefangene Einwilligung unwirksam.

166

Vertiefung

hemmer-Methode: Hierin liegt ein wichtiger Unterschied zum tatbestandsausschließenden Einverständnis. Bedeutung erlangt dieser Gesichtspunkt vor allem bei ärztlichen Eingriffen. Unterlässt es der Arzt, den Patienten über Methoden und Risiken der Behandlung aufzuklären, läuft er Gefahr, dass die daraufhin erteilte Einwilligung unwirksam und die Behandlung rechtswidrig ist.

Willensmängel sollen nach wohl h.M. der Wirksamkeit jedoch nur entgegenstehen, wenn sie *rechtsgutsbezogen* sind, da die jeweiligen Strafvorschriften v.a. die Unversehrtheit des Rechtsguts, nicht aber die Disposition darüber schützen.

167

Bsp.: Arzt T spiegelt dem gierigen O vor, Empfängerin einer Niere sei eine amerikanische Milliardärswitwe, die sich sicherlich erkenntlich zeigen wird.

168

O spendet daraufhin seine Niere. In Wirklichkeit brauchte der T diese Niere, um dem Stadtstreicher S das Leben zu retten. Dies geschah, S ist dem T sehr dankbar. Strafbarkeit des T?

Formulierungsbeispiel

Vorliegend ist der objektive und subjektive Tatbestand des § 223 I erfüllt, zumal der Eingriff hier nicht zu Heilzwecken erfolgte. Die Körperverletzung könnte jedoch durch Einwilligung gerechtfertigt sein. Zum Zeitpunkt der Operation war O damit einverstanden, dass ihm eine Niere entnommen wurde. Problematisch ist, dass diese Einwilligung durch die Täuschung über die Person des Empfängers seitens T „erschlichen" wurde. Die Behandlung solcher Konstellationen ist umstritten. Richtigerweise wird man mit der wohl überwiegend vertretenen Ansicht danach differenzieren müssen, worauf sich eine Fehlvorstellung bezieht. Irrtümer, die Art und Ausmaß der hervorgerufenen Verletzungen betreffen (sog. „rechtsgutsbezogene Fehlvorstellungen"), machen die Einwilligung unwirksam. Denn es ist gerade der Schutzzweck der §§ 223 ff., vor Eingriffen in die körperliche Unversehrtheit zu bewahren.

Irrtümer hinsichtlich der Begleitumstände einer Tat, die das Motiv der Einwilligung bestimmen, sind dagegen unbeachtlich. Denn es ist nicht Aufgabe der §§ 223 ff., bestimmte Lebensziele durchzusetzen.

Nach diesen Grundsätzen bleibt die Einwilligung des O hier wirksam, denn was Art und Ausmaß der Verletzungen angeht, so war er sich über alles im Klaren. T ist folglich nicht gem. den §§ 223 ff. strafbar.

Merken Sie sich: Eine Fehlvorstellung ist nur dann beachtlich, wenn sie sich gerade auf die Bedeutung und Tragweite des Rechtsgutseingriffs und nicht nur auf Begleitumstände einer Tat bezieht.

b) Mutmaßliche Einwilligung

Mutmaßliche Einwilligung

Wenn eine Einwilligung nicht erteilt wurde, ihren Voraussetzungen nach aber hätte erteilt werden können, kommt auch der Rechtfertigungsgrund der mutmaßlichen Einwilligung in Betracht. Voraussetzung ist, dass

169

⇨ das Handeln im mutmaßlichen Interesse des Betroffenen erfolgt und eine tatsächliche Einwilligungserklärung nicht mehr rechtzeitig eingeholt werden kann **oder**

⇨ davon ausgegangen werden kann, dass der Betroffene kein rechtliches Interesse an der Erhaltung des Rechtsguts hat (z.B. Bruder des Eigentümers „leiht" sich ohne vorherige Befragung dessen Fahrrad aus).

Zur Vertiefung: Abzugrenzen ist die mutmaßliche Einwilligung von der sog. hypothetischen Einwilligung. Letztere stammt ursprünglich aus der zivilrechtlichen Judikatur zum Arzthaftungsrecht. Hiernach entfällt die Haftung des Arztes für einen Aufklärungsfehler, wenn der Patient auch bei ordnungsgemäßer Aufklärung dem jeweiligen Eingriff zugestimmt hätte (vgl. hierzu § 630h II S. 2 BGB). Unter bestimmten Voraussetzungen soll in einer solchen Situation nach der Rechtsprechung des BGH auch im Strafrecht eine Strafbarkeit kraft einer hypothetischen Einwilligung entfallen.

6. Rechtfertigende Pflichtenkollision

Pflichtenkollision

Ebenso wie beim Notstand eine Rechtfertigung daraus resultieren kann, dass von unterschiedlichen Rechten bzw. Rechtsgütern nur eines bewahrt werden kann, besteht auch die Möglichkeit einer Rechtfertigung, wenn von mehreren Pflichten nur eine erfüllt werden kann.

170

Dieser Gesichtspunkt spielt naturgemäß insbesondere dort eine Rolle, wo an die Nichterfüllung von Pflichten eine strafrechtliche Sanktion geknüpft wird, also bei den sog. Unterlassungsdelikten. Deshalb wird die rechtfertigende Pflichtenkollision dort näher behandelt (vgl. Rn. 363).

171

V. Irrtümer im Bereich der Rechtswidrigkeit

Irrtümer

Wie bereits erörtert, setzen sich die Rechtfertigungsgründe aus objektiven und subjektiven Elementen zusammen (vgl. Rn. 127). Das subjektive Rechtfertigungselement verhält sich zum objektiven Rechtfertigungselement wie der subjektive Deliktstatbestand zum objektiven Deliktstatbestand. Aus diesem Grund sind hier zwei Irrtumskonstellationen denkbar:

172

> **Irrtumskonstellationen im Bereich der Rechtswidrigkeit:**
> 1. Der Täter ist objektiv nicht gerechtfertigt, glaubt sich aber gerechtfertigt (Erlaubnis- bzw. Erlaubnistatbestandsirrtum).
> 2. Der Täter ist objektiv gerechtfertigt, hat aber keinen Rechtfertigungswillen (umgekehrter Erlaubnistatbestandsirrtum).

1. Der Täter glaubt sich irrtümlich gerechtfertigt

Objektiv keine Rechtfertigung

Ein Täter, der sich – obwohl sein Verhalten objektiv nicht gerechtfertigt ist – gerechtfertigt glaubt, kann in zweierlei Hinsicht irren:

173

- Irrtum über Tatsachen

a) Entweder er nimmt tatsächliche Umstände an, die, wenn sie vorlägen, seine Tat rechtfertigen würden (sog. Erlaubnistatbestandsirrtum).

- Irrtum über Wertungen

b) Oder der Täter nimmt einen Rechtfertigungsgrund an, den es gar nicht gibt bzw. er überdehnt die rechtlichen Grenzen eines anerkannten Rechtfertigungsgrundes (sog. Erlaubnisirrtum = indirekter Verbotsirrtum).

zu a) Erlaubnistatbestandsirrtum

174

Die rechtliche Behandlung des Erlaubnistatbestandsirrtums ist umstritten. Nach der h.L. entfällt analog § 16 I S. 1 der Vorsatz**schuld**vorwurf, so dass die Strafbarkeit auf der **Ebene der Schuld** scheitert. Siehe daher die Ausführungen unter Rn. 232 ff.

zu b) Erlaubnisirrtum

175

Anmerkung: Der Erlaubnisirrtum fällt als indirekter Verbotsirrtum in den Anwendungsbereich des **§ 17** und ist dementsprechend ebenfalls **im Rahmen der Schuld zu erörtern**. Siehe daher die Ausführungen unter Rn. 229 ff.

2. Der Täter erkennt rechtfertigende Tatsachen nicht

Fehlen des subjektiven Rechtfertigungselements

Handelt der Täter objektiv gerechtfertigt, erkennt er aber subjektiv die rechtfertigenden Voraussetzungen nicht, so liegt ein sog. *umgekehrter Erlaubnistatbestandsirrtum* vor.

Welche Rechtsfolgen an das Fehlen des subjektiven Rechtfertigungselements zu knüpfen sind, ist umstritten.

Der Meinungsstreit und die Behandlung des Problems in der Klausur soll anhand des folgenden Beispielsfalls dargestellt werden.

Fall

Bsp.: T sieht von hinten seinen Feind O an der Straßenecke stehen und nutzt diese Gelegenheit, um O einen faustgroßen Stein an den Kopf zu werfen, so dass dieser bewusstlos zu Boden sinkt.

Was T freilich nicht wusste, ist, dass O just in diesem Augenblick mit einem Messer, das er – von hinten für T nicht erkennbar – in der Hand hält, den Passanten P, der um die Straßenecke biegt, niederstechen und ausrauben wollte. Strafbarkeit des T?

Lösung

Lösung:

hemmer-Methode: Gutachterlich ausgeführt werden hier nur die entscheidenden Punkte, ansonsten ist die Falllösung sehr verknappt. Dieses Skript legt Wert auf die Vermittlung der theoretischen Kenntnisse zu den wichtigsten AT-Problematiken und der Fähigkeit, diese im Prüfungsaufbau richtig zu verorten. Klausurmäßiges Subsumieren trainieren Sie optimal anhand „**der 34 wichtigsten Fälle zum Strafrecht AT**".[16]

Formulierungsbeispiel

Strafbarkeit gemäß §§ 223 I, 224 I Nr. 2

I. Tatbestand

T hat den objektiven Tatbestand des § 223 I sowie den Qualifikationstatbestand des § 224 I Nr. 2 vorsätzlich verwirklicht.

II. Rechtswidrigkeit

Die Strafbarkeit entfällt aber, wenn T gemäß § 32 II Alt. 2 durch Nothilfe gerechtfertigt wäre.

---

[16] Zum Problem des fehlenden subjektiven Rechtfertigungselements siehe dort ausführlich **Fall 5**.

1. Objektive Voraussetzungen der Nothilfe

a) Von O ging ein gegenwärtiger rechtswidriger Angriff auf das Leben des P aus. Es lag damit eine Nothilfelage vor.

b) Der Steinwurf war objektiv auch erforderlich i.S.v. § 32 II, um den Angriff des O auf den P abzuwehren, denn ein milderes, gleich effektives Mittel war nicht ersichtlich.

c) Die objektiven Voraussetzungen der Notwehr bzw. Nothilfe sind damit erfüllt.

2. Subjektive Voraussetzungen der Nothilfe

T hatte nicht erkannt, dass die objektiven Voraussetzungen des Rechtfertigungsgrundes vorlagen. Vielmehr wollte er seinen Feind O mit dem Stein einfach verletzen. Es liegt eine Konstellation vor, die auch als „umgekehrter Erlaubnistatbestandsirrtum" bezeichnet wird. Die Behandlung des Falles ist umstritten.

Teilweise wurde vertreten, dass der Verteidigungswille nicht zu den Voraussetzungen des Notwehrrechts zähle. Der Verteidigungswille als Voraussetzung der Rechtfertigung kommt allerdings schon in § 32 II selbst zum Ausdruck („um...zu"). Diese Ansicht kann daher nicht überzeugen. Mangels eines für die Bejahung von § 32 erforderlichen Verteidigungswillens scheidet demnach eine Rechtfertigung vorliegend aus.

III. Schuld

T handelte auch schuldhaft.

IV. Milderung gemäß §§ 23 II, 49 I analog

Aufgrund der Tatsache, dass objektiv immerhin eine Nothilfesituation vorlag, könnte eine Strafmilderung gemäß §§ 23 II, 49 I analog erwogen werden. Eine analoge Anwendung der Milderungsmöglichkeit beim Versuch erscheint jedenfalls nicht per se unzulässig, da es sich um eine Analogie zugunsten des Täters handeln würde.

Eine Auffassung lehnt dies ab und verbleibt bei einer Strafbarkeit wegen Vollendung ohne Milderungsmöglichkeit. Eine Milderung sei gesetzlich für diesen Fall nicht vorgesehen.

Vorzugswürdig erscheint es, zwar eine Strafbarkeit wegen Vollendung anzunehmen, da das Opfer zu Tode kam, aber gleichwohl die Milderungsmöglichkeit der §§ 23 II, 49 I analog heranzuziehen. Dies ergibt sich aus folgender Überlegung:

Das Unrecht einer vorsätzlich vollendeten Tat setzt sich aus zwei Elementen zusammen, dem Handlungsunwert und dem Erfolgsunwert. Der Erfolgsunwert, der in der Erfüllung eines Deliktstatbestands liegt, wird jedoch durch das Vorliegen der objektiven Voraussetzungen eines Rechtfertigungsgrundes kompensiert. Im vorliegenden Fall fehlt es demnach – wie bei jeder anderen gerechtfertigten Tat – am Erfolgsunwert. Dadurch, dass T subjektiv nichts von der Nothilfelage wusste, konnte der Handlungsunwert seiner Tat, d.h. die vorsätzliche Verletzung des O, nicht kompensiert werden.

Demnach hat sich in der vorliegenden Fallkonstellation lediglich das Handlungsunrecht verwirklicht. Dies entspricht der Unrechtssituation wie beim Versuch. Deshalb erscheint es angemessen, vorliegend ebenfalls eine fakultative Strafmilderungsmöglichkeit anzunehmen.

V. Ergebnis

T hat sich wegen gefährlicher Körperverletzung strafbar gemacht, §§ 223 I, 224 I Nr. 2. Im Rahmen der Strafzumessung erscheint es sachgerecht, eine Milderungsmöglichkeit gemäß §§ 23 II, 49 I analog zu bejahen.

hemmer-Methode: Eine andere Auffassung ist sicherlich auch vertretbar. Wichtig ist – wie häufig – vor allem eine argumentative Auseinandersetzung mit dem Problem.
Geprüft werden könnte auch § 224 I Nr. 5. Eine (abstrakt) das Leben gefährdende Behandlung kann jedoch nicht allein aus der Information geschlossen werden, dass das Opfer bewusstlos zu Boden sinkt. Denn nicht jede Bewusstlosigkeit führt zu einer abstrakt das Leben gefährdenden Situation.

Zusammenfassung

Zusammenfassung „umgekehrter Erlaubnistatbestandsirrtum": Handelt der Täter objektiv in einer Rechtfertigungssituation, erkennt dies aber nicht, so ist festzuhalten, dass die Voraussetzungen der Rechtfertigung mangels subjektiven Rechtfertigungselements nicht vorliegen. Aus der Systematik des dreistufigen Verbrechensaufbaus wäre demnach zu schließen, dass die durch die Tatbestandsverwirklichung indizierte Rechtswidrigkeit bestehen bleibt, was zur Strafbarkeit wegen eines vollendeten Delikts führen würde.

178-179

Unter Berücksichtigung der beiden Elemente der Unrechtsbegehung „Erfolgsunwert" und „Handlungsunwert" erscheint es aber sachgerechter, im Rahmen der Strafzumessung die Versuchsregeln auf diesen Fall entsprechend anzuwenden. Denn der Erfolgsunwert der Tat ist durch die objektiv gegebene Rechtfertigungslage kompensiert, der subjektive Handlungsunwert bleibt aber - ähnlich wie bei einem untauglichen Versuch - bestehen (§§ 23 II, 49 I analog).

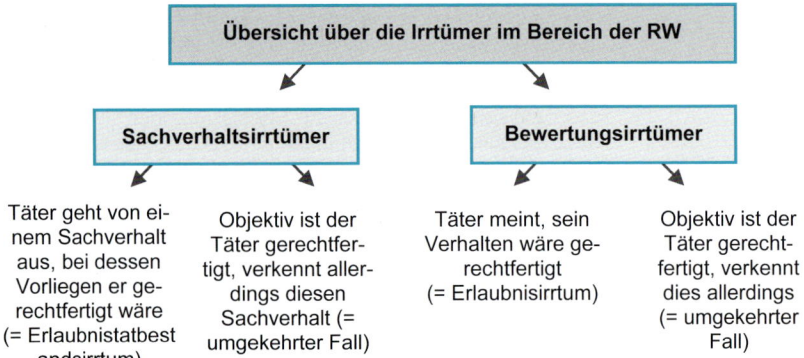

C. Schuld

I. Einleitung

Vorwerfbarkeit der Tat

Während die Rechtswidrigkeit zusammen mit dem Tatbestand für die Beurteilung einer Tat als *Unrecht* ausschlaggebend ist, geht es im Schuldbereich um die Frage, ob dem Täter die rechtswidrige Tat persönlich vorzuwerfen ist. Die Schuld ist eine weitere materielle Voraussetzung der Strafbarkeit. Es gilt der Grundsatz „keine Strafe ohne Schuld". 180

Prüfungsschema

Prüfungsschema zur Schuld 181

I. Schuldfähigkeit
  1. §§ 19-20
  2. Actio libera in causa
II. Spezielle Schuldmerkmale (str.)
III. Vorsatzschuld
IV. Entschuldigungsgründe
V. (Potentielles) Unrechtsbewusstsein

Formulierung in der Klausur

Was Umfang und Erforderlichkeit der Schuldprüfung in der Klausur angeht, gilt es, nur Ausführungen zu einem im Sachverhalt angelegten Problem zu machen. Für die Formulierung ist demnach zu unterscheiden, ob Schuldprobleme ersichtlich sind oder nicht. Dabei ist im Normalfall, d.h. ohne nähere Sachverhaltsangaben, stets problemlos von der Schuld des tatbestandsmäßig und rechtswidrig handelnden Täters auszugehen.

Mögliche Formulierungen wären also, wenn kein Schuldproblem ersichtlich ist:

Formulierungsbeispiel

„*Entschuldigungs- oder Schuldausschließungsgründe sind nicht ersichtlich, T handelte also auch schuldhaft.*"

bzw. bei erneuter Prüfung:

Formulierungsbeispiel

„*T handelte schuldhaft.*"

wenn bei der Schuld ein Problem auftaucht:

Formulierungsbeispiel

„*Fraglich ist, ob T auch schuldhaft gehandelt hat. Es könnte der Entschuldigungsgrund des § 35 I eingreifen (entschuldigender Notstand)...*"

II. Überblick über die Probleme bei der Schuld

Überblick

Die Schuld kann nicht nur als Folge eines Entschuldigungsgrundes, sondern auch aus anderen Gründen entfallen bzw. nicht gegeben sein, beispielsweise, wenn der Täter nicht schuldfähig ist, vgl. § 20 (Umkehrschluss), oder der Täter sich in einem schuldausschließenden Irrtum befindet.

182

Wichtige Probleme im Bereich der Schuld

I. Schuldfähigkeit
1. §§ 20, 21
2. § 19, § 3 JGG
3. Actio libera in causa

II. Entschuldigungsgründe
1. Entschuldigender Notstand, § 35
2. Notwehrexzess, § 33
3. Übergesetzlicher entschuldigender Notstand

III. Irrtumsprobleme
1. Verbotsirrtum, § 17
2. Erlaubnistatbestandsirrtum (Einordnung str.)
3. Erlaubnisirrtum
4. Doppelirrtum
5. Irrtümliche Annahme der sachlichen Voraussetzungen eines Entschuldigungsgrundes

III. Voraussetzungen der Schuld im Einzelnen

1. Schuldfähigkeit

Erste Voraussetzung dafür, dass den Täter überhaupt ein Schuldvorwurf treffen kann, ist seine Schuldfähigkeit im Zeitpunkt der Tatbegehung.

183

a) Schuldunfähigkeit, §§ 19, 20

Das StGB geht davon aus, dass jede Person ab 14 Jahre grundsätzlich schuldfähig ist, wenn nicht irgendeine Störung vorliegt (vgl. §§ 19, 20; Umkehrschluss).

184

Die Schuldfähigkeit knüpft also an das Lebensalter und die geistig-seelische Gesundheit eines Täters an.

Lebensalter, § 19, § 3 JGG

⇨ Kinder bis zum vollendeten 14. Lebensjahr sind nach § 19 absolut schuldunfähig und können somit für ihr Unrecht nicht bestraft werden. Es handelt sich dabei um eine unwiderlegbare Vermutung ohne Rücksicht auf den individuellen Entwicklungsstand.

185

Jugendliche zwischen Vollendung des 14. und 18. Lebensjahres (vgl. die Legaldefinition des Jugendlichen in § 1 II JGG) sind zwar grundsätzlich schuldfähig, allerdings ist im Einzelfall anhand des geistigen Entwicklungsstandes immer zu prüfen und positiv festzustellen, ob sie das Unrecht ihrer Tat einsehen und nach dieser Einsicht handeln konnten, vgl. § 3 JGG. In Pflichtfachklausuren wird eine solche Prüfung aber nicht verlangt werden.

Geistig-seelische Störungen, §§ 20, 21

⇨ Nach § 20 kann die Schuldfähigkeit bei Vorliegen einer der dort genannten geistig-seelischen Störungen zum Zeitpunkt der Tatbegehung entfallen, nämlich dann, wenn aufgrund dieser die Fähigkeit, das Unrecht der Tat einzusehen oder nach dieser Einsicht zu handeln, ausgeschlossen ist.

186

Sind Einsichts- und Steuerungsfähigkeit infolge eines Zustands i.S.d. § 20 nicht völlig ausgeschlossen, sondern nur vermindert, so spricht man von **verminderter Schuldfähigkeit**, vgl. § 21. Die Schuldfähigkeit als Voraussetzung der Strafbarkeit bleibt dann bestehen, Rechtsfolge ist die **fakultative Strafmilderung gemäß § 49 I**.

Bsp. Alkoholisierung

Hingewiesen sei nur auf die Schuldverminderung infolge Alkoholisierung. Hier ist bei einer Blutalkoholkonzentration (BAK) von ca. 2,0 ‰ eine verminderte Schuldfähigkeit nach § 21 und ab einer BAK von ca. 3 ‰ die Schuldunfähigkeit nach § 20 zu diskutieren. Bei Tötungsdelikten sind diese Grenzwerte wegen der hohen Hemmschwelle um 10 % angehoben (auf 2,2 bzw. 3,3 ‰).

Vertiefung

Beachten Sie: Es handelt sich bei den BAK-Werten um bloße Anhaltspunkte. In der Praxis ist im Einzelfall Näheres zu ermitteln. In der Klausursituation dürfen Sie regelmäßig ab den oben genannten Werten eine verminderte Schuldfähigkeit bzw. eine Schuldunfähigkeit ohne nähere Begründung annehmen. Etwas anderes gilt dann, wenn weitere Angaben im Sachverhalt gegen diese Vermutung sprechen, etwa „T war als Pegeltrinker trotz der 2,5 Promille stocknüchtern". In dieser Konstellation müssen Sie sich argumentativ mit dem Sachverhalt auseinandersetzen und unter Umständen gegen die Anwendung der Vermutungsregeln entscheiden.[17]

b) Rechtsfigur der actio libera in causa (a.l.i.c.)

a.l.i.c.

Ist eine Schuldunfähigkeit nach § 20 anzunehmen, kann sich in der Klausur das Problem der sog. *actio libera in causa* (a.l.i.c.) stellen (aus dem Lateinischen übersetzt: „Eine bei der Verursachung freie Handlung").

Anmerkung: Mit Hilfe dieser Rechtsfigur versucht man zu begründen, dass ein Täter, der sich in den schuldausschließenden Zustand hineinversetzt hat und dabei bereits vorsätzlich oder fahrlässig mit Blick auf das später begangene Delikt gehandelt hat, sich nicht auf § 20 berufen kann.

Zu unterscheiden sind die vorsätzliche und die fahrlässige a.l.i.c.:

Vorsätzliche a.l.i.c.

⇨ Bringt sich der Täter mindestens *vorsätzlich* in den schuldausschließenden Zustand und handelt er mindestens *vorsätzlich* hinsichtlich der Tatsache, in diesem Zustand eine Straftat zu begehen, so liegt eine vorsätzliche a.l.i.c. vor.

Fahrlässige a.l.i.c.

⇨ Wenn der Täter entweder den Defektzustand fahrlässig herbeiführt oder aber *in fahrlässiger Weise nicht bedenkt* bzw. nicht damit rechnet, dass er im Zustand der Schuldunfähigkeit eine bestimmte Straftat begehen wird, so spricht man von fahrlässiger a.l.i.c.

---

[17] Siehe zum Umgang mit BAK-Werten auch **Fall 18 aus „Die 34 wichtigsten Fällen zum Strafrecht AT"**.

aa) Einführung in die Problematik

Problem: Koinzidenzprinzip

Anknüpfungspunkt der Schuldunfähigkeit i.S.d. § 20 ist die konkret zu beurteilende Tat, sog. Koinzidenz- oder Simultanitätsprinzip (vgl. Wortlaut „bei Begehung der Tat").

Dies kann in denjenigen Fällen Probleme aufwerfen, in denen der Täter zum Zeitpunkt der Tathandlung schuldunfähig war, diesen Defektzustand aber zuvor vorwerfbar herbeigeführt hat. Die Konstellation ist etwa folgende:

T betrinkt sich, so dass er zum Zeitpunkt der Ausführung einer bestimmten Tat zulasten des O schuldunfähig ist.

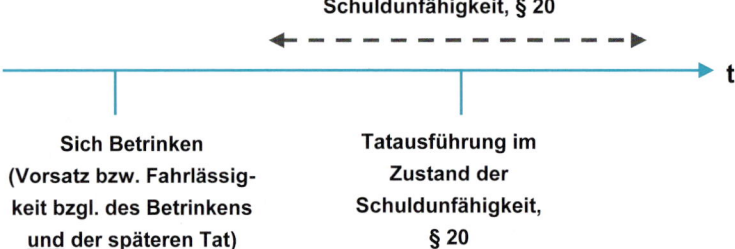

Prüft man die Strafbarkeit anknüpfend an das Ausführungsverhalten, so würde diese an § 20 scheitern. In Betracht käme nur eine Strafbarkeit nach § 323a (Vollrausch), dessen Rechtsfolge höchstens 5 Jahre Freiheitsstrafe vorsieht (vgl. dagegen etwa beim Totschlag 15 Jahre, § 212 I in Verbindung mit § 38 II).

Unbefriedigend daran ist, dass sich i.R.d. § 323a nicht niederschlagt, wie schwer das konkret begangene Unrecht wiegt und ob der Täter den Zustand der Schuldunfähigkeit bzw. die spätere Rechtsgutsverletzung unverschuldet, fahrlässig oder vorsätzlich herbeigeführt hat.

Rechtsfolge der a.l.i.c.

Grundidee der Rechtsfigur „a.l.i.c." ist daher, einen Täter wegen des konkret begangenen Delikts strafrechtlich zur Verantwortung zu ziehen, wenn er in verantwortlichem Zustand das Tatgeschehen in Gang gesetzt hat.

Begründungsansätze und Kritikpunkte

Dogmatisch wird dies auf verschiedenen Wegen zu begründen versucht: Im Wesentlichen gibt es zwei unterschiedliche Ansatzmodelle:

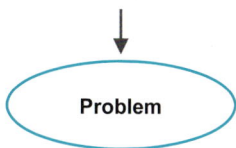

Ansatz 1

Lediglich der Schuldvorwurf wird auf den Zeitpunkt der Herbeiführung des Defektzustands vorverlegt.

So die **Ausnahmetheorie** und **Ausdehnungstheorie**

↓

Problem

Verstoß gegen Koinzidenzprinzip und damit Verstoß gegen das Analogieverbot, Art. 103 II GG.

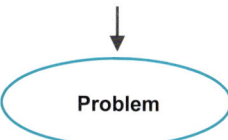

Ansatz 2

Die gesamte Strafbarkeitsprüfung knüpft an die Handlung der Herbeiführung des Defektzustands an. So die **Vorverlagerungstheorie** (auch Tatbestandslösung genannt) und die **Werkzeugtheorie**

↓

Problem

Es wird an eine Handlung angeknüpft, welche nach dem herkömmlichen Verständnis eine straflose Vorbereitungshandlung wäre.

Das Problem der a.l.i.c. besteht nicht darin, dass unterschiedliche Gerechtigkeitsauffassungen aufeinandertreffen. Es geht allein um die Frage, ob und wie das angestrebte Ergebnis nach dem geltenden Recht vor dem Hintergrund des Art. 103 II GG begründet werden kann.

Anmerkung: Durch diese Einführung soll Ihnen Problembewusstsein und Grundverständnis der a.l.i.c. vermittelt werden. Auf die verschiedenen Erklärungsmodelle und die jeweiligen Kritikpunkte wird in der Falllösung (Rn. 196 ff.) näher eingegangen. Die Darstellung im Rahmen einer Fallbearbeitung wurde gewählt, weil im Hinblick auf die oben genannten Ansatzpunkte gerade die Strukturierung der Strafbarkeitsprüfung in der Klausur häufig Schwierigkeiten bereitet.

a.l.i.c. in Rspr. und Lit.

Trotz der Unterschiede in der Begründung war die a.l.i.c. lange Zeit in der Rechtsprechung und einem großen Teil der Literatur anerkannt. In einer Entscheidung hat allerdings der 4. Strafsenat des Bundesgerichtshofes (BGH) grundsätzliche Kritik an der a.l.i.c. geübt.

Hierbei wurde die Anwendung der fahrlässigen a.l.i.c. im Hinblick auf verhaltensneutrale Erfolgsdelikte für überflüssig und die Anwendung der vorsätzlichen a.l.i.c. im Hinblick auf die verhaltensgebundenen Verkehrsdelikte (§§ 316, 315c) wegen Verstoßes gegen Art. 103 II GG für unzulässig erklärt.

193

Die Entscheidung bezog sich also nicht auf die Anwendung der vorsätzlichen a.l.i.c. in Hinblick auf verhaltensneutrale Erfolgsdelikte, so dass der 3. Senat die a.l.i.c. diesbezüglich nach wie vor für anwendbar erklärt hat.[18]

Anmerkung: „Verhaltensneutrale Erfolgsdelikte" sind Tatbestände, bei denen der Eintritt eines bestimmten Erfolgs (z.B. Tod eines Menschen, § 212 I) Anknüpfungspunkt der Strafbarkeit ist, ohne dass der Gesetzgeber besondere Anforderungen an die diesen Erfolg verursachende Handlung gestellt hat. „Verhaltensgebundene Delikte" sind dagegen Tatbestände, bei denen der Gesetzgeber eine näher bezeichnete Handlung unter Strafe gestellt hat (z.B. bei § 315c I Nr. 1, das „Führen eines Fahrzeugs").

Zu unterscheiden ist zwischen entsprechenden Konstellationen bei Tätigkeits- und Erfolgsdelikten sowie zwischen fahrlässiger und vorsätzlicher a.l.i.c.

Vorsätzliche a.l.i.c. bei verhaltensneutralen Delikten

bb) Vorsätzliche a.l.i.c. bei verhaltensneutralen Erfolgsdelikten (umstritten)

Fall 1

Fall 1: T betrinkt sich in der Kneipe, um Mut zu fassen für eine Tat, die er immer schon ausführen wollte: die Tötung seiner Ehefrau O. Als nach der zweiten Schnapsflasche seine letzten Hemmungen gefallen sind, geht er nach Hause und tötet dort die O durch Messerstiche. Zu diesem Zeitpunkt war er jedoch schuldunfähig i.S.v. § 20.

Lösung

Lösungsvorschlag zum Fall:

Anknüpfungspunkt 1: Ausführungshandlung

I. Strafbarkeit des T gemäß § 212 I wegen Totschlags durch Erstechen

Formulierungsbeispiel

1. Tatbestand

a) Objektiver Tatbestand

Durch die Handlung des Zustechens mit dem Messer hat T den Tod der O kausal und zurechenbar herbeigeführt. Der objektive Tatbestand des § 212 ist damit erfüllt.

hemmer-Methode: Wichtig ist hier, in der Formulierung deutlich zu machen, welche Handlung im zeitlichen Geschehensablauf gerade geprüft wird. Zunächst geht es um die Handlung, die im Zustand der Schuldunfähigkeit vorgenommen wurde.

---

[18] BGH, NJW 1997, 138 ff.

b) Subjektiver Tatbestand

T wusste und wollte, was er tat. Er handelte somit vorsätzlich i.S.v. § 15. Der subjektive Tatbestand ist damit erfüllt.

2. Rechtswidrigkeit

Die Tat war auch rechtswidrig, denn es bestehen keine Anhaltspunkte für das Vorliegen von Rechtfertigungsgründen.

3. Schuld

Fraglich ist, ob der T schuldhaft gehandelt hat. Denn zum hier in Frage stehenden Zeitpunkt der Messerstiche befand sich T in einem Zustand der Schuldunfähigkeit i.S.d. § 20.

Andererseits ist zu berücksichtigen, dass sich T zu einem früheren Zeitpunkt gerade deshalb betrunken hat, um zum späteren Zeitpunkt zur Tötung überhaupt fähig zu sein. Es liegt eine Konstellation vor, die allgemein als „vorsätzliche actio libera in causa" bezeichnet wird. Die rechtliche Behandlung derartiger Fälle ist umstritten.

a) Ausdehnungstheorie

Ausdehnungsmodell

Nach dem sog. **Ausdehnungsmodell** ist der Begriff „bei Begehung der Tat" in § 20 weit zu verstehen. „Tat" in diesem Sinne umfasse nicht nur die unmittelbare Tatbestandsverwirklichung durch die konkret zu prüfende Ausführungshandlung (hier: Messerstich), sondern das Gesamtgeschehen, welches sich von der Herbeiführung des Defektzustandes bis hin zur Ausführung der Tat erstrecke. Nach dieser Ansicht wäre T hier wegen Totschlags strafbar, denn jedenfalls zum früheren Zeitpunkt der „Tat" war er noch schuldfähig.

⇨ *Kritik*

Diese Ansicht hat sich nicht durchsetzen können, denn es spricht nichts dafür, den Begriff „Begehung der Tat" bei § 20 in einem anderen Sinn zu verwenden als beispielsweise in den §§ 16 und 17. Die begriffliche Ausdehnung i.R.d. § 20 erscheint vielmehr als gekünstelter Versuch, das Koinzidenzprinzip zu wahren, ohne die Ebene des Deliktstatbestands anzutasten und damit dem Vorwurf des Verstoßes gegen Art. 103 II GG ausgesetzt zu sein.

b) Ausnahmetheorie

Ausnahmemodell

Vertreter des sog. **Ausnahmemodells** begreifen die a.l.i.c. als ungeschriebene Ausnahme von dem Grundsatz, dass die Schuldfähigkeit im Zeitpunkt der Ausführungshandlung vorliegen muss. Für eine solche Ausnahme lässt sich der Gedanke des Rechtsmissbrauchs anführen: Unter dem „Deckmantel" der Schuldunfähigkeit dürfe der Täter nicht straflos Straftatbestände verwirklichen.

Dogmatisch begründet wird das Ausnahmemodell mit einer Parallele zu den §§ 35 I S. 2 und 17 S. 2, die entsprechende Ausnahmen für Fälle vorsehen, in denen ein Täter in vorwerfbarer Weise den Zustand herbeigeführt hat, der zum Ausschluss der Schuld führt und somit eine allgemeine gesetzliche Wertung enthalten. Diese Ansicht käme hier infolge der Suspendierung des Koinzidenzprinzips ebenfalls zum Ergebnis, dass T zum in Frage stehenden Zeitpunkt der Messerstichhandlung nach § 212 zu bestrafen ist.

⇨ Kritik

Entscheidend gegen das „Ausnahmemodell" spricht jedoch der in Art. 103 II GG und § 1 verankerte verfassungsrechtliche Grundsatz „nullum crimen sine lege". Nach diesem Gesetzlichkeitsprinzip dürfen keine Ausdehnungen der Strafbarkeit zu Lasten des Täters vorgenommen werden, die nicht im Wortlaut des Gesetzes verankert sind. Nach heute ganz überwiegender Ansicht gilt Art. 103 II GG auch für Normen des AT, sofern diese konstituierend für die Strafbarkeit des Täters sind. Wegen dieser verfassungsrechtlichen Vorgaben kann hier keine Ausnahme von § 20 gemacht werden.

hemmer-Methode: Die verfassungsrechtliche Problematik sehen auch die Vertreter des Ausnahmemodells. Die Forderung etwa nach einem § 20 II (z.B.: „Dies gilt nicht, wenn sich der Täter vorsätzlich oder fahrlässig in den Zustand der Schuldunfähigkeit hineinversetzt hat") wird gerade von diesen Vertretern gestellt.

4. Zwischenergebnis

T ist nicht wegen Totschlags strafbar, soweit an die Handlung der Messerstiche angeknüpft wird.

200

Anknüpfungspunkt 2: Herbeiführung des Zustandes der Schuldunfähigkeit

II. Strafbarkeit des T gemäß § 212 I wegen **Totschlags durch das Sich-Betrinken**

201

1. Tatbestand

a) Objektiver Tatbestand

Durch das Betrinken hat T einen Kausalverlauf in Gang gesetzt, der später objektiv zurechenbar zum Tod der O führte.

Fraglich ist, ob der Tatbestand des § 212 I mithilfe der Rechtsfigur der vorsätzlichen a.l.i.c. durch das Sich-Betrinken als verwirklicht angesehen werden kann.

aa) Vorverlagerungsmodell

Vorverlagerungsmodell	Eine Ansicht stellt als Anknüpfungspunkt der Strafbarkeit auf den **Zeitpunkt des Sich-Betrinkens ab** (auch „Tatbestandslösung" genannt). Begründen lässt sich das damit, dass diese Handlung an sich durchaus kausal war für den späteren Erfolg, den Tod des O. Auch kann insoweit Vorsatz des T angenommen werden, da er gerade vorhatte, im Zustand der Schuldunfähigkeit das Opfer zu töten.	202
⇨ *Kritik*	Jedoch würde damit an ein Verhalten angeknüpft, bei welchem nach herkömmlichem Verständnis noch kein unmittelbares Ansetzen zur Tat mangels einer hinreichend konkreten Rechtsgutsgefährdung – auch aus Sicht des Täters – angenommen werden kann. In der Sache läuft damit diese Auffassung auf eine Ausdehnung des Begriffs der Tat hinaus, der ebenfalls nicht mit dem Analogieverbot gemäß Art. 103 II GG vereinbar ist.	203

Anmerkung: Im Prinzip hat das Vorverlagerungsmodell denselben Ansatzpunkt wie das Ausdehnungsmodell. Einziger Unterschied ist, dass beim Ausdehnungsmodell der Begriff der Tat auf Schuldebene „ausgedehnt" wird, wohingegen beim Vorverlagerungsmodell bereits die Tathandlung als Anknüpfungspunkt (auf Tatbestandsebene) „vorverlagert" wird.

bb) Werkzeugtheorie

Werkzeugtheorie	Schließlich wird vertreten, für die a.l.i.c. den Rechtsgedanken der mittelbaren Täterschaft (vgl. § 25 I Alt. 2) sinnentsprechend heranzuziehen (sog. **Werkzeugtheorie**). Der Täter, der sich in den Defektzustand versetzt, mache sich dadurch selbst zum Werkzeug. Anknüpfungspunkt der Strafbarkeit kann damit sinnentsprechend der frühere Zeitpunkt des vorwerfbaren Verhaltens sein, also als T sich betrunken hatte.	204
Streitentscheid	Die Werkzeugtheorie überzeugt. Aufgrund des besonderen deliktischen Plans des Täters kann ausnahmsweise seine Tatherrschaft in dem Moment angenommen werden, in welchem er rechtsmissbräuchlich sich selbst in den Zustand der Schuldunfähigkeit versetzt.	205

hemmer-Methode: In der Literatur wird auch die Werkzeugtheorie kritisiert. Als Kritik lässt sich etwa anführen, dass dieser Ansatz nicht mit dem Wortlaut des § 25 I Alt. 2 vereinbar sei, nach welchem Werkzeug nur „ein anderer" sein könne. Demnach könne der Hintermann sich nicht selbst als Werkzeug einsetzen.
Konsequenterweise werden dann alle dogmatischen Lösungsansätze wegen Verstoßes gegen Art. 103 II GG abgelehnt, so dass die Rechtsfigur der a.l.i.c. als verfassungswidrig bewertet wird. Dann verbleibt allein eine Strafbarkeit wegen Vollrauschs gemäß § 323a.

Dieses Ergebnis erscheint zwar wenig sachgerecht. Doch angesichts der besonderen Bedeutung des Bestimmtheitsgrundsatzes im Strafrecht lässt sich diese Auffassung gut vertreten. Es wäre demnach dann Aufgabe des Gesetzgebers, die a.l.i.c. (z.B. als Absatz 2 in § 20) gesetzlich zu regeln. Nach Auffassung des BGH sind die Werkzeugtheorie und das Vorverlagerungsmodell dogmatisch jedenfalls bei Erfolgsdelikten gangbar. Dafür spricht, dass bei diesen Ansätzen nicht direkt der Gesetzeswortlaut verletzt wird. Wenn man dem BGH folgen will, sollte man daher bei der Werkzeugtheorie § 25 I Alt. 2 nur „sinnentsprechend" bzw. beispielhaft dafür zitieren, dass dem StGB eine Zurechnung von Handlungen nicht per se fremd ist. Nach dem Motto: Wenn von Gesetzes wegen schon fremdes Handeln zugerechnet werden kann, sollte Sinnentsprechendes unter bestimmten Voraussetzungen auch bei eigenem Handeln gelten.

b) Subjektiver Tatbestand

T handelte vorsätzlich dahingehend, sich selbst als Werkzeug im schuldunfähigen Zustand einzusetzen und damit kausal den Tod des O hervorzurufen.

2. Rechtswidrigkeit

Rechtfertigungsgründe sind nicht ersichtlich. *206*

3. Schuld

T handelte auch schuldhaft. Insbesondere ist nunmehr Anknüpfungspunkt des strafrechtlichen Vorwurfs das Sich-Betrinken. Als T dazu ansetzte, war er schuldfähig. *207*

III. Ergebnis

T hat sich durch das Sich-Betrinken wegen Totschlags strafbar gemacht.

Anmerkung: Eine Strafbarkeit wegen Vollrauschs gemäß § 323a scheidet daneben aus, soweit man mit der Rechtsprechung die Rechtsfigur der a.l.i.c. für rechtmäßig erachtet. *208*

cc) **Fahrlässige a.l.i.c. beim verhaltensneutralen Erfolgsdelikt**

Fall 2

Fall 2: T ist Lkw-Fahrer. Obwohl er noch eine lange Strecke vor sich hat, betrinkt er sich, bevor er die Fahrt antritt. Im betrunkenen Zustand (§ 20) erfasst er dann mit seinem Lkw den Fußgänger O. Dieser stirbt. *209*

In diesem Fall ist T wegen fahrlässiger Tötung (§ 222) strafbar. Anknüpfungspunkt für den Fahrlässigkeitsvorwurf ist das Berauschen zum Zeitpunkt *vor* der Tat.

Bei fahrlässigen rein erfolgsorientierten Delikten wie § 222 ist die Begründung der Strafbarkeit unproblematisch, da der Grund der Strafbarkeit hier in der Sorgfaltspflichtverletzung liegt, die regelmäßig zu einem Zeitpunkt stattfindet, der weit vor der eigentlichen Rechtsgutsverletzung liegt.

hemmer-Methode: Die „Tat" als solche beginnt bei Fahrlässigkeitsdelikten demzufolge weit vor dem Beginn der Tat bei Vorsatzdelikten. Denn letztere setzen regelmäßig für die Strafbarkeit ein unmittelbares Ansetzen zur Tat voraus (vgl. § 22).

dd) Keine a.l.i.c. bei verhaltensgebundenen Delikten

Hinsichtlich der Verwirklichung verhaltensgebundener Delikte (insbesondere eigenhändiger und Tätigkeitsdelikte) ist die vorsätzliche sowie fahrlässige a.l.i.c. i.S.d. Vorverlagerungstheorie wegen Verstoßes gegen Art. 103 II GG abzulehnen. So hat der BGH dies für die Verkehrsdelikte §§ 315c, 316 entschieden.

Im Fall 2 etwa setzt eine Strafbarkeit nach § 315c tatbestandlich voraus, dass der Täter ein Fahrzeug führt, was nicht einmal beim Anlassen des Motors der Fall ist. Die tatbestandsmäßige Handlung kann daher erst recht nicht in einer Trinkhandlung in einer Kneipe erkannt werden.

Zusammenfassung zur a.l.i.c.

Deliktstyp	verhaltensgebunden	verhaltensneutral
VORSÄTZLICH	a.l.i.c. unzulässig	a.l.i.c. str., BGH (+) Teil der Lit. (-)
FAHRLÄSSIG	a.l.i.c. unzulässig	a.l.i.c. überflüssig

2. Spezielle Schuldmerkmale

Spezielle Schuldmerkmale

Vereinzelt sind in Strafvorschriften neben Unrechtsmerkmalen auch spezielle Merkmale enthalten, die den Gesinnungsunwert der Tat charakterisieren. Teilweise werden diese als spezielle Schuldmerkmale qualifiziert (str.).

*Bspe.: §§ 90a I Nr. 1, 130 I Nr. 2, 225 I: Böswilligkeit;
§ 315c I Nr. 2: Rücksichtslosigkeit (str.)*

3. Vorsatzschuld

Vorsatzschuld/ Fahrlässigkeitsschuld

So wie Unrecht und Schuld einander ergänzen, besteht eine Wechselbeziehung zwischen der Verhaltensform (Vorsatz/Fahrlässigkeit) und der Schuldform (Vorsatzschuld/ Fahrlässigkeitsschuld). Die Vorsatzschuldform ist nur i.R.d. Behandlung des **Erlaubnistatbestandsirrtums** von Bedeutung. In allen anderen Fällen wird die vom Vorsatz indizierte Vorsatzschuld nicht aufgehoben und dieser Prüfungspunkt daher nicht angesprochen.

212

4. Fehlen von Entschuldigungsgründen

Das Fehlen von Entschuldigungsgründen ist eine weitere Voraussetzung im Bereich der Schuld.

213

a) Entschuldigender Notstand, § 35 I

Entschuldigender Notstand

§ 35 I regelt den entschuldigenden Notstand, der wegen der Ähnlichkeiten in der Formulierung und der benachbarten Stellung im Gesetz besonders genau vom rechtfertigenden Notstand nach § 34 (Rn. 140 ff.) zu unterscheiden ist.

214

Der Rechtsfolge nach rechtfertigt er die Tat nicht, sondern entschuldigt den Täter nur. Die Ratio des § 35 I liegt darin, dass der Täter in den hier beschriebenen Konfliktlagen sich in einer psychischen Zwangssituation befindet. Sein Verhalten in dieser Situation wird zwar als Unrecht bewertet, ist ihm jedoch nicht vorwerfbar. Der Staat zieht sich sozusagen zurück und verzichtet auf die strafrechtliche Sanktionierung.

hemmer-Methode: Die richtige Einordnung eines Notstandsfalles unter § 34 oder § 35 I ist nicht nur systematisch von Bedeutung. Unterschiede können sich z.B. auch daraus ergeben, dass gegen eine nur entschuldigte Tat Notwehr geübt werden darf (s.o. Rn. 133) oder dass an einer gerechtfertigten Tat keine Teilnahme möglich ist (vgl. Rn. 403).

> **I. Notstandslage, § 35 I S. 1**
>
> 1. Notstandsfähiges Rechtsgut: Leib, Leben, Freiheit
> 2. Gegenwärtige Gefahr
> 3. Nicht anders abwendbar
>   a) Letzter und einziger Ausweg
>   b) Objektiv geeignet und erforderlich
> 4. Betroffenheit
>   a) Täter
>   b) Angehöriger, § 11 I Nr. 1
>   c) Nahestehende Person
>
> **II. Grenze: Zumutbarkeit, § 35 I S. 2**
>
> Insbesondere bei besonderem Rechtsverhältnis, pflichtwidriger Gefahrverursachung, sonstigen Umständen, z.B. Garantenstellung
>
> **III. Notstandswille, Kenntnis und Rettungswille**

Voraussetzungen

In seinen Voraussetzungen ähnelt § 35 I dem § 34 insofern, als eine gegenwärtige, nicht anders abwendbare Gefahr vorliegen muss.

Es gibt aber auch wichtige Unterschiede:

Rechtsgüter

(1) Notstandsfähige Rechtsgüter sind beim entschuldigenden Notstand nach § 35 I nur die *abschließend aufgezählten* Rechtsgüter *Leib, Leben und Freiheit*. Die Freiheit ist v.a. die körperliche Fortbewegungsfreiheit, nach z.T. vertretener Ansicht zusätzlich auch die sexuelle Selbstbestimmungsfreiheit.

Angehörige

(2) Die Gefahr muss den Täter selbst, einen Angehörigen (vgl. die Legaldefinition in § 11 I Nr. 1) oder eine sonstige ihm nahestehende Person betreffen. Eine uneingeschränkte Notstandshilfe wie bei § 34 ist also nicht möglich.

Keine Güterabwägung

(3) Im Gegensatz zu § 34 enthält § 35 I S. 1 gerade kein Erfordernis einer Güterabwägung. Eine Kompensation für die fehlende Güterabwägung enthält allerdings § 35 I S. 2. Der Anwendungsbereich ist für die Fälle eingeschränkt, in denen dem Täter zugemutet werden kann, die Gefahr hinzunehmen. So insbesondere, wenn

⇨ der Täter die Gefahr selbst verursacht hat bzw.

⇨ der Täter in einem besonderen Rechtsverhältnis steht, aufgrund dessen ihm die Hinnahme einer Gefahr eher zugemutet werden kann, z.B. als Polizist oder Feuerwehrmann.

Zur Veranschaulichung der Unterscheidung von § 34 und § 35 I folgender Schulfall aus der Antike („Brett des Karneades"):

Fall: T *und* O *sind schiffbrüchige Matrosen und treiben im Meer. Sie geraten gleichzeitig an eine Holzplanke, die jedoch nicht stark genug ist, um beide zu tragen. Aus diesem Grunde stößt* T *den schwächeren* O *vom Brett und kann sich so retten.* O *ertrinkt. Strafbarkeit nach § 212 I?*

I. T hat den objektiven Tatbestand des § 212 I vorsätzlich verwirklicht, indem er den O vom Brett gestoßen hat.

II. Eine Rechtfertigung nach § 32 scheidet aus, denn von O ging kein gegenwärtiger rechtswidriger Angriff auf den T aus. Eine Rechtfertigung nach § 34 scheitert – trotz Vorliegens einer gegenwärtigen nicht anders abwendbaren Gefahr für das geschützte Rechtsgut Leben des T – an der fehlenden Abwägbarkeit der vorliegend bedrohten Rechtsgüter (Leben gegen Leben).

III. T ist jedoch gemäß § 35 I entschuldigt:

a) Es liegt eine gegenwärtige, nicht anders abwendbare Gefahr für das von § 35 I S. 1 erfasste Rechtsgut Leben vor.

b) T hatte den O (rechtswidrig, s.o.) getötet, um die Gefahr für sein Leben i.S.v. § 35 I S. 1 abzuwenden. Eine Güterabwägung wie bei § 34 findet i.R.d. § 35 I nicht statt.

c) Umstände, nach denen T die Gefahr i.S.v. § 35 I S. 2 hinzunehmen gehabt hätte, liegen keine vor.

IV. Ergebnis: T ist nicht strafbar.

hemmer-Methode: Ein wichtiger Anwendungsfall des § 35 I ist der sog. Nötigungsnotstand, siehe dazu Rn. 149.[19]

b) Notwehrexzess, § 33

Notwehrexzess

Überschreitet der Täter in einer Notwehrlage die Grenzen der Notwehr aus Verwirrung, Furcht oder Schrecken, so bleibt er unter bestimmten Voraussetzungen straffrei.

Bei § 33 handelt es sich – trotz seiner Stellung im Gesetz zwischen § 32 und § 34 – um einen Entschuldigungsgrund.

---

[19] Zum Nötigungsnotstand ausführlich **Fall 19 aus „Die 34 wichtigsten Fälle Strafrecht AT"**.

Notwehrlage	**(1)** Voraussetzung ist, dass sich der Täter in einer Notwehrlage befindet, sich (oder einen anderen) also einem gegenwärtigen, rechtswidrigen Angriff ausgesetzt sieht.
Einhaltung der Grenzen	**(2)** Übt der Täter in dieser Lage die Notwehr in deren Grenzen aus, ist er gerechtfertigt. Überschreitet er die Grenzen der Notwehr, ist er nicht gerechtfertigt. Er kann aber nach § 33 entschuldigt sein.

hemmer-Methode: Der Prüfungsreihenfolge nach werden Sie also nach der Tatbestandsmäßigkeit zuerst eine mögliche Rechtfertigung nach § 32 prüfen. Wenn Sie diese wegen Überschreitung der erforderlichen Notwehr ablehnen, müssen Sie in der Schuld den Notwehrexzess nach § 33 ansprechen, wobei Sie hinsichtlich der Voraussetzungen bzgl. der Notwehrlage nach oben verweisen können.

Intensiver Notwehrexzess	**(2) Beachten Sie**, dass nach h.M. § 33 nur den sog. *intensiven Notwehrexzess* erfasst, d.h. den Fall, in dem sich der Täter heftiger verteidigt, als es *erforderlich* gewesen wäre. Die übrigen Voraussetzungen der Notwehr gemäß § 32 müssen weiterhin erfüllt sein.	*220*

Bsp.: O greift T an. T hätte den schmächtigen O leicht mit einem Kinnhaken effektiv abwehren können. Aus Schrecken über den plötzlichen Angriff gerät T aber in Panik und sticht stattdessen mit dem Messer zu.

Extensiver Notwehrexzess	Dagegen soll § 33 *keine Anwendung* finden auf den *sog. extensiven Notwehrexzess*, bei dem es an der Gegenwärtigkeit des Angriffs fehlt, also die zeitlichen Grenzen der Notwehr überschritten sind.	
Asthenische Affekte	**(3)** Das Überschreiten der Notwehr muss aus Verwirrung, Furcht oder Schrecken erfolgen. Diese sog. *defensiven oder asthenischen Affekte* müssen für die Exzesshandlung ausschlaggebend sein.	*221*

Dagegen findet § 33 keine Anwendung auf *aggressive oder sthenische Affekte*, wie z.B. Zorn, Kampfeseifer etc.[20]

---

[20] Instruktiv dazu die **Fälle 6, 15 und 16 aus „Die 34 wichtigsten Fälle zum Strafecht AT".**

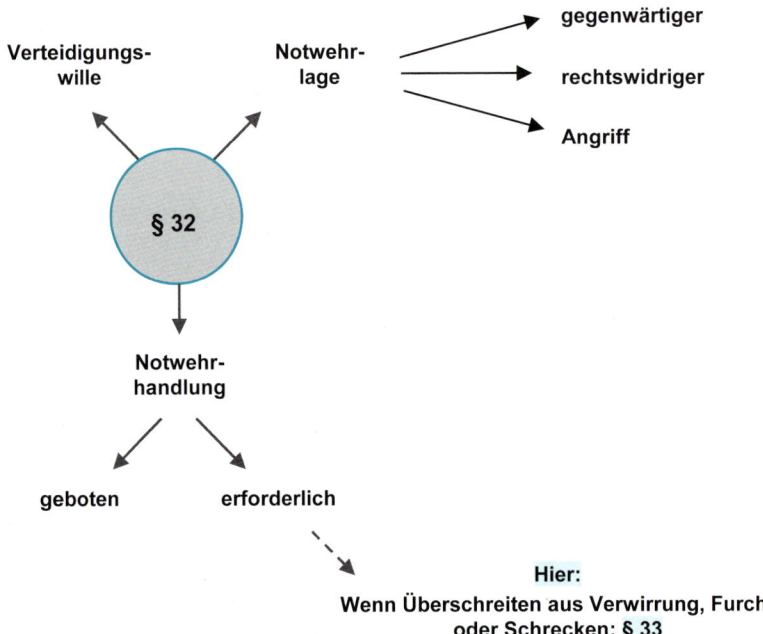

c) Übergesetzlicher entschuldigender Notstand

Übergesetzlicher entschuldigender Notstand

In Rspr. und Literatur ist über die gesetzlich geregelten Fälle der §§ 33, 35 hinaus der übergesetzliche entschuldigende Notstand (= entschuldigende Pflichtenkollision) in Anlehnung an § 35 I als Entschuldigungsgrund anerkannt. Dieser ist auf ganz außergewöhnliche Konfliktsituationen beschränkt.

222

> *Bsp.: Das Abschießen eines von Terroristen entführten Flugzeugs, welches diese in ein Atomkraftwerk steuern.*

5. (Potentielles) Unrechtsbewusstsein

(Potentielles) Unrechtsbewusstsein

Nach h.M. ist auch das potentielle Unrechtsbewusstsein ein selbständiges Schuldelement. Der Täter muss bei zumutbarem Einsatz seiner Erkenntniskräfte und Wertvorstellungen die Einsicht in das Unrecht der Tat gewinnen können. Ohne besondere entgegenstehende Anhaltspunkte wird das Unrechtsbewusstsein regelmäßig vermutet und der Prüfungspunkt daher nicht angesprochen.

223

hemmer-Methode: Zu problematisieren ist das Unrechtsbewusstsein nur im Rahmen des Verbotsirrtums nach § 17. Fehlt dem Täter infolge eines unvermeidbaren Verbotsirrtums die Einsicht, Unrecht zu tun, so handelt er nach § 17 S. 1 ohne Schuld.

IV. Irrtumsprobleme im Bereich der Schuld

Übersicht über die Irrtümer im Bereich der Schuld
- ⇨ Verbotsirrtum
- ⇨ Erlaubnisirrtum
- ⇨ Erlaubnistatbestandsirrtum (Einordnung str.)
- ⇨ Doppelirrtum
- ⇨ Irrtümliche Annahme der sachlichen Voraussetzungen eines Entschuldigungsgrundes

1. Verbotsirrtum, § 17

Täter fehlt Einsicht, Unrecht zu tun

Nach § 17 S. 1 handelt der Täter ohne Schuld, wenn ihm bei Begehung der Tat die Einsicht fehlt, Unrecht zu tun, und er diesen Irrtum nicht vermeiden kann.

224

hemmer-Methode: Machen Sie sich den elementaren Unterschied zwischen einem Tatbestandsirrtum nach § 16 I S. 1 und einem Verbotsirrtum nach § 17 klar. Beim Tatbestandsirrtum (exakter: Tatumstandsirrtum) werden die *tatsächlichen* Verhältnisse nicht richtig erkannt, beim Verbotsirrtum wird bei richtiger Kenntnis der Tatsachen eine *rechtlich falsche Wertung* getroffen.

a) Fehlende Unrechtseinsicht

Fehlende Unrechtseinsicht

Für die Einsicht, Unrecht zu tun, ist es nicht erforderlich, dass der Täter die Strafbarkeit seines Handelns kennt.

225

Ausreichend und erforderlich ist vielmehr das Bewusstsein eines Verstoßes gegen die Rechtsordnung. Es genügt auch, wenn der Täter die Möglichkeit, dass er Unrecht tut, erkennt und in seinen Willen aufnimmt.

Ein Verbotsirrtum liegt demnach vor, wenn der Täter glaubt, sein Verhalten sei generell rechtlich zulässig, weil er die einschlägige Verbotsnorm nicht für existent hält oder sein Verhalten als nicht von dieser erfasst ansieht.

b) Unvermeidbarkeit

Unvermeidbarkeit:
§ 17 S. 1

Ohne Schuld handelt der Täter aber nur, wenn er diesen Irrtum nicht vermeiden konnte. Dabei werden an die Unvermeidbarkeit strenge Anforderungen gestellt. Der Irrtum ist nur unvermeidbar, wenn der Täter auch bei Einsatz „aller seiner Erkenntniskräfte und Wertvorstellungen", u.U. auch durch Erkundigungen, nicht zur Unrechtseinsicht kommen konnte.

226

c) Vermeidbarkeit

Vermeidbarkeit: § 17 S. 2

Ist der Irrtum vermeidbar, so ist der Täter grundsätzlich voll verantwortlich. Die Strafe kann aber nach § 17 S. 2 i.V.m. § 49 I gemildert werden.

227

> *Bsp.:* Der 21-jährige ehemalige Jurastudent T schneidet seiner Schwester S den Zopf mit einer Schere ab. Er weiß zwar, dass eine Körperverletzung gem. § 223 strafbar ist, glaubt aber, das Zopf-Abschneiden falle nicht unter den Begriff „körperliche Misshandlung".
>
> T hat hier den objektiven Tatbestand des § 223 I Alt. 1 erfüllt. Dabei handelte er auch vorsätzlich, denn er kannte alle Umstände, die nach dem objektiven Tatbestand relevant sind. Die Tat war auch rechtswidrig.
>
> Es könnte jedoch gem. § 17 S. 1 die Schuld ausgeschlossen sein, falls dem T das Unrechtsbewusstsein fehlte. T ging aufgrund falscher rechtlicher Wertung davon aus, sein Verhalten erfülle nicht den Tatbestand der Körperverletzung. Er unterlag damit einem Verbotsirrtum i.S.v. § 17 S. 1. Fraglich ist, ob dieser Irrtum vermeidbar war. Bei einem ehemaligen Jurastudenten ist davon auszugehen, dass er sich hätte erkundigen können, ob sein Verhalten strafbar ist. Der Irrtum war daher vermeidbar, die Schuld ist nicht gemäß § 17 S. 1 ausgeschlossen. Jedoch kommt eine Milderung der Strafe in Betracht, §§ 17 S. 2, 49 I.

2. Erlaubnis- und Erlaubnistatbestandsirrtum

Unterscheidung auch bei Rechtfertigungsgründen

Die oben dargestellte Unterscheidung zwischen Irrtum hinsichtlich tatsächlicher Umstände nach § 16 I S. 1 und falschen rechtlichen Bewertungen nach § 17 lässt sich auch auf den Bereich der unrechtsausschließenden Umstände übertragen (vgl. Rn. 173 f.).

228

a) Erlaubnisirrtum

Erlaubnisirrtum: indirekter Verbotsirrtum
⇨ § 17

Beim Erlaubnisirrtum hält sich der Täter aufgrund falscher rechtlicher Würdigung vermeintlich für gerechtfertigt. Der Erlaubnisirrtum fällt nach einhelliger Auffassung als **indirekter Verbotsirrtum** in den Anwendungsbereich des **§ 17**. Zu den rechtlichen Konsequenzen gelten die Ausführungen unter Rn. 224 ff. entsprechend: Die Schuld entfällt nur bei Unvermeidbarkeit der Fehlvorstellung.

Bsp.: Jurastudent T wird von O durch einen Faustschlag angegriffen i.S.v. § 32. Er wehrt sich mit einem Messerstich in den Bauch des O, obwohl er den Angriff ebenso effektiv mit der Hand hätte abwehren können. Diese Möglichkeit hat T gesehen, er war jedoch davon überzeugt, dass sein Notwehrrecht ihm erlaube, den Angreifer mit allen ihm zur Verfügung stehenden Mitteln in seine Schranken zu weisen. Strafbarkeit des T nach §§ 223 I, 224?

1. Tatbestand

Hier hat T den objektiven und subjektiven Tatbestand der gefährlichen Körperverletzung (§§ 223, 224 I Nr. 2) erfüllt.

2. Rechtswidrigkeit

Er könnte jedoch durch Notwehr (§ 32) gerechtfertigt sein. Eine Notwehrlage lag vor, denn von dem O ging ein gegenwärtiger, rechtswidriger Angriff auf die Gesundheit des T aus.

Seine Notwehrhandlung war jedoch nicht „erforderlich" i.S.v. § 32 II: Dem T standen gleich effektive, mildere Mittel zur Verfügung, den Angriff abzuwehren, da er sich ersichtlich mit der Hand hätte verteidigen können. Der Stich in den Bauch war damit nicht nach § 32 gerechtfertigt, die Tat ist rechtswidrig.

3. Schuld

Fraglich ist, ob T auch schuldhaft gehandelt hat. T ging irrig davon aus, dass sein Verhalten noch vom Rechtfertigungsgrund der Notwehr erfasst sei. Dieser sog. Erlaubnisirrtum fällt als (indirekter) Verbotsirrtum unter § 17, denn dem T fehlte „die Einsicht, Unrecht zu tun". Da bei einem Jurastudenten jedoch davon auszugehen ist, dass er diesen Irrtum vermeiden konnte, bleibt die Schuld unberührt (§ 17 S. 1). Gemäß § 17 S. 2 i.V.m. § 49 I kann die Strafe aber gemildert werden.

Dieser Fall ist in seiner Einordnung und Behandlung unumstritten.

Denn die „Einsicht, Unrecht zu tun" kann nicht nur fehlen, wenn der Täter aufgrund falscher rechtlicher Wertung eine Verbotsnorm für nicht einschlägig hält. Sie fehlt auch, wenn der Täter irrig sein als generell verbotswidrig erkanntes Verhalten als ausnahmsweise erlaubt ansieht.

Merken Sie sich: Beim Erlaubnisirrtum (= indirekter Verbotsirrtum) geht es wie beim Verbotsirrtum um Fehlvorstellungen hinsichtlich *rechtlicher Wertungen*.

b) Erlaubnistatbestandsirrtum

Erlaubnistatbestandsirrtum: Irrtum über Tatsachen

Der Erlaubnistatbestandsirrtum bezieht sich ebenfalls auf die vermeintliche Rechtfertigung des Täterhandelns. Im Unterschied zum Erlaubnisirrtum stellt sich der Täter hier aber tatsächliche Umstände vor, die ihn – wenn sie tatsächlich vorlägen – rechtfertigen würden.

232

Welche Rechtsfolgen an den Erlaubnistatbestandsirrtum zu knüpfen sind, ist umstritten. Nach der überzeugenden h.M. entfällt die Vorsatzschuld (siehe Rn. 212), wonach dieser Irrtum ein Problem der Prüfungsstufe Schuld darstellt.

hemmer-Methode: Zu achten ist darauf, dass die Problembehandlung in der Klausur nur dann in der „Schuld" zu verorten ist, wenn Sie der strengen Schuldtheorie oder der rechtsfolgenverweisenden Variante der eingeschränkten Schuldtheorie (= h.M.) folgen. Sollten Sie sich hierfür entscheiden, so ist der gewählte Aufbau nicht näher zu begründen. Die verschiedenen Ansichten und entsprechenden Rechtsfolgen können insoweit gebündelt im Rahmen der Schuld dargestellt werden.

Der Meinungsstreit um die Behandlung des Erlaubnistatbestandsirrtums wird anhand des folgenden Beispielsfalls dargestellt, da besonders die Strukturierung der Fallbearbeitung Schwierigkeiten bereitet.

233

Fall

Fall: T befindet sich während einer Geschäftsreise am Rosenmontag in Köln. Der närrische O rennt dort auf den T zu und schwingt dabei einen Schaumgummihammer. O wollte nur an T vorbeirennen, um rechtzeitig zum Karnevalsball zu kommen. T glaubt jedoch, es handele sich um einen echten Hammer aus Metall. Er wehrt sich daher gegen den vermeintlichen Angriff durch einen gezielten Faustschlag ins Gesicht des O. So wie sich die Lage nach seiner Sicht der Dinge darstellte, war dies für ihn die einzige Möglichkeit, der vermeintlich drohenden Verletzung durch den Hammer zu entgehen. Hätte T jedoch genauer hingeschaut, so wäre ihm aufgefallen, dass O ihn gar nicht angreifen wollte. Strafbarkeit des T?

234

Formulierungsbeispiel

I. Strafbarkeit gemäß § 223 I (Körperverletzung)

1. Tatbestand

Das Verhalten des T erfüllt den objektiven und subjektiven Tatbestand der Körperverletzung nach § 223 I.

2. Rechtswidrigkeit

T könnte durch Notwehr (§ 32) gerechtfertigt sein.

a) In § 32 II wird das Vorliegen einer Notwehrlage vorausgesetzt, d.h. es müsste von O ein gegenwärtiger rechtswidriger Angriff auf ein notwehrfähiges Rechtsgut des T ausgegangen sein. O hatte jedoch nicht die Absicht, den T zu verletzen, es lag damit objektiv kein Angriff vor.

b) Damit war der Faustschlag des T nicht gemäß § 32 gerechtfertigt.

3. Schuld

T könnte sich Umstände vorgestellt haben, die – wenn sie vorgelegen hätten – die Voraussetzungen eines Rechtfertigungsgrundes erfüllt hätten. In Betracht kommt hier ein Erlaubnistatbestandsirrtum in Form der Putativnotwehr (= Irrtum über die tatsächlichen Voraussetzungen des Rechtfertigungsgrundes Notwehr), falls der Schlag des T nach seiner Vorstellung gemäß § 32 gerechtfertigt war.

a) Vorliegen eines Erlaubnistatbestandsirrtums

aa) T hatte sich vorgestellt, der O werde ihn sogleich mit einem Hammer aus Metall niederschlagen.

Nach seiner Vorstellung lag daher ein gegenwärtiger rechtswidriger Angriff auf seine Gesundheit, mithin eine Notwehrlage i.S.v. § 32 II, vor.

bb) Nach der Vorstellung des T war seine Notwehrhandlung auch erforderlich i.S.v. § 32 II, denn der Faustschlag war die einzige effektive Möglichkeit, sich zu verteidigen.

cc) T hat sich daher Umstände vorgestellt, bei deren tatsächlichem Vorliegen sein Verhalten durch Notwehr gerechtfertigt gewesen wäre, zumal T auch in Verteidigungsabsicht handelte. Es liegt ein Fall der sog. Putativnotwehr vor.

hemmer-Methode: Häufiger Fehler bei der Behandlung des Erlaubnistatbestandsirrtums ist es, sofort mit dem Theorienstreit zu beginnen. Von einer guten Klausur wird erwartet, zunächst einmal sauber die Vorstellungen des Täters zu subsumieren.
D.h. ausgehend von der Sachlage, die sich der Täter vorgestellt hat, ist zu fragen, ob in dieser Situation die Voraussetzungen für eine Rechtfertigung vorlägen.

b) Umstritten ist, wie der Erlaubnistatbestandsirrtum zu behandeln ist. Eine eindeutige gesetzliche Regelung fehlt.

Vorsatztheorie: nicht vertretbar

aa) Nach der sog. **Vorsatztheorie** gehört das Unrechtsbewusstsein zum Vorsatz, d.h. dem T würde hier der Vorsatz fehlen.

Der Vorsatztheorie wurde jedoch durch die Einführung des § 17 die Grundlage entzogen.

Strenge Schuldtheorie ⇨ § 17

bb) Die sog. **strenge Schuldtheorie** sieht im Erlaubnistatbestandsirrtum einen Verbotsirrtum i.S.v. § 17. Dafür spreche, dass der im Erlaubnistatbestandsirrtum handelnde Täter bewusst und gewollt ein strafrechtlich geschütztes Rechtsgut verletze. Erkennt der Täter, dass er ein Rechtsgut verletzt, so müsse er besonders sorgfältig prüfen, ob er ein Recht dazu hat (Appellfunktion des Tatbestands). Demgegenüber sei derjenige, der gar nicht erkennt, dass er ein Rechtsgut verletzt (d.h. wer sich in einem Irrtum i.S.v. § 16 befindet), in einer anderen Situation. Zudem vermeide man nur über die Anwendung des § 17, d.h. die Bejahung eines Vorsatzdelikts, Strafbarkeitslücken in den Fällen, in denen ein entsprechender Fahrlässigkeitstatbestand gar nicht besteht.

hemmer-Methode: Gemeint ist beispielsweise die Konstellation, in welcher der sich im (vermeidbaren) Erlaubnistatbestandsirrtum befindende Täter eine Sachbeschädigung (§ 303) begeht: Gemäß § 17 bliebe er wegen eines Vorsatzdelikts strafbar (evtl. Strafmilderung wegen § 17 S. 2). Dagegen würde bei Anwendung des § 16 I S. 1 (analog) in diesem Beispiel nicht nur eine Strafbarkeit wegen Vorsatzdelikts (§ 303 wegen § 16 I S. 1) entfallen, sondern – mangels Strafbarkeit einer fahrlässigen Sachbeschädigung – überhaupt keine Strafbarkeit vorliegen.

Gegen § 17: „an sich rechtstreu"

cc) Gegen die strenge Schuldtheorie spricht indes, dass der Täter, der sich in einem Erlaubnistatbestandsirrtum befindet, „an sich rechtstreu" handelt. D.h. die Situation ist eher mit derjenigen des § 16 vergleichbar als mit der Konstellation des § 17.

Denn auch hier hält der Täter infolge falscher Situationsbeurteilung die Verletzung des Rechtsguts für erlaubt, er hat keine falsche Auffassung darüber, was Recht und Unrecht ist. Wie bei § 16 I S. 1 handelt es sich um einen Irrtum über tatsächliche Umstände, nicht über Wertungen. Daher wird heute ganz überwiegend davon ausgegangen, § 16 I S. 1 sei der richtige Ausgangspunkt für die Behandlung des Erlaubnistatbestandsirrtums. Umstritten sind jedoch die Begründungen im Einzelnen:

Lehre von den negativen TB-Merkmalen: Vorsatz (-) über § 16 I S. 1

(1) Die sog. Lehre von den negativen Tatbestandsmerkmalen gelangt zu einer direkten Anwendung des § 16. Denn nach dieser Lehre handelt „vorsätzlich" nur derjenige, der die Kenntnis aller positiven Tatbestandsmerkmale hat (d.h. hinsichtlich des Deliktstatbestands) und zugleich davon ausgeht, dass kein Rechtfertigungsgrund (als negatives Tatbestandsmerkmal) eingreift.

Diese Lehre, die zu einem zweistufigen Deliktsaufbau führt, wird jedoch überwiegend abgelehnt, da sie die wertungsmäßigen Unterschiede zwischen Tatbestand und Rechtswidrigkeit verkennt: Rechtfertigungsgründe stellen nur Eingriffsrechte in Ausnahmesituationen dar.

Eingeschränkte Schuldtheorie: Vorsatzunrecht (-) über § 16 I S. 1 analog

(2) Die eingeschränkte Schuldtheorie gelangt auf der Grundlage eines dreistufigen Deliktsaufbaus zu denselben Ergebnissen wie die Lehre von den negativen Tatbestandsmerkmalen. Nur wendet sie § 16 I S. 1 nicht direkt, sondern analog an mit der Folge, dass das „Vorsatzunrecht" entfällt.

hemmer-Methode: Hierbei handelt es sich nicht um einen Verstoß gegen Art. 103 II GG, denn das Analogieverbot gilt nur zulasten des Täters. Die analoge Anwendung des § 16 I S. 1 geht indessen zum Vorteil des Täters.

Rechtsfolgenverweisende Variante der eingeschränkten Schuldtheorie:

Vorsatzschuld (-) über § 16 I S. 1 analog

Prämisse: Doppelfunktion des Vorsatzes in Tatbestand und Schuld

(3) Die sog. rechtsfolgenverweisende Variante der eingeschränkten Schuldtheorie (h.M.) gelangt wie die beiden letztgenannten Ansichten zu dem Ergebnis, dass T hier nicht wegen eines Vorsatzdelikts bestraft werden kann (Rechtsfolge des § 16 I S. 1).

Dies sei allerdings nicht schon auf der Ebene des Unrechts relevant, sondern eine Frage der Schuld. Diese Ansicht geht damit von einer Doppelfunktion des Vorsatzes aus:

Der Vorsatz als Schuldform (Vorsatzschuld) kennzeichne den Gesinnungsunwert, den der Täter mit seiner vorsätzlichen Tatbestandsverwirklichung zum Ausdruck bringe. Da T „an sich rechtstreu" handelte, fehlt diese, ja keine fehlerhafte Einstellung zu den Verhaltensanforderungen der Rechtsordnung an den Tag legte.

Die rechtsfolgenverweisende Variante der eingeschränkten Schuldtheorie ist vorzugswürdig, da nur sie Strafbarkeitslücken beispielsweise im Bereich der Teilnahme vermeidet, indem sie das Problem des Erlaubnistatbestandsirrtums im Rahmen der Schuld einordnet. Denn beim Ausschluss der Vorsatzschuld bleibt eine vorsätzliche und rechtswidrige, mithin teilnahmefähige Haupttat bestehen. Der Täter wird nur hinsichtlich der Rechtsfolge so gestellt, als wäre er einem Tatumstandsirrtum i.S.d. § 16 I S. 1 unterlegen.

hemmer-Methode: Zum Verständnis dieser praktisch kaum relevanten Strafbarkeitslücken sei folgender Fall angedeutet: X schlägt in der irrigen Annahme, von O angegriffen zu werden, auf diesen ein. T, der die Situation durchschaut, reicht dem X einen Stock, weil er sich freut, dass O Prügel bezieht. X ist hier nach allen drei letztgenannten Ansichten nicht wegen einer vorsätzlichen Körperverletzung (§ 223) strafbar, vgl. § 16 I S. 1. Für ihn käme jedoch eine Strafbarkeit wegen fahrlässiger Körperverletzung in Betracht (§ 229, vgl. § 16 I S. 2). Unterschiede ergeben sich hinsichtlich des T: Nur die rechtsfolgenverweisende Variante der eingeschränkten Schuldtheorie kann problemlos begründen, dass X eine „vorsätzliche und rechtswidrige Haupttat" begangen hat. T kann damit wegen Beihilfe zur Körperverletzung bestraft werden, vgl. § 27. Die beiden anderen Ansichten haben Schwierigkeiten, T zu bestrafen, da sie konsequenterweise das Vorliegen einer vorsätzlichen Haupttat verneinen müssten.

c) Daher ist im Fall davon auszugehen, dass – in entsprechender Anwendung der Rechtsfolgen des § 16 I S. 1 – die Vorsatzschuld des T entfällt.

244

4. Ergebnis: T ist nicht wegen einer vorsätzlichen Körperverletzung strafbar.

II. Strafbarkeit des T gemäß § 229 (fahrlässige Körperverletzung)

1. Tatbestand

245

Im Fall hat T den Erfolg des § 229 durch seine Handlung kausal herbeigeführt. Dabei handelte er auch objektiv sorgfaltspflichtwidrig, denn er hätte nur genauer hinschauen müssen, um zu erkennen, dass O ihn gar nicht angreifen wollte. Die Verletzung des O ist dem T auch objektiv zurechenbar, der Tatbestand des § 229 ist daher erfüllt.

2. T handelte auch rechtswidrig.

3. Schuld

T handelte schuldhaft, insbesondere war die tatsächliche Sachlage für ihn auch subjektiv erkennbar und sein Irrtum daher vermeidbar (Fahrlässigkeitsschuldvorwurf).

III. Ergebnis: T hat sich aufgrund seines Verhaltens wegen fahrlässiger Körperverletzung strafbar gemacht.

hemmer-Methode: Die Behandlung des Erlaubnistatbestandsirrtums gehört mit zu den schwierigsten Problemen des AT, so dass Sie nicht frustriert sein müssen, wenn Sie nicht alles beim ersten Mal verstanden haben!
Sie sollten darauf achten, dass nicht in jeder Klausur eine so ausführliche Darstellung der verschiedenen Theorien angebracht ist. Der Umfang der Darstellung hängt davon ab, wie viele andere Probleme es noch zu erörtern gibt.

246

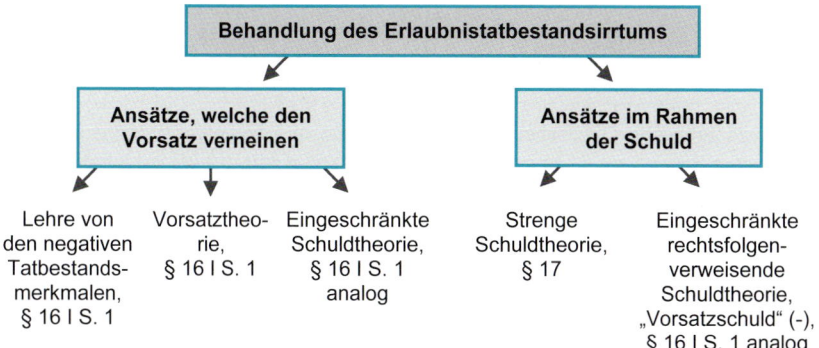

c) Doppelirrtum

Doppelirrtum

Denkbar ist auch die Konstellation, dass der Täter sowohl über die tatsächlichen Voraussetzungen eines Rechtfertigungsgrundes als auch über dessen Umfang irrt.

Bsp.: *T nimmt irrig an, ihr Sohn O habe ihr 10 € gestohlen. Darauf schlägt diese ihn in der Meinung brutal zusammen, als Elternteil dürfe man die Kinder „unbegrenzt züchtigen, wenn sie etwas ausgefressen haben".*

Da der Sohn O gar kein Geld gestohlen hat, irrt sie sich über die Voraussetzungen eines von der Rechtsordnung anerkannten Rechtfertigungsgrundes. Bei der - objektiv ohnehin nicht gerechtfertigten - Züchtigung überschreitet sie zudem noch die Grenzen des Züchtigungsrechts.

Nach ganz h.M. ist diese Fallkonstellation allein über die Anwendung des § 17 zu lösen. Denn die Tatsache, dass der Täter über seinen Bewertungsirrtum hinaus auch den zugrunde liegenden Lebenssachverhalt verkannt hat, kann diesen nicht begünstigen. Dogmatisch sind in einer solchen Konstellation die Voraussetzungen für den Erlaubnistatbestandsirrtum zu verneinen: Denn wenn der von T vorgestellte Sachverhalt tatsächlich vorliegen würde, wäre T gleichwohl nicht gerechtfertigt. Dies ist aber Voraussetzung für die Bejahung eines Erlaubnistatbestandsirrtums.

Die Struktur von Tatbestands-, Erlaubnistatbestands-, Verbots- und Erlaubnisirrtum lässt sich demnach wie folgt darstellen:

Irrtum über tatsächliche Begebenheiten	Irrtum über rechtliche Wertungen
bezogen auf den Tatbestand: Tatbestandsirrtum, § 16 I S. 1	bezogen auf die generelle Strafbarkeit eines Verhaltens: Verbotsirrtum, § 17
„Umgekehrter Irrtum": untauglicher Versuch	„Umgekehrter Irrtum": strafloses Wahndelikt
bei Rechtfertigungsgründen: Erlaubnistatbestandsirrtum, § 16 I S. 1 analog; Vorsatzschuld (-)	bei Rechtfertigungsgründen: Erlaubnisirrtum, § 17

Doppelirrtum:
(im tatsächlichen sowie im rechtlichen Bereich) Behandlung nur nach § 17

d) Irrige Annahme der Voraussetzungen des § 35 I, § 35 II

Irrtumskonstellation des § 35 II

§ 35 II regelt den Irrtum des Täters über Umstände, die ihn nach § 35 I entschuldigen würden. § 35 II ist somit ebenfalls wie der Tatbestands- und Erlaubnistatbestandsirrtum ein Sachverhaltsirrtum. Der Irrtum führt zum Schuldausschluss, wenn er unvermeidbar war (§ 35 II S. 1), und zur obligatorischen Milderung nach § 49 I bei Vermeidbarkeit des Irrtums (§ 35 II S. 2). Insofern ähnelt § 35 II der Rechtsfolge des § 17.[21]

> *Bsp.: Der Schiffbrüchige T, der O von der Planke schubst, ohne zu erkennen, dass das rettende Schiff bereits in Sichtweite ist, kann also nur bestraft werden, wenn der Irrtum vermeidbar war. Selbst dann wird die Strafe aber obligatorisch gemildert (§ 35 II S. 2).*

hemmer-Methode: Auf die übrigen Entschuldigungsgründe, also dann, wenn der Täter über das Vorliegen der Voraussetzungen eines anerkannten Entschuldigungsgrundes irrt, ist nach h.M. § 35 II entsprechend anzuwenden (§ 35 II analog).

Demgegenüber ist aber der Irrtum über das Bestehen oder die rechtlichen Grenzen eines Entschuldigungsgrundes nach allgemeiner Ansicht bedeutungslos, da allein die Rechtsordnung entscheiden muss, wann sie von einer Erhebung eines Schuldvorwurfs absehen will.

---

[21] Bei § 17 führt allerdings ein vermeidbarer Irrtum „nur" zur möglichen Strafmilderung gemäß § 49, vgl. den Wortlaut „kann".

Bsp.: Wenn der schiffbrüchige A glaubt, er dürfe Schicksalsgenossen auch opfern, um sein wertvolles Gepäck zu retten, so ist der Irrtum unbeachtlich.

D. Strafausschließungsgründe, Strafaufhebungsgründe, Prozessvoraussetzungen

Strafzumessungsebene

Strafausschließungs- und Strafaufhebungsgründe sowie Prozessvoraussetzungen sind nach der Schuld zu prüfen, sofern sich im Sachverhalt dazu ein Anhaltspunkt findet.

250

Bei Vorliegen eines Bestrafungshindernisses im Tatzeitpunkt spricht man von einem *Strafausschließungsgrund*, bei dessen Eintreten nach Tatbegehung von einem *Strafaufhebungsgrund*.

Persönliche Strafausschließungsgründe

Persönliche **Strafausschließungsgründe** sind z.B. das Angehörigenprivileg bei der Strafvereitelung (§ 258 VI).

Strafaufhebungsgründe

Die **Strafaufhebungsgründe** beseitigen die Strafbarkeit rückwirkend. Am wichtigsten ist hier der Rücktritt vom Versuch.

Strafverfolgungsvoraussetzungen

Bei den **Prozess- und Strafverfolgungsvoraussetzungen** sind der Strafantrag (§§ 77 ff.) sowie die Verjährung (§§ 78-78c) relevant.

Im Falle eines Antragsdelikts (z.B. §§ 185 ff., vgl. § 194) wird die Straftat nur verfolgt, wenn ein Strafantrag gestellt wurde. Dieser ist also Prozessvoraussetzung. Ob ein Antragsdelikt vorliegt, ist dem jeweiligen Straftatbestand zu entnehmen. Antragsberechtigt ist grundsätzlich der Verletzte nach § 77 I bzw. dessen gesetzlicher Vertreter nach § 77 III.

hemmer-Methode: In der Klausur sollte ein Hinweis auf das Antragserfordernis nicht fehlen, wenn die Straftat nur auf Antrag verfolgt wird.

Verjährung im Strafrecht

Die Verjährung nach den §§ 78 ff. stellt ein Strafverfolgungshindernis dar. Die Verjährungsfristen richten sich gemäß § 78 III nach dem Höchstmaß der in den Straftatbeständen abstrakt angedrohten Strafen. Nach § 78 II verjährt Mord (§ 211) nicht.

§ 4 Der Versuch

A. Einführung

Einführung

Das Versuchsdelikt ist schon in den Anfängerklausuren von erheblicher Relevanz. Deswegen sollten Sie sich mit dem Strafgrund und – für die Klausursituation besonders wichtig – mit dem Prüfungsaufbau vertraut machen.

251

I. Verwirklichungsstufen des Vorsatzdelikts

Verwirklichungsstufen

Zum Verständnis der Versuchsstrafbarkeit ist es hilfreich, sich die einzelnen Verwirklichungsstufen einer Vorsatztat zu vergegenwärtigen.

252

Verwirklichungsstufen einer Tat

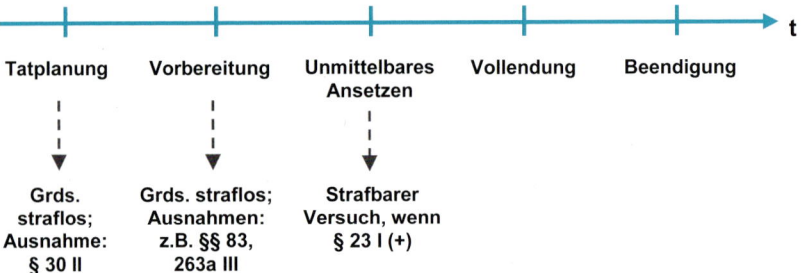

Bsp.: T hegt schon seit längerer Zeit Groll gegen seinen Nebenbuhler O. Eines Tages fasst T deshalb den Entschluss, O zu töten. In den darauffolgenden Tagen macht er sich darüber Gedanken, wie er diesen am besten umsetzen könne und plant sodann, sich eine Schusswaffe zu besorgen und O damit zu erschießen. Diese Vorbereitungen getätigt, sucht T den O auf, richtet die Waffe auf ihn und drückt ab, verfehlt ihn jedoch. O bleibt am Leben. Strafbarkeit des T nach dem StGB?

Entschlussfassung/Planung

Entschlussfassung und Planung werden strafrechtlich grundsätzlich nicht erfasst. Ausnahme ist die Verbrechensverabredung gem. § 30 II. Deren Strafwürdigkeit erklärt sich aus ihrer besonderen Gefährlichkeit. Denn bei einer konspirativen Willensbildung geht bereits von Entschluss und Planung insofern eine Rechtsgutsbedrohung aus, als die Umsetzung der verabredeten Rechtsgutsbeeinträchtigung nicht durch einen Einzelentschluss zurückgerufen werden kann.

Vorbereitung	Auch **Vorbereitungshandlungen** sind nur in Ausnahmefällen zum Schutz überragender Rechtsgüter strafbewehrt (z.B. §§ 83, 263a III).	
	Im obigen Fall ist also das Verhalten des T, sich eine Schusswaffe zu besorgen, nach dem StGB noch irrelevant.[22]	
Die „Versuchsschwelle" als Grenze zwischen straflosem und strafbarem Verhalten	Mit der **Überschreitung der „Versuchsschwelle"** ist die Strafbarkeit eines Verhaltens nach Maßgabe des **§ 23 I** eröffnet.	253
	Wann ein Verhalten in das Stadium des strafbaren Versuchs der Deliktsverwirklichung eintritt, bestimmt § 22: „Eine Straftat versucht, wer nach seiner Vorstellung von der Tat zur Verwirklichung des Tatbestands unmittelbar ansetzt."	
	Im Beispielsfall überschreitet T die Schwelle zum Versuch zu dem Zeitpunkt, als er auf den O zielt, um sogleich den Abzug der Schusswaffe zu betätigen. Ab diesem Moment erfährt sein Verhalten strafrechtliche Relevanz.	
	Das sog. unmittelbare Ansetzen ist somit konstitutiv für eine Strafbarkeit.	
Vollendung	Mündet das Täterverhalten in die Verwirklichung sämtlicher gesetzlicher Tatbestandsmerkmale, so ist die Straftat ***vollendet***.	254
Versuch als notwendiges Durchgangsstadium des vollendeten Delikts	Der Versuch ist notwendiges Durchgangsstadium der Deliktsverwirklichung. Denn der Versuch ist das *subjektiv auf Vollendung gerichtete und auch begonnene*, aber *objektiv nicht vollständig verwirklichte Delikt*. Die Versuchsstrafbarkeit tritt daher im Wege der Subsidiarität hinter die Vollendungsstrafbarkeit zurück.	
	Angenommen, T wäre ein besserer Schütze und träfe den O tödlich, so wäre T gemäß § 212 I wegen *vollendeten* Totschlags zu bestrafen. Im Beispiel verfehlt die Kugel jedoch den O. Mangels Verwirklichung des tatbestandlichen Erfolgs des § 212 ist die Tat des T im Versuchsstadium „steckengeblieben". Daher wird seine Strafbarkeit nach §§ 212 I, 22, 23 I geprüft.	
Beendigung	Von der *formellen* Vollendung zu unterscheiden ist die *materielle* **Beendigung** einer Straftat. Diese ist gegeben, wenn das Tatgeschehen über die Tatbestandsverwirklichung hinaus seinen tatsächlichen Abschluss gefunden hat.	255

---

[22] Zu denken wäre allerdings an eine Strafbarkeit nach dem Waffengesetz.

Beispielsweise ist der Diebstahl mit Gewahrsamserlangung an einer Sache durch die Wegnahme vollendet, aber erst mit der Sicherung des Gewahrsams („Beutesicherung") tatsächlich beendet.

hemmer-Methode: Eine zeitliche Differenzierung zwischen Vollendung und Beendigung ist vor allem bei Vermögensdelikten denkbar. Bei vielen Delikten fallen Vollendung und Beendigung jedoch denknotwendig zeitlich zusammen, etwa beim Totschlag oder der Körperverletzung.

II. Strafgrund und Strafrahmen des Versuchs

In dem einführenden Beispielsfall ist „eigentlich" nichts passiert. Jedenfalls ist der tatbestandsmäßige Erfolg nicht eingetreten. Dennoch ist T wegen versuchten Totschlags (§§ 212, 22, 23 I) zu bestrafen.

256

Dasselbe würde gelten, wenn die Waffe des T – entgegen seiner Vorstellung – noch nicht einmal geladen gewesen wäre. Dann wäre das Leben des O also zu keiner Zeit bedroht gewesen.

Strafgrund des Versuchs

Der Strafgrund des Versuchs leitet sich nach der herrschenden **gemischt subjektiv-objektiven Theorie** aus der Betätigung der rechtsfeindlichen Gesinnung des Täters und dem rechtserschütternden Eindruck ab, den diese in der Außenwelt bewirkt und der zur Beeinträchtigung des Rechtsbewusstseins und zur Gefährdung des Rechtsfriedens geeignet ist.

Diese Formel ergänzt die rein subjektive Theorie der Rechtsprechung (Betätigung rechtsfeindlicher Gesinnung) um ein objektives Element, nämlich dasjenige der Entstehung eines rechtserschütternden Eindrucks (Eindruckstheorie) und entzieht sich somit der Kritik, Versuchsstrafbarkeit sei reine Gesinnungsstrafbarkeit, welche es in einem Rechtsstaat nicht geben darf („Die Gedanken sind frei!").

Maßgabe des § 23 I

Beachten Sie: Strafbar ist nicht der Versuch eines jeden Delikts, sondern nur nach Maßgabe des § 23 I.

Strafrahmen

Der Strafrahmen entspricht bei der versuchten Tat demjenigen der Vollendungsstrafbarkeit, wie sich im Umkehrschluss aus § 23 II ergibt. Das Gericht *kann* gemäß § 23 II den Versuch milder bestrafen als die vollendete Tat (fakultativer Strafmilderungsgrund). Gemäß § 49 I werden dann entsprechend das Höchst- und das Mindestmaß des abstrakten Strafrahmens verschoben.

III. Anforderungen an einen strafwürdigen Versuch

Qualitative Anforderungen an strafbares Versuchsverhalten

Mit dem Strafgrund des Versuchs hängt eng zusammen, welche Anforderungen in qualitativer Hinsicht an ein Verhalten zu stellen sind, das eine Versuchsstrafbarkeit begründet. So kann ein objektiv untaugliches Vorhaben den Tatbestand des strafbaren Versuchs erfüllen. Von der Versuchsstrafbarkeit auszunehmen ist im Hinblick auf den Strafgrund aber der abergläubische bzw. irreale Versuch. Siehe dazu Rn. 266 ff.

257

IV. Überblick über die Auswirkungen der Besonderheiten des versuchten Delikts auf den Prüfungsaufbau

Angesichts der Nichtvollendung ergeben sich für den Prüfungsaufbau der Strafbarkeit wegen versuchten Delikts konsequenterweise grundlegende Modifikationen, die im Folgenden erläutert werden.

258

Vorprüfung

Da jeder Vollendung ein Versuchsstadium vorausgeht, ergibt sich zwingend, dass die Versuchsstrafbarkeit hinter eine Strafbarkeit wegen des vollendeten Delikts zurücktritt.

Deshalb ist in einer **Vorprüfung** zunächst festzustellen, dass **keine Strafbarkeit wegen Vollendung** vorliegt. Im Rahmen der Vorprüfung wird zudem festgestellt, dass der **Versuch nach Maßgabe des § 23 I strafbar** ist.

Umgekehrte Prüfungsfolge innerhalb der Tatbestandsmäßigkeit

Die Besonderheiten des Versuchs wirken sich entscheidend i.R.d. **Tatbestandsmäßigkeit** aus. Da es im Fall der Versuchsstrafbarkeit zumindest an der Verwirklichung eines objektiven Tatbestandsmerkmals fehlt (= keine Vollendung), wäre es widersinnig, die Prüfung mit dem Punkt „objektive Tatbestandsmäßigkeit" zu beginnen. Deshalb gilt eine umgekehrte Prüfungsreihenfolge innerhalb der Tatbestandsmäßigkeit.

Tatentschluss = subjektiver Tatbestand

Zu beginnen ist mit dem subjektiven Tatbestand, denn Anknüpfungspunkt der Tatbestandsmäßigkeit einer nicht vollendeten Tat kann nur sein, was der Täter erreichen wollte, nicht, was er erreicht hat. Gegenstand des *subjektiven Versuchstatbestands* ist der **Tatentschluss** hinsichtlich der Verwirklichung eines Delikts.

Unmittelbares Ansetzen = „objektiver" Tatbestand

Im Anschluss an die Bejahung des Tatentschlusses folgt die Prüfung des **unmittelbaren Ansetzens** zur Tatbegehung gem. § 22. Es wird hier also nicht wie bei der vollendeten Vorsatztat nach der Verwirklichung objektiver Tatbestandsmerkmale gefragt, sondern danach, *ob der Täter die von ihm gewollte Tat begonnen hat.*

hemmer-Methode: Das unmittelbare Ansetzen wird häufig als „objektiver" Tatbestand im Versuchsaufbau bezeichnet. Beachten Sie aber, dass bei der Frage des unmittelbaren Ansetzens zwar objektiv ausgelegt wird, aber trotzdem stets dabei die Vorstellung des Täters bezüglich des Sachverhalts zugrunde zu legen ist.[23] Insoweit ist die Begrifflichkeit „objektiv" etwas missverständlich und wird hier deshalb in Anführungszeichen gesetzt.

Rechtswidrigkeit, Schuld

Innerhalb der Punkte **Rechtswidrigkeit** und **Schuld** gelten keine Besonderheiten im Vergleich zum Vollendungsdelikt.

Strafbefreiender Rücktritt

Nach Bejahung der Schuld ist stets der besondere Strafbefreiungsgrund des **Rücktritts vom Versuch** anzuprüfen.

B. Die Versuchsstrafbarkeit

Prüfungsschema Versuch

Prüfungsschema Versuch   259

I. Vorprüfung
   1. Keine Vollendung
   2. Strafbarkeit des Versuchs, § 23 I

II. Tatbestand
   1. Subjektiver Tatbestand: Tatentschluss
      a. Vorsatz bzgl. bestimmter Tat endgültig gefasst
      b. Sonstige subjektive Tatbestandsmerkmale
   2. „Objektiver" Tatbestand: Unmittelbares Ansetzen zur Tatbestandsverwirklichung, § 22
   3. Objektive Strafbarkeitsbedingungen

III. Rechtswidrigkeit

IV. Schuld

V. Strafaufhebungsgründe, Absehen von Strafe,
   insbesondere strafbefreiender Rücktritt, § 24

Anmerkung: Die folgende Darstellung konzentriert sich auf den Versuch des Begehungsdelikts durch den Einzeltäter. Bei Unterlassungsdelikten und erfolgsqualifizierten Delikten sowie bei anderen Beteiligungsformen gelten einzelne Besonderheiten hinsichtlich der Begründung der Versuchsstrafbarkeit. Auf diese wird im jeweiligen Kapitel gesondert hingewiesen.

---

[23] Siehe dazu sogleich, Rn. 271 ff.

I. Vorprüfung

Eine Strafbarkeit wegen versuchten Delikts kommt nur in Betracht, wenn keine Strafbarkeit wegen Vollendung vorliegt und der Versuch nach Maßgabe des § 23 I strafbar ist. Beides ist in einer „Vorprüfung" festzustellen.

1. Keine Strafbarkeit wegen Vollendung

Keine Vollendung

Das Delikt ist nicht vollendet, wenn der objektive Tatbestand nicht vollständig verwirklicht wurde. Keine Vollendung liegt daher vor, wenn es an der Verwirklichung eines gesetzlichen Tatbestandsmerkmals einschließlich Kausalität und objektiver Zurechnung (bei Erfolgsdelikten) fehlt. Einen Sonderfall stellt der umgekehrte Erlaubnistatbestandsirrtum dar, vgl. Rn. 176 ff.

Klausurtipp

hemmer-Methode: In der Klausur bietet es sich an, in Fällen, in denen die Nichtvollendung nicht auf der Hand liegt, zunächst das vollendete Delikt zu prüfen. Nach Ablehnung der objektiven Tatbestandsmäßigkeit ist der Versuch zu prüfen, wobei dann innerhalb des Vorprüfungspunktes „keine Vollendung" nach oben verwiesen werden kann.

2. Strafbarkeit des Versuchs, § 23 I

Regelung des § 23 I

Gemäß § 23 I ist der Versuch eines Verbrechens stets strafbar, der eines Vergehens nur dann, wenn dies im Strafgesetz ausdrücklich bestimmt ist.

Die Begriffe Verbrechen und Vergehen sind in § 12 definiert. Siehe auch Rn. 25.

Bsp. § 212 I: *Beim Totschlag handelt es sich um ein Verbrechen i.S.d. § 12 I, weil dieser Tatbestand im Mindestmaß mit Freiheitsstrafe von einem Jahr bedroht ist. Der Versuch des § 212 I ist daher gemäß § 23 I Alt. 1 i.V.m. § 12 I strafbar.*

Bsp. § 223 I: *Bei der Körperverletzung handelt es sich um ein Vergehen, da sie im Mindestmaß mit geringerer Freiheitsstrafe als einem Jahr bzw. Geldstrafe bedroht ist (§ 12 II). Die Versuchsstrafbarkeit ist aber in § 223 II ausdrücklich bestimmt, § 23 I Alt. 2.*

II. Tatbestandsmäßigkeit

1. Subjektiver Tatbestand: Tatentschluss

Der unbedingte Tatentschluss im Hinblick auf die Verwirklichung eines bestimmten Delikts bezeichnet den subjektiven Versuchstatbestand.

a) Inhalt und Umfang des Tatentschlusses

Tatentschluss

Tatentschluss liegt vor, wenn der Täter Vorsatz bzgl. aller objektiven Tatbestandsmerkmale hat und ggf. deliktsspezifische subjektive Tatbestandsmerkmale aufweist.

> *Bsp.:* T dringt in die Wohnung des O ein und möchte dessen Kühlschrank stehlen. Er versucht, diesen aus der Wohnung zu schleppen, merkt aber, dass er nicht stark genug ist. Tatentschluss bzgl. § 242 I?
>
> T wollte den Kühlschrank entwenden. Dabei wusste er auch, dass dieser im Eigentum des O stand und damit für ihn „fremd" war. Er richtete seinen Vorsatz somit auf die Wegnahme einer fremden beweglichen Sache (= obj. Tatbestand des § 242 I).
>
> Er hatte ferner die Absicht, sich die Sache rechtswidrig zuzueignen (= besonderes subjektives Tatbestandsmerkmal). Er hatte somit Tatentschluss zur Verwirklichung des Diebstahlstatbestands.

Ebenso wie beim vollendeten vorsätzlichen Begehungsdelikt schließt ein Tatbestandsirrtum, also ein Irrtum über das Vorliegen eines objektiven Tatbestandsmerkmals, den Tatentschluss aus (§ 16 I S. 1).

Unbedingter Tatentschluss

Ferner muss der Täter zur Tatbegehung unbedingt und endgültig entschlossen sein. Eine bloße Tatgeneigtheit reicht für den **unbedingten Tatentschluss** nicht aus. Mehr als Tatgeneigtheit ist dann gegeben, wenn die Entscheidung über das „Ob" schon gefallen ist, und lediglich das „Wie" noch nicht feststeht.

b) Untauglicher Versuch und Wahndelikt

Die Verwirklichung des Versuchstatbestands ist ausweislich des § 22 durch die subjektive Täterperspektive geprägt. Dies führt zur grundsätzlichen Strafbarkeit, auch wenn das vom Täter intendierte Vorhaben objektiv zur Tatbestands*verwirklichung* ungeeignet ist.

Im Folgenden werden verschiedene Formen des untauglichen Versuchs und ihre Strafbarkeit sowie die Abgrenzung zum straflosen Wahndelikt erläutert.

aa) Untauglicher Versuch: strafbar

Untauglicher Versuch

Da im Tatentschluss auf die subjektive Tätervorstellung abgestellt wird und nicht auf die Realität, kann es auch einen strafbaren sog. untauglichen Versuch geben. Dies ergibt sich aus der Formulierung des § 22, wonach das unmittelbare Ansetzen „nach seiner Vorstellung", also nach Vorstellung des Täters zu beurteilen ist.

Ein untauglicher Versuch ist dann gegeben, wenn die Tat entgegen der Tätervorstellung aufgrund der **Untauglichkeit** des **Tatsubjekts**, des **Tatobjekts** oder des **Tatmittels** rechtlich oder tatsächlich nicht zur Verwirklichung des objektiven Tatbestands führen *konnte*. Dem Täter kann also ein Irrtum über tatsächliche Tatumstände zum Nachteil gereichen.

> *Bsp. (untaugliches Tatsubjekt): Der Täter versucht die Begehung eines echten Amtsdelikts, wobei er die Nichtigkeit seiner Beamtenernennung nicht kennt.*
>
> *Bsp. (untaugliches Tatobjekt): Der Täter schießt auf einen bereits toten Menschen, weil er denkt, dieser sei noch am Leben.*
>
> *Bsp. (untaugliches Tatmittel): Der Täter schießt auf sein Opfer, wobei er nicht weiß, dass die Pistole nicht geladen ist.*

bb) Grob unverständiger Versuch: strafbar, fakultative Strafmilderung nach § 23 III

Unterfall 1: grob unverständiger Versuch

Gemäß § 23 III *kann* das Gericht bei einem untauglichen Versuch ganz von Strafe absehen oder die Strafe nach § 49 II mildern, wenn der Täter **aus grobem Unverstand** verkannt hat, dass die Tat wegen Untauglichkeit des Objekts oder des Mittels überhaupt nicht zur Vollendung führen konnte. Angewendet wird die Vorschrift auch bei der Untauglichkeit des Subjekts.

Grober Unverstand liegt vor, wenn der Täter völlig abwegige Vorstellungen von gemeinhin bekannten Ursachenzusammenhängen besitzt.[24]

Bsp.: T nimmt an, mit einer Schreckschusspistole ein Flugzeug abschießen zu können und legt auf dieses an.

cc) Abergläubischer bzw. irrealer Versuch: straflos

Unterfall 2: abergläubischer bzw. irrealer Versuch

Eine Ausnahme von der grundsätzlichen Strafbarkeit des untauglichen Versuchs gilt beim sog. **abergläubischen bzw. irrealen Versuch.** Ein solcher liegt vor, wenn der Täter mit irrealen, außerhalb des menschlichen Beherrschungsvermögens liegenden Mitteln wie Zauberei, Teufelsanbetung etc. den Erfolg herbeiführen will.

269

Selbst wenn der erstrebte Erfolg einträte, würde es nach derzeitigen Erkenntnissen der Wissenschaft an der Kausalität fehlen. Jedoch lässt dies den Tatentschluss strenggenommen unberührt, weil der Täter gerade an den Ursachenzusammenhang glaubt. Jedoch greift hier der Strafgrund des Versuchs nicht, weil ein solch abweigiges Verhalten keine rechtserschütternde Wirkung in der Außenwelt hinterlässt (vgl. dazu Rn. 256).

Die Straflosigkeit wird daher dogmatisch auf zwei Wegen begründet:

⇨ Eine Ansicht nimmt den abergläubischen bzw. irrealen Versuch als eigenständige, vom Strafzweck nicht erfasste Kategorie vom Anwendungsbereich der Versuchsstrafbarkeit aus.

⇨ Die zweite Ansicht behandelt ihn als Fall des grob unverständigen Versuchs, bei dem aber gemäß § 23 III ein Absehen von Strafe obligatorisch ist.

Für letztere spricht, dass eine eindeutige Abgrenzung des abergläubischen bzw. irrealen vom grob unverständigen Versuch nicht möglich und eine unterschiedliche rechtliche Behandlung daher nicht gerechtfertigt ist, bei derart gravierender Verkennung von Wirkungszusammenhängen aber das Strafbedürfnis fehlt.

---

[24] Vergleichen Sie zu diesem Problemkreis **Fall 21 aus „Die 34 wichtigsten Fälle zum Strafrecht AT".**

dd) Abgrenzung untauglicher Versuch - strafloses Wahndelikt

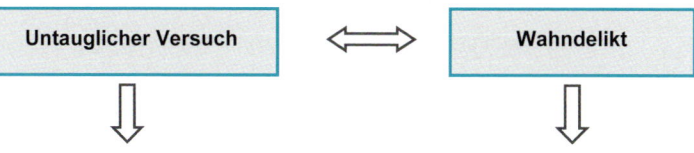

Untauglicher Versuch	⇔	Wahndelikt
⇓		⇓
Sachverhaltsirrtum bezogen auf Tatbestandsmerkmale zu Lasten des Täters (= umgekehrter Tatbestandsirrtum)		Bewertungsirrtum bezogen auf Tatbestands-, Rechtwidrigkeits- oder Schuldmerkmale zu Lasten des Täters (= umgekehrter Verbotsirrtum)

Abgrenzung untauglicher Versuch - Wahndelikt

Vom grundsätzlich *strafbaren* untauglichen Versuch ist das *straflose Wahndelikt* zu unterscheiden. Beim untauglichen Versuch hält der Täter ein in der Realität nicht vorliegendes Merkmal des objektiven Tatbestands eines Delikts irrig für gegeben (umgekehrter Tatbestandsirrtum).

270

Beim Wahndelikt nimmt der Täter irrig an, sein in tatsächlicher Hinsicht richtig erkanntes Verhalten erfülle einen Straftatbestand, der nur in seiner Einbildung existiert oder die er infolge falscher Auslegung zu seinen Ungunsten überdehnt (umgekehrter Verbots-, Subsumtions- oder Erlaubnisirrtum).

Die Straflosigkeit folgt aus Art. 103 II GG: Wenn ein Deliktstatbestand gar nicht existiert, so kann ein Täter auch nicht wegen Versuchs bestraft werden, wenn er einen solchen nicht existierenden Tatbestand meint zu verwirklichen.

Bsp.: T nimmt an, sein Verhalten (homosexuelle Liebe, Ehebruch) verstoße gegen Strafvorschriften.

Da es entsprechende Strafvorschriften in Wirklichkeit nicht gibt, kann T seinen Vorsatz auch nicht auf die Verwirklichung richten. Es fehlt also an einem strafrechtlich relevanten Tatentschluss.

2. Objektiver Tatbestand: Unmittelbares Ansetzen, § 22

Unmittelbares Ansetzen, § 22

Das **unmittelbare Ansetzen** zur Verwirklichung des Tatbestands stellt den „objektiven" Tatbestand des Versuchs dar.

271

Schnittstelle zwischen Straflosigkeit und Strafbarkeit

Über das Kriterium des unmittelbaren Ansetzens findet damit die Abgrenzung zwischen der grundsätzlich straflosen Vorbereitungshandlung und dem strafbaren Versuch statt:

Eine Straftat versucht, wer nach seiner Vorstellung von der Tat zur Verwirklichung des Tatbestands unmittelbar ansetzt (§ 22).

a) Bestimmung des unmittelbaren Ansetzens

Ausgehend von der sog. „Ansatzformel" des § 22 ist der Versuchsbeginn durch zwei Faktoren gekennzeichnet:

⇨ Subjektive Bewertungsgrundlage
⇨ Ansetzen zur Tatbestandsverwirklichung

Kombinationsansatz

Rspr. und h.L. kombinieren hinsichtlich der Abgrenzung Vorbereitung – Versuch objektive und subjektive Elemente.

Allgemeine Ansatzformel der gemischt subjektiv-objektiven Theorie

Der Täter muss subjektiv die Schwelle zum „Jetzt geht`s los" überschreiten und nach seiner Vorstellung zur Tatbestandsverwirklichung ansetzen (sog. **„gemischt subjektiv-objektive Theorie"**).

aa) Subjektive Bewertungsgrundlage

Subj. Element der Überschreitung der Versuchsschwelle:

Der Versuchsbeginn ist somit zunächst durch ein subjektives Element gekennzeichnet.

Jetzt-geht`s-los

Der Täter muss innerlich davon ausgehen, dass er auf Grundlage seines Tatplans „jetzt" zur Tatbestandsverwirklichung ansetzt, mit den Worten der Rechtsprechung die Schwelle zum „Jetzt-geht`s-los" überschritten habe.

Subjektive Bewertungsgrundlage

Zur Ermittlung der subjektiven Bewertungsgrundlage sind ausschließlich der individuelle Tatplan und die Sicht des Täters von der äußeren Tatsachenlage ausschlaggebend. Bei bereits objektiv bestehender Gefahr für das geschützte Rechtsgut kann somit ein Versuch noch zu verneinen sein. Umgekehrt kann das unmittelbare Ansetzen bejaht werden, wenn objektiv keine Rechtsgutsgefährdung vorliegt. Entscheidend ist allein das Vorstellungsbild des Täters.

Bsp.: Der Räuber T läutet mit gezogener Schusswaffe an der Tür des O. T ist sich der Anwesenheit des O sicher und geht davon aus, dieser werde sogleich die Tür öffnen und in die Mündung der Waffe blicken. O ist jedoch nicht zu Hause. Zu der Raubtat kommt es somit nicht.

Nach der Vorstellung des T – und nur auf diese kommt es an – sollte die Bedrohung i.S.v. § 249 I unmittelbar mit dem Öffnen der Tür stattfinden. Aus seiner Sicht stehen also zwischen seinem Verhalten und der Verwirklichung des Delikts keine wesentlichen Zwischenschritte.

bb) „Objektives" Ansetzen

Objektives Verhalten des Ansetzens

Ferner muss sich die subjektive Überschreitung der Versuchsschwelle in einem äußerlichen Verhalten manifestieren, da Anknüpfungspunkt einer Strafbarkeit nicht ein rein innerlicher Vorgang sein kann.

276

Das tatsächliche Ansetzen wird dabei nicht gänzlich objektiv beurteilt, da *weiterhin das Vorstellungsbild des Täters von der Tatbegehung zugrunde zu legen* ist.

Inhalt der Prüfung

Vielmehr wird der Tatplan des Täters (d.h. die subjektive Bewertungsgrundlage) anhand eines objektiven Beurteilungsmaßstabs daraufhin untersucht, ob er schon so weit umgesetzt wurde, dass von einem unmittelbaren Ansetzen zur Tatbestandsverwirklichung gesprochen werden kann.

⇨ Unproblematisch sind danach regelmäßig diejenigen Fälle, in denen der Täter bereits ein Merkmal des objektiven Tatbestands verwirklicht hat (z.B., wenn der Täter bereits Gewalt angewendet hat im Rahmen des § 249) oder die tatbestandsmäßige Ausführungshandlung vorgenommen hat.

277

Bsp.: T schießt auf O, verfehlt ihn jedoch: Hier ist die Versuchsschwelle überschritten, da T bereits die tatbestandsmäßige Ausführungshandlung zur Verwirklichung des § 212 I vorgenommen hat.

⇨ Liegt das Täterverhalten noch im Vorfeld der tatbestandsmäßigen Ausführungshandlung, so bedarf die oben genannte Formel der näheren Konkretisierung.

278

Bsp.: T legt sich im Wald mit seinem Gewehr auf die Lauer, um den alsbald erwarteten Jogger O zu erschießen.

Wann ein Ansetzen zur tatbestandlichen Angriffshandlung vorliegt, kann nicht pauschal bestimmt werden. Auch die herausgebildeten Abgrenzungstheorien ersetzen keine genaue Analyse des Einzelfalls. Es ist immer eine **Einzelfallbetrachtung** erforderlich, bei der das Augenmerk auf die im Folgenden dargestellten **Kriterien** zu richten ist.

279

Anmerkung: Für den Studenten bedeutet dies, den Sachverhalt auszuschöpfen, die gefundenen Kriterien darzulegen und zu bewerten.

(1) Zwischenaktskriterium

Zwischenaktstheorie

Die *Zwischenaktstheorie* fordert, dass zwischen dem in Frage stehenden Verhalten und der Tatbestandsverwirklichung keine wesentlichen Zwischenschritte mehr liegen.

280

(2) Räumlich-zeitlicher Zusammenhang

Sphärentheorie

Die Sphärentheorie stellt auf den räumlich-zeitlichen Zusammenhang ab, d.h. auf die zeitliche Nähe zur Tatbestandsverwirklichung und auf die räumliche Beziehung von Täter und Opfer.

281

(3) Unmittelbare Rechtsgutgefährdung

Gefährdungstheorie

Nach der Gefährdungstheorie muss nach dem Tatplan eine Situation eingetreten sein, in welcher das betroffene Rechtsgut aus Tätersicht bereits unmittelbar gefährdet ist.

282

Anwendung auf die Beispielsfälle:

Im *Bsp.* bei Rn. 278 bedürfte es zwar keiner Zwischenschritte mehr bis zur Ausführungshandlung, wenn der lauernde T das Gewehrvisier bereits auf den schmalen Joggerpfad gerichtet hat. Es erscheint jedoch überzeugend, erst dann ein tatplanmäßiges unmittelbares Ansetzen zu erkennen, wenn sich der Jogger (aus Tätersicht) unmittelbar nähert, sodass T sofort losschlagen kann.

Das „im Visier haben" ist also Voraussetzung dafür, dass aus Tätersicht eine unmittelbare Rechtsgutsgefährdung vorliegt.

Im *Bsp. Rn. 275* käme man wohl nach allen Theorien zum selben Ergebnis des Versuchsbeginns: Der Räuber T war sich sicher, dass O jeden Augenblick die Tür öffnen und in die Mündung der Waffe blicken würde. Damit hat er subjektiv die Schwelle zum „Jetzt-geht`s-los" überwunden und „objektiv" zur Tat angesetzt. Denn nach der Tätervorstellung bedurfte es zur Tatbestandsverwirklichung keiner wesentlichen Zwischenakte mehr. O war aus Tätersicht auch unmittelbar gefährdet, wenn T ihn bereits auf dem Weg zur Tür vermutete. Der räumlich-zeitliche Unmittelbarkeitszusammenhang zur Raubtat und die Nähebeziehung zum Opfer liegen aus Tätersicht ebenfalls vor.

hemmer-Methode: Die Rechtsprechung kombiniert die Theorien, was angesichts ihrer Überschneidung und gegenseitigen Beeinflussung sachgerecht erscheint. So wird man häufig nicht von einer unmittelbaren Rechtsgutgefährdung ausgehen können, wenn das Opfer sich aus Tätersicht noch nicht im räumlich-zeitlichen Einwirkungsbereich des Täters befindet.

Ebenso hat ein Geschehen, welches bei ungestörtem Fortgang ohne weitere Zwischenakte unmittelbar in die Tatbestandsverwirklichung einmündet, regelmäßig zur Folge, dass das Rechtsgut aus Tätersicht konkret gefährdet erscheint.

Vorgehensweise bei der Prüfung des § 22

Unmittelbares Ansetzen?

1. Schritt: Abstellen auf die Tätervorstellung

2. Schritt: Stellt das konkrete Verhalten nach dem Tatplan das Ansetzen zur Tat dar?

b) Sonderproblem: unmittelbares Ansetzen bei abgeschlossener Einwirkungshandlung

Unmittelbares Ansetzen bei abgeschlossener Einwirkungshandlung

In der vorangehenden Darstellung wurde zur Beurteilung des unmittelbaren Ansetzens danach gefragt, wie weit fortgeschritten das Täterhandeln im Hinblick auf seine Ausführungshandlung bereits ist.

Zu beachten ist, dass ein unmittelbares Ansetzen zur Tatbestandsverwirklichung auch darin gesehen werden kann, dass ein Täter sich entfernt, nachdem er nach seiner Vorstellung alles für den Eintritt des Erfolgs Notwendige getan hat, er also keine Abwendungsmöglichkeiten mehr hat, aber noch ein weiteres Handeln - z.B. des Opfers - erforderlich ist.

Bsp.: In der Hotelbar vergiftet T ein Getränk des Gastes G, von dem er weiß, dass er wegen eines geschäftlichen Telefongesprächs erst in 10 Minuten wiederkommen wird. T verlässt daraufhin die Bar. Schon in dem Verlassen kann ein unmittelbares Ansetzen zu sehen sein, da er das Geschehen aus der Hand gibt und mit einer unmittelbaren Rechtsgutsgefährdung des Opfers rechnen kann.

Einschränkung

Eine Einschränkung betrifft nach umstrittener Ansicht der Rspr. diejenigen Fälle, in denen der Täter zwar das Abwenden der Kausalkette aus der Hand gibt, die vom Opfer notwendige Handlung aber nicht als sicher voraussieht, sondern lediglich für möglich hält.

284

Dies, weil nach dem Tatplan in solchen Fällen eine *unmittelbare* Rechtsgutsgefährdung erst bestehe, wenn sich das Opfer dem Wirkungskreis der Gefahr nähere.[25]

III. Rechtswidrigkeit, Schuld

Rechtswidrigkeit, Schuld

Hinsichtlich der Rechtswidrigkeit und Schuld gelten die Ausführungen zum vollendeten vorsätzlichen Begehungsdelikt entsprechend.

IV. Rücktritt vom Versuch gemäß § 24

Gemäß § 24 kann der Täter vom Versuch strafbefreiend zurücktreten. Dabei handelt es sich um einen *persönlichen Strafaufhebungsgrund*. Das Vorliegen der Rücktrittsvoraussetzungen ist daher stets im Anschluss an die Schuld zu prüfen.

285

1. Sinn und Zweck des strafbefreienden Rücktritts

Sinn und Zweck

Die rechtsdogmatische Begründung des strafbefreienden Rücktritts ist umstritten. Nach der *kriminalpolitischen Theorie* will das Gesetz dem Täter „eine goldene Brücke zum Rückzug bauen", also einen Anreiz für den Täter schaffen, das Opfer zu verschonen *(Opferschutzgedanke)*. Die *Verdienstlichkeitstheorie* stellt dagegen darauf ab, dass die Freiwilligkeit des Rücktritts honoriert werden müsse. Die h.M. sieht den Grund der Straffreiheit darin, dass der Täter, der freiwillig auf den rechten Weg zurückkehrt, weniger gefährlich und daher weniger strafwürdig ist *(Strafzwecktheorie)*.

286

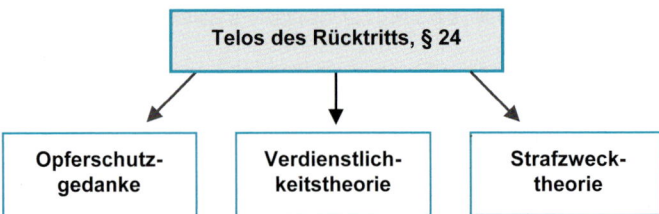

---

[25] Klausurrelevante Fallbeispiele sind die **Fälle 20 und 22 aus „Die 34 wichtigsten Fälle zum Strafrecht AT"**.

2. Prüfung eines strafbefreienden Rücktritts

hemmer-Methode: Im Skript wird lediglich der Rücktritt vom Versuch nach § 24 behandelt. Beachten Sie, dass mit § 31 eine weitere Rücktrittsvorschrift im AT existiert. § 31 enthält die Vorschriften über den Rücktritt vom Versuch der Beteiligung, die den verschiedenen Varianten des § 30 I, II entsprechen und inhaltlich den Anforderungen des § 24 angeglichen sind.

Nach der Vorschrift des § 24 ist aufgrund unterschiedlicher Voraussetzungen zwischen dem Rücktritt eines Einzeltäters (§ 24 I) und dem Rücktritt bei mehreren Beteiligten (§ 24 II) zu differenzieren.

Der Rücktritt des Einzeltäters, § 24 I

Prüfungsschema: Rücktritt des Einzeltäters

> **Prüfungsschema des Rücktritts nach § 24 I**
> I. Kein fehlgeschlagener Versuch
> II. Besondere Rücktrittsvoraussetzungen
>   1. Unbeendeter Versuch, § 24 I S. 1 Alt. 1
>   ⇨ Aufgeben der weiteren Tatausführung
>   ⇨ Freiwilligkeit
>   2. Beendeter Versuch, § 24 I S. 1 Alt. 2
>   ⇨ Verhinderung der Tatvollendung
>   ⇨ Freiwilligkeit
>   3. Bei vermeintlich vollendbarem Versuch, § 24 I S. 2
>   ⇨ Ernsthaftes Bemühen um Nichtvollendung
>   ⇨ Freiwilligkeit

a) Kein fehlgeschlagener Versuch

Kein fehlgeschlagener Versuch

Ein strafbefreiender Rücktritt scheidet aus, wenn ein sog. **fehlgeschlagener Versuch** vorliegt. Denn nach Sinn und Zweck des § 24 bleibt für einen *Rücktritt* nur Raum, solange der Täter die Vollendung seiner Tat noch für möglich hält.

aa) Begriff des Fehlschlags

Definition und Fallgruppen

Ein fehlgeschlagener Versuch ist gegeben, wenn der Täter nach seiner Vorstellung den von ihm gewünschten Erfolg mit den ihm zur Verfügung stehenden Mitteln nicht bzw. nicht ohne erhebliche zeitliche Verzögerung herbeiführen kann. Es ist also eine subjektive Betrachtung ausschlaggebend.

Zwei Fallgruppen sind zu unterscheiden:

Tatbestandlicher Erfolg unerreichbar

⇨ Nach Tätervorstellung ist in unmittelbarer Fortführung der bisherigen Ausführungshandlungen der *tatbestandliche Erfolg nicht erreichbar.*

290

Bsp.: Der von T zu Diebstahlszwecken aufgebrochene Tresor ist leer.

Hier muss T erkennen, dass die Entnahme von Geld aus dem Tresor, mithin die Tatbestandsverwirklichung des § 242 I, unmöglich ist.

Tatziel unerreichbar

⇨ Der Täter kann nach seiner Vorstellung zwar den tatbestandlichen Erfolg noch herbeiführen, jedoch *nicht sein mit der Tat verfolgtes Ziel realisieren,* da entweder das tatsächliche Tatobjekt infolge eines Irrtums nicht mit dem vorgestellten identisch ist oder dieses hinter den Erwartungen des Täters zurückbleibt.

Bsp. 1: T will eine Rolex aus der Auslage des Juweliers O stehlen. Diese entpuppt sich jedoch als Schaufensterattrappe.

Bsp. 2: T will den Tresor des Supermarktes um die Wochenendeinnahmen erleichtern, der allerdings statt der erhofften 20.000 € nur 20 € enthält.

Hier lässt T trotz der möglichen Tatbestandserfüllung nach § 242 I von seinem Vorhaben ab, weil er sein eigentliches Ziel nicht erreichen kann und die Tat damit für ihn sinnlos geworden ist.

bb) Maßgeblicher Beurteilungszeitpunkt

Fehlschlag bei mehraktigem Geschehen

Problematisch ist der Rücktritt bei mehraktigen Geschehensabläufen. Fraglich ist nämlich, ob für die Frage des Fehlschlags jeder aus Tätersicht erfolgsgeeignete Einzelakt isoliert zu betrachten ist, oder ob Gegenstand der Betrachtung das Gesamttatgeschehen (eine Handlungseinheit bestehend aus allen Einzelakten) ist.

291

Bsp. für mehraktige Geschehensabläufe

Bsp.: T will den in seiner Badewanne sitzenden O töten, indem er den eingeschalteten Fön ins Wasser wirft. Dieser schaltet sich jedoch aufgrund des kurz zuvor eingebauten Fehlerstromschutzschalters sofort aus.

Als T sieht, dass sein Vorhaben nicht gelungen ist, greift er sich das Rasiermesser des O und sticht zu. Dabei rutscht T jedoch auf den Fliesen aus, wobei das Messer zerbricht. Schließlich packt er O am Hals und schlägt dessen Kopf gegen den Badewannenrand, wodurch O nur bewusstlos wird.

T taucht O mit dem Kopf unter Wasser. Als ein paar Luftblasen aufsteigen, kommt T zur Besinnung, zieht den noch immer bewusstlosen O aus der Wanne und legt ihn in die stabile Seitenlage. O überlebt.

Einzelaktstheorie

Die sog. **Einzelaktstheorie** betrachtet die einzelnen Teilakte isoliert und stellt auf die Einschätzung des Täters über die Erfolgsaussichten eines jeden Einzelaktes ab.

292

Hielt der Täter den Einzelakt für erfolgstauglich, so liegt bei *dessen* Fehlgehen bereits ein fehlgeschlagener Versuch vor, unabhängig davon, ob der Täter etwaige Wiederholungsmöglichkeiten vorausbedacht hat oder anderweitige Fortsetzungsmöglichkeiten nach dem Fehlschlag erkennt.

⇨ *im Bsp.*

Im obigen Beispiel wäre T daher durch die Teilakte Fön / Rasiermesser / Badewannenrand jeweils wegen versuchten Totschlags (§§ 212 I, 22, 23 I) zu bestrafen, denn es läge jeweils ein fehlgeschlagener Versuch vor, von dem kein Rücktritt möglich ist. Lediglich vom Versuch des Totschlags durch Ertränken (= letzter Teilakt) wäre T strafbefreiend zurückgetreten.

Gesamtbetrachtungslehre

Die **h.M.** hingegen stellt darauf ab, ob ein einheitliches Geschehen vorliegt (**Gesamtbetrachtungslehre**). Wenn dies der Fall ist, soll der Täter die Möglichkeit haben, insgesamt, d.h. in Hinblick auf alle *in unmittelbarem Zusammenhang stehende Einzelakte,* mit strafbefreiender Wirkung zurückzutreten.

293

⇨ *im Bsp.*

Im obigen Beispiel wäre das Handeln des T trotz variierender Ausführungshandlungen als einheitlicher Vorgang zu betrachten. Es läge kein fehlgeschlagener Versuch vor, da der Erfolg aus der Sicht des T in engem räumlich-zeitlichen Zusammenhang noch realisierbar wäre.

Die herrschende Gesamtbetrachtungslehre ist also im Ergebnis die „rücktrittsfreundlichere" und erzielt nach der Ansicht des BGH folglich einen effektiveren Opferschutz.

Neben dem Opferschutzgedanken ist für die h.M. das dogmatische Argument anzuführen, dass durch die strenge Einzelaktsbetrachtung ein einheitlicher Lebenssachverhalt unsachgemäß auseinandergerissen würde.[26]

---

[26] Die Bedeutung dieser Abgrenzung können Sie trainieren anhand der **Fälle 24 und 25 aus „Die 34 wichtigsten Fälle zum Strafrecht AT".**

b) Abgrenzung beendeter / unbeendeter Versuch

Bedeutung der Abgrenzung beendeter/ unbeendeter Versuch

Die *Unterscheidung zwischen beendetem und unbeendetem Versuch* ist im Rahmen der **Prüfung einer tauglichen Rücktrittshandlung** von Bedeutung. Beim *unbeendeten Versuch* genügt ein bloßes „Nicht-Weiter-Handeln" i.S.d. § 24 I S. 1 Alt. 1. Beim *beendeten Versuch* muss der Täter dagegen den Erfolg verhindern (§ 24 I S. 1 Alt. 2) bzw. sich ernsthaft um die Verhinderung bemühen, wenn ein (unerkannt) untauglicher Versuch vorliegt, bei dem die Tat ohnehin nicht vollendet werden kann oder die Tat sonst wie ohne Zutun des Täters nicht vollendet wird (§ 24 I S. 2).

Ausgangspunkt der Entscheidung, welche Anforderungen an die Rücktrittshandlung gestellt werden, ist also zunächst die Frage, ob ein beendeter oder unbeendeter Versuch vorliegt.

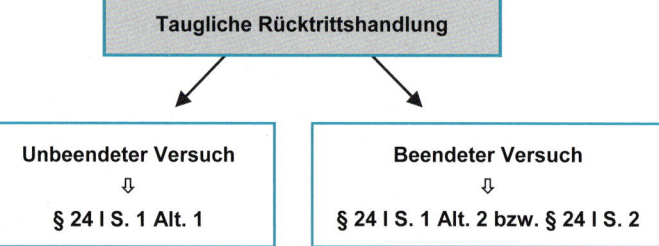

aa) Begriff des beendeten / unbeendeten Versuchs

Ob der Versuch beendet oder unbeendet ist, richtet sich nach der subjektiven Vorstellung des Täters.

Definition

Beendet ist ein Versuch, wenn der Täter davon ausgeht, alles zur Verwirklichung des Tatbestands Erforderliche getan zu haben, **unbeendet**, wenn der Täter meint, noch weiter tätig werden zu müssen. Macht sich der Täter keine Gedanken darüber, ob er alles Erforderliche für den Erfolgseintritt getan hat, soll nach dem BGH stets ein beendeter Versuch vorliegen.

bb) Maßgeblicher Beurteilungszeitpunkt

Beurteilungszeitpunkt

Hier stellt sich wiederum die Frage, auf welchen Zeitpunkt hinsichtlich der Tätervorstellung abzustellen ist.

Tatplantheorie	Nach der sog. **Tatplantheorie** ist allein die Vorstellung des Täters zu Tatbeginn maßgebend. Hat der Täter von vorneherein seinen Tatplan auf die Ausführung bestimmter Einzelakte beschränkt und schlagen diese fehl, so ist der Versuch nach deren Ausführung beendet und zugleich fehlgeschlagen.	296

Hat der Täter keinen fest umrissenen Tatplan oder kam es ihm auf die Anzahl von Ausführungshandlungen und die dazu verwendeten Mittel nicht an, so bleibt ein Rücktritt vom Versuch möglich, wobei hinsichtlich Fehlschlag und Beendigung auf den Abschluss der letzten Ausführungshandlung abzustellen ist. Hintergrund dieser Unterscheidung sei, dass ein noch ungerichteter Tatplan eine geringere kriminelle Energie aufweise.

Kritik	Die Konsequenzen der Tatplantheorie stehen mit dem genannten Argument jedoch in direktem Widerspruch. Denn die Tatplantheorie begünstigt denjenigen Täter, der sich schon von Beginn an für alle Eventualitäten Ersatzmittel der Erfolgsherbeiführung überlegt und Entsprechendes vorbereitet, da in seinem Fall nach der Anwendung von Ersatzmethoden ein rücktrittsfähiger unbeendeter bzw. beendeter Versuch vorliegt. Einem Täter, der eine derart hohe kriminelle Energie nicht aufbringt, sondern im Vorfeld nur eine Ausführungshandlung vorsieht, ist dagegen die Rücktrittsmöglichkeit abgeschnitten, nachdem die Ausführungshandlung nicht zum Erfolg führt.

Denn nach dem Tatplan ist sein Versuch beendet und fehlgeschlagen. Das Abstandnehmen von im Nachhinein erkannten Ersatzmethoden wird ihm nicht honoriert. Der erstgenannte Täter wird also bevorzugt, obwohl er höhere kriminelle Energie entfaltet hat und für das Opfer gefährlicher ist.

Lehre vom Rücktrittshorizont	Aufgrund dieser Unzulänglichkeit ist die von der heute *h.M.* vertretene sog. **Lehre vom Rücktrittshorizont** vorzugswürdig: Entscheidend ist generell die Vorstellung des Täters im Zeitpunkt des Abschlusses seiner letzten Ausführungshandlung.	297
⇨ *im Bsp.*	Im Beispielsfall (*Badewannenfall*): Nachdem der Gesamtbetrachtungslehre folgend festgestellt wurde, dass kein fehlgeschlagener Versuch vorliegt, wäre nun zu klären, ob der Versuch bereits beendet ist: Nachdem T den bewusstlosen O unter Wasser getaucht hatte (letzte Ausführungshandlung), wäre dieser aus der Sicht des T ohne weiteres Zutun ertrunken. Damit liegt also ein beendeter Versuch vor. Die erforderliche Rücktrittshandlung richtet sich daher nach § 24 I S. 1 Alt. 2 bzw. I S. 2.	298

Abwandlung: *O ist nicht bewusstlos, T versucht, ihn durch Untertauchen des Kopfes zu ertränken und lässt kurz darauf von ihm ab: T müsste aus seiner Sicht den Kopf weiterhin unter Wasser halten, um den Tod herbeizuführen. Der Versuch ist daher zum Zeitpunkt des Ablassens von O unbeendet. Die Anforderungen an die Rücktrittshandlung stellt somit § 24 I S. 1 Alt. 1.* 298a

Die *Tatplantheorie* käme zu den entsprechenden Ergebnissen nur dann, wenn der T keinen bestimmten Tatplan gehabt hätte oder aber alle Einzelhandlungen in diesen aufgenommen hätte.

Wenn T als erfolgstaugliche und einzige Handlung geplant hätte, den Fön ins Wasser zu werfen, wäre sein Versuch nach diesem Einzelakt beendet und fehlgeschlagen, was die Rücktrittsmöglichkeit ausschließen würde.

hemmer-Methode: Die Zuordnung der (sich z.T. überschneidenden) Theorienpaare „Einzelakt – Gesamtbetrachtung" und „Tatplan – Rücktrittshorizont" zu den Problemen des fehlgeschlagenen und des unbeendeten Versuchs wird in der Literatur oft nicht klar herausgearbeitet, zumal schon in den Begrifflichkeiten z.T. Unterschiede bestehen.
Teilweise werden die Theorien, die verschiedene Entwicklungslinien nachzeichnen, auch an anderen Stellen geprüft. Wichtig ist für Sie allein, dass Sie deren wesentlichen Inhalt kennen und in der Klausur an den relevanten Prüfungspunkten darstellen und den Sachverhalt darunter subsumieren können.

c) Rücktrittshandlung beendeter / unbeendeter Versuch

aa) Beim unbeendeten Versuch

Rücktrittshandlung nach § 24 I S. 1 Alt. 1

Rücktrittshandlung beim unbeendeten Versuch gemäß **§ 24 I S. 1 Alt. 1** ist die **endgültige Aufgabe der weiteren Ausführung der Tat**. Die *Tat*, von der es Abstand zu nehmen gilt, bezeichnet nach h.M. die Verwirklichung des jeweiligen gesetzlichen Straftatbestands. In der Regel genügt daher als Rücktrittshandlung das Unterlassen der weiteren Durchführung. Der Täter muss aber hinsichtlich des jeweiligen konkreten Straftatbestands seinen kriminellen Entschluss ganz und endgültig aufgeben. *Endgültiges* Absehen von der Deliktsbegehung (Tat) bedeutet, dass es nicht ausreicht, wenn der Täter nur vorläufig von der Tat Abstand nimmt, die er an anderer Stelle zu vollenden bereits konkret plant. Die Gegenansicht, nach der bereits das Abstandnehmen von der konkreten Tatausführung strafbefreiend wirke, ist mit Sinn und Zweck des § 24 nicht vereinbar. 299

⇨ *im Bsp.*

Im *abgewandelten Badewannenfall* (Rn. 298a) stellt das Ablassen von O seitens T eine taugliche Rücktrittshandlung i.S.d. § 24 I S. 1 Alt. 1 dar, da er von der Durchführung weiterer Tötungshandlungen insgesamt und endgültig Abstand nimmt.

bb) Beim beendeten Versuch

Rücktrittshandlung nach § 24 I S. 1 Alt. 2

Die Rücktrittshandlung beim beendeten Versuch setzt gemäß § 24 I S. 1 Alt. 2 voraus, dass der Täter den **Erfolgseintritt durch eigene Tätigkeit verhindert.** Die h.M. verlangt dafür, dass der Täter bewusst und gewollt eine neue Kausalkette in Gang setzt, die für das Ausbleiben des Erfolgs wenigstens mitursächlich ist.

Bei Veranlassung Dritter zur Rettung genügt es nicht, wenn der Täter die Rettungsmaßnahmen unterstützt, er muss diese vielmehr initiieren oder steuern. Sein Verhalten muss auf Vereitelung abzielen und dazu (objektiv oder wenigstens aus seiner Sicht) ausreichen.

Im *Badewannenfall* hat T den Eintritt des Todes durch Ertrinken gezielt verhindert, indem er den O aus der Badewanne zog und in die stabile Seitenlage legte. Dies entspricht einer tauglichen Rücktrittshandlung i.S.d. § 24 I S. 1 Alt. 2

Rücktrittshandlung nach § 24 I S. 2

Alternativ kommt als Rücktrittshandlung ein **ernsthaftes Bemühen um die Erfolgsverhinderung** in Betracht, wenn die Tat ohne das Zutun des Täters nicht vollendet wird, § 24 I S. 2. Damit werden die *Fälle des vom Täter unerkannt untauglichen Versuchs bzw. des im konkreten Fall vom Täter unerkannt fehlgeschlagenen Versuchs* erfasst.

⇨ In der ersten Fallgruppe ist die Herbeiführung des tatbestandlichen Erfolgs aufgrund objektiver Untauglichkeit unmöglich.

⇨ Die zweite Fallgruppe bezeichnet die Konstellation eines an sich zwar tauglichen, aber im konkreten Fall nicht erfolgreichen Versuchs.

In beiden Konstellationen schlägt der Versuch objektiv fehl, daher tritt der Erfolg „ohne Zutun" des Täters nicht ein.

Ist die objektive Untauglichkeit bzw. das konkrete Fehlgehen zum maßgeblichen Zeitpunkt der Rücktrittshandlung vom Täter unerkannt, so liegt kein der Rücktrittsmöglichkeit entgegenstehender „fehlgeschlagener Versuch" im unter a) genannten Sinne vor, da es hierfür auf die rein subjektive Einschätzung des Täters ankommt.

Vielmehr ist dann der Anwendungsbereich des § 24 I S. 2 eröffnet.

Ein ernsthaftes Bemühen liegt vor, wenn der Täter alles tut, was aus seiner Sicht zur Abwendung des vermeintlich drohenden Erfolgs *notwendig und geeignet* ist.

302

Er muss dabei alle aus seiner Sicht ausreichenden Hilfsmaßnahmen ausschöpfen und darf sich nicht mit erkennbar unzureichenden oder törichten Maßnahmen begnügen. Bei der Einschaltung Dritter muss er sich vergewissern, dass diese auch alles Erforderliche veranlassen.

> *Bsp. 1:* *T gibt eine als tödlich wirkend erachtete Dosis Schlafmittel in den Guten-Abend-Tee seiner Ehefrau O. In Wirklichkeit ist die Dosis bei weitem zu gering, um einen Menschen zu töten. Da O aber einen harten Arbeitstag hinter sich hat, wird sie bald sehr schläfrig, nachdem sie den Tee getrunken hat. Da überkommen T Gewissensbisse, weshalb er O umgehend ins Krankenhaus fährt und die Ärzte aufklärt, um Rettungsmaßnahmen einzuleiten.*
>
> Hier liegt ein subjektiv nicht fehlgeschlagener, beendeter, aber untauglicher Versuch vor. Da der Erfolgseintritt angesichts der zu geringen Dosis Schlafmittel unmöglich ist, gilt es für T nicht, gemäß § 24 I S. 1 Alt. 2 die Vollendung zu verhindern. Sein ernsthaftes Bemühen die O zu retten, ist ausreichend für die Bejahung von § 24 I S. 2.
>
> *Bsp. 2:* *Um seine Ehefrau O zu töten, dreht T in der Wohnung das Gas auf, nachdem seine Frau O zu Bett gegangen ist, und geht in eine Kneipe. Dort überkommen ihn Gewissensbisse, weshalb er umgehend Feuerwehr und Notarzt alarmiert und selbst zur Wohnung zurückrennt. Dabei wusste er nicht, dass zuvor schon der Nachbar N das Gas gerochen und die Feuerwehr auf dessen Anruf hin O aus der Wohnung geholt hatte.*
>
> Hier liegt ein beendeter, subjektiv nicht fehlgeschlagener, an sich tauglicher Versuch vor, der zum Zeitpunkt der ernsthaften Bemühung um die Vollendungsverhinderung bereits aufgrund der Initiative des Nachbarn N objektiv fehlgeschlagen war. Das Verhalten des T genügt gemäß § 24 I S. 2 den Anforderungen an die Rücktrittshandlung.

d) Freiwilligkeit

Freiwilligkeit des Rücktritts:
Autonome Motive

Die Rücktrittshandlung muss gemäß § 24 in allen Alternativen freiwillig erfolgen. Nach h.M. ist dabei ausschlaggebend, ob der Täter aus **autonomen (selbstbestimmten) Motiven** handelt, also „Herr seiner Entschlüsse" ist.

303

Der Rücktritt darf nicht durch zwingende Hinderungsgründe veranlasst sein.

Bsp. für autonome Motive: Reue, Mitleid

Unbeachtlich ist, welche Art und Güte das Rücktrittsmotiv aufweist. Nicht erforderlich ist insbesondere, dass das Motiv sittlich-moralisch zu billigen ist.

Heteronome Motive

Unfreiwillig handelt der Täter, wenn er durch **heteronome** (fremdbestimmte) Motive zur Aufgabe der Tat veranlasst worden ist. Heteronom sind Motive, die vom Willen des Täters unabhängig sind und die Sachlage zu seinen Ungunsten so wesentlich verändern, dass er die mit der weiteren Tatausführung verbundenen Risiken nicht mehr für tragbar hält. Die Kontrollfrage lautet: Verbietet die *Verbrechervernunft* das Festhalten an der Tat?

Bsp. für heteronome Motive: erkannte Gefahr des Entdecktwerdens

e) Sonderproblem: Außertatbestandliche Zielerreichung

Sog. Denkzettelfälle

Ein Sonderproblem stellt die Frage dar, ob ein Rücktritt möglich ist, wenn der **Tatentschluss nur mit dolus eventualis** gefasst wurde, ein zusätzliches **außertatbestandliches Ziel aber schon mit dem Versuch erreicht** wurde.

Bsp.: T wurde von O gekränkt und möchte ihm einen „Denkzettel" verpassen. Dazu sticht er ihm mit einem langen Fleischermesser in den Brustkorb, wobei er seinen Tod billigend in Kauf nimmt. T sieht, dass O nicht tödlich verletzt wurde, sticht aber nicht weiter zu, weil er sein Ziel (den Denkzettel) erreicht hat.

Zentrale Frage ist, ob der T nach Erreichen seines Handlungsziels („Denkzettel verpassen") vom Versuch des Totschlags **durch bloßes Abstandnehmen** von der weiteren Tatausführung (keine weiteren Messerstiche) zurücktreten kann. Die Problematik war in Literatur und Rechtsprechung lange Zeit umstritten.

Jetzt h.M.: Rücktritt nach § 24 I S. 1 Alt. 1 möglich

Die heute h.M. bejaht die Möglichkeit des Rücktritts durch bloßes Abstandnehmen von weiteren Tathandlungen, auch wenn ein außertatbestandliches Ziel bereits erreicht ist.

Argument 1: Wortlaut § 24 I S. 1

Sie begründet dies im Wesentlichen damit, dass der **Begriff der Tat i.S.d. § 24 I S. 1** sich auf die in den gesetzlichen Straftatbeständen umschriebene **tatbestandsmäßige Handlung** und **den tatbestandsmäßigen Erfolg** beziehe.

Hierauf sei auch der strafwürdige Vorsatz des Versuchstäters gerichtet, so dass sich beim unbeendeten Versuch der Entschluss, die weitere Tatausführung aufzugeben, auf die Verwirklichung der gesetzlichen Tatbestandsmerkmale beschränke. Auf außertatbestandsmäßige Beweggründe, Absichten oder Ziele werde gerade nicht abgestellt.

T ist demnach, obwohl er den Denkzettel als sein eigentliches Ziel erreicht hat und ein weiteres Handeln aus seiner Sicht gar keinen Sinn macht, vom Tötungsversuch strafbefreiend zurückgetreten.

Argument 2: Opferschutzgedanke

Für diese Lösung spricht nach h.M. außerdem, dass sie im Interesse eines effektiven Opferschutzes sinnvoll ist, da sie durch ihre Rücktrittsfreundlichkeit der Schonung des gefährdeten Rechtsguts dient.

hemmer-Methode: Diese klausurrelevante Fallkonstellation zeigt, dass das Verständnis von Sinn und Zweck der Rücktrittsvorschriften sehr hilfreich bei der argumentativen Auseinandersetzung mit Problemfällen ist.

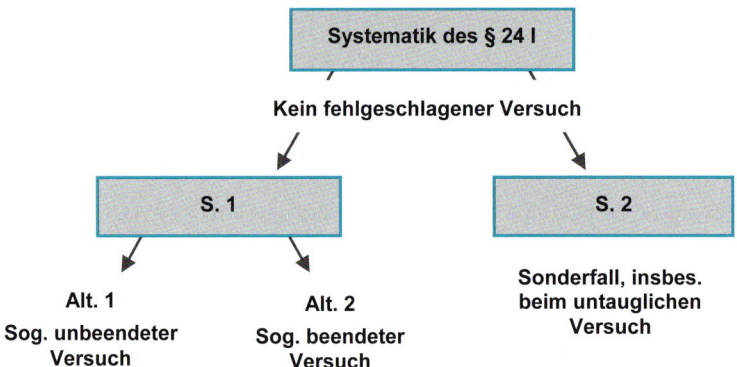

3. Der Rücktritt bei mehreren Beteiligten, § 24 II

Rücktritt bei mehreren Beteiligten

§ 24 II regelt den Rücktritt für den Fall, dass mehrere Personen an der Tat beteiligt sind. Dabei sind Mittäter i.S.d. § 25 II, Anstifter i.S.d. § 26 und Gehilfen i.S.d. § 27 erfasst. Auch für den mittelbaren Täter i.S.d. § 25 I Alt. 2 gilt § 24 II (str.).

Da der Rücktritt als persönlicher Strafaufhebungsgrund nur dem Tatbeteiligten zugutekommt, der in eigener Person zurücktritt, sind die Voraussetzungen des Rücktritts für jeden Beteiligten gesondert zu prüfen.

Prüfungsschema: Rücktritt bei mehreren Beteiligten

> **Prüfungsschema des Rücktritts nach § 24 II**
>
> **I. Kein fehlgeschlagener Versuch**
>
> **II. Besondere Rücktrittsvoraussetzungen**
>
> **1.** Freiwillige Verhinderung der Tatvollendung, **§ 24 II S. 1**
> ⇨ Verhinderung der Tatvollendung
> ⇨ Freiwilligkeit
>
> **2.** Freiwilliges, ernsthaftes Bemühen um die Verhinderung der Tatvollendung, Erfolg bleibt aus anderen Gründen aus, **§ 24 II S. 2 Alt. 1**
> ⇨ Ernsthaftes Bemühen um Nichtvollendung
> ⇨ Freiwilligkeit
>
> **3.** Freiwilliges, ernsthaftes Bemühen, Erfolgseintritt unabhängig vom früheren Tatbeitrag, **§ 24 II S. 2 Alt. 2**
> ⇨ Ernsthaftes Bemühen um Nichtvollendung
> ⇨ Beseitigung des früheren Tatbeitrags
> ⇨ Freiwilligkeit

a) Besonderheiten des Rücktritts nach § 24 II

Die Rücktrittsvoraussetzungen des § 24 II sind im Verhältnis zu denjenigen des § 24 I strenger. So fehlt eine dem § 24 I S. 1 Alt. 1 entsprechende Regelung, wonach der Beteiligte durch schlichtes Aufhören zurücktreten könnte. Erforderlich ist grundsätzlich eine Gegenaktion zugunsten der Erfolgsverhinderung. Insofern hat im Fall mehrerer Tatbeteiligter bei der Rücktrittsprüfung nach § 24 II keine Unterscheidung zwischen unbeendetem und beendetem Versuch stattzufinden. Grund für diese Verschärfung ist, dass der Gesetzgeber den Versuch mehrerer als gefährlicher einstuft als den eines Einzeltäters, weswegen an einen Rücktritt höhere Anforderungen gestellt werden.

Hinsichtlich der Voraussetzungen „kein fehlgeschlagener Versuch" und „Freiwilligkeit", die auch im Rahmen des § 24 II bei jedem Beteiligten einzeln zu prüfen sind, kann auf die Ausführungen zu § 24 I verwiesen werden.

b) Die drei Varianten des § 24 II

aa) § 24 II S. 1

Freiwillige Verhinderung der Tatvollendung

Der Rücktritt nach § 24 II S. 1 verlangt die **Verhinderung der Tatvollendung**. Wenn der Täter denkt, noch nicht alles zur Erfolgsherbeiführung Erforderliche getan zu haben, genügt demnach ein bloßes Aufhören nicht. Vielmehr muss er die Tatbegehung durch die übrigen Beteiligten aktiv verhindern.

308

Nur *ausnahmsweise* reicht ein bloßes *Nichtweiterhandeln*, wenn der Erfolgseintritt allein vom Rücktrittswilligen abhängt und somit gerade sein Nichtweiterhandeln die Vollendung kausal verhindert.

Bsp.: Nur der Rücktrittswillige kennt den Code des zu knackenden Tresors und gibt ihn den anderen Beteiligten nicht preis.

bb) § 24 II S. 2 Alt. 1

Bemühen, die Tat zu verhindern bei fehlender Verhinderungskausalität

Nach § 24 II S. 2 Alt. 1 genügt ein **ernsthaftes Bemühen**, die Vollendung der Tat zu verhindern, wenn sie **ohne Zutun des Beteiligten nicht vollendet** wird (sog. fehlende Verhinderungskausalität). Siehe hierzu die Ausführungen zu § 24 I S. 2.

309

cc) § 24 II S. 2 Alt. 2

Bemühen, die Tat zu verhindern bei fehlender Vollendungskausalität (Beseitigung des eigenen Tatbeitrages)

§ 24 II S. 2 Alt. 2 regelt den besonderen *Fall der fehlenden Vollendungskausalität*. Ein **ernsthaftes Bemühen** um die Vollendungsverhinderung genügt trotz Eintritts des tatbestandlichen Erfolgs, wenn die dazu führende Tat **unabhängig vom früheren Tatbeitrag** des Zurücktretenden **begangen** wird.

310

Voraussetzung ist also die **Beseitigung des früheren Tatbeitrags**, so dass die spätere Erfolgsherbeiführung durch die anderen Beteiligten dem Zurückgetretenen nicht mehr zurechenbar ist.

Wirkt der vor oder nach Versuchsbeginn zurückgezogene frühere Tatbeitrag bis zur Tatvollendung durch die anderen Beteiligten fort, so ist der Rücktrittswillige trotz seiner Bemühung wegen des vollendeten Delikts strafbar. Der Beteiligte trägt somit das Rücktrittsrisiko wie im Rahmen des § 24 II S. 1.

Bsp.: A, B und C wollen Schmuck aus dem Geschäft stehlen, in dem A arbeitet. Zu diesem Zweck hat A dem B einen Ladenschlüssel gegeben.

Als die anderen beiden bereits zur Tat schreiten und die erste Hintertür geöffnet haben, reut A plötzlich die gesamte Angelegenheit und er verlangt den Schlüssel von B zurück. Dieser leistet dem Folge, hat aber bereits einen Abdruck des Schlüssels gemacht. Mit einem angefertigten Nachschlüssel öffnen B und C die weiteren Türen und plündern zu zweit das Geschäft.

Hier wirkt der zurückgenommene Tatbeitrag des A bis zur Vollendung fort, da der Nachschlüssel nur gemacht werden konnte, weil A den Originalschlüssel besorgt hat. Ein Rücktritt nach § 24 II S. 2 scheidet hiernach aus.

Merken Sie sich: Ein strafbefreiender Rücktritt ist in folgenden Fällen *nicht* gegeben:
⇨ Ein Beteiligter gibt nur seine weitere Beteiligung auf (wenn darin nicht eine faktische Verhinderung der Tat liegt); dies gilt selbst dann, wenn die Tat aus anderen Gründen nicht vollendet wird.
⇨ Dem Beteiligten gelingt es trotz seiner Bemühungen nicht, die Vollendung zu verhindern, wobei sein Tatbeitrag noch fortwirkt.

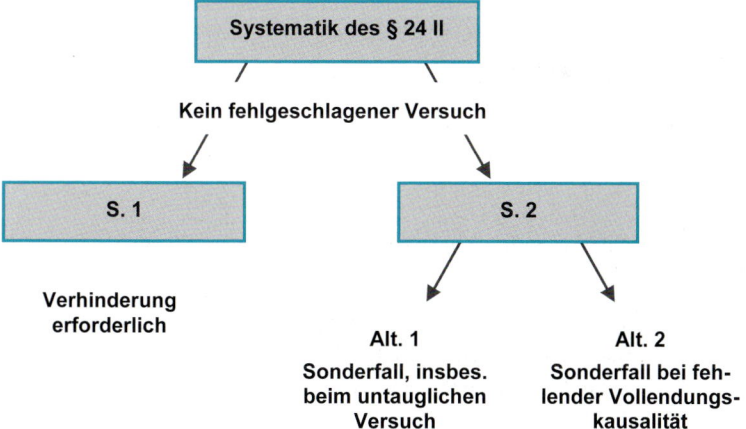

Exkurs: Tätige Reue

Tätige Reue

Eine besondere Parallelproblematik zum Rücktritt ist der Fall der tätigen Reue. **Einzelne Delikte sehen auch bei vollendeter Straftat strafbefreiende Handlungen vor.** Die Straffreiheit durch rücktrittsähnliche Handlungen nach der Vollendung des Delikts nennt man **tätige Reue**. Mit dieser Figur sollen Unbilligkeiten ausgeglichen werden, die sich daraus ergeben, dass ein Delikt schon frühzeitig vollendet ist, aber der Täter die wesentlichen Verletzungen für das geschützte Rechtsgut noch abwendet. Rücktritt ist demgegenüber nur bis zur Vollendung möglich (§ 24). Beispiele für Delikte, die tätige Reue zulassen: §§ 139 IV, 306e, 314a. Die tätige Reue wird als **persönlicher Strafaufhebungsgrund** nach Tatbestandsmäßigkeit, Rechtswidrigkeit und Schuld geprüft.

312

Bsp. § 306e II: Der Täter, der eine fahrlässige Brandstiftung nach § 306d begangen hat, wird nicht bestraft, wenn er freiwillig den Brand löscht, bevor ein erheblicher Schaden entsteht.

Exkurs Ende

§ 5 Das fahrlässige Begehungsdelikt

A. Einleitung

I. Bedeutung

Bedeutung

Neben den Vorsatzdelikten bilden die Fahrlässigkeitsdelikte die zweite große Deliktsgruppe im Strafrecht.

Eine Fahrlässigkeitstat ist die ungewollte Verwirklichung eines gesetzlichen Tatbestands durch pflichtwidrige Vernachlässigung der im Verkehr erforderlichen Sorgfalt.

Der Täter rechnet im Zeitpunkt der Tat also entweder gar nicht mit der Tatbestandsverwirklichung *(unbewusste Fahrlässigkeit)*, oder aber er vertraut trotz erkannter Möglichkeit der Tatbestandsverwirklichung darauf, dass „schon alles gut gehen" wird *(bewusste Fahrlässigkeit)*.

hemmer-Methode: Die bewusste Fahrlässigkeit ist von der Vorsatzform „dolus eventualis" abzugrenzen. Nur wenn der Täter den tatbestandlichen Erfolgseintritt nicht nur für möglich hält, sondern diesen auch billigend in Kauf nimmt, handelt er vorsätzlich im Sinne des § 15 (s.o. Rn. 111 f.).

Das Fahrlässigkeitsdelikt wird nicht als weniger strafwürdige Abwandlung der Vorsatztat angesehen, sondern als **eigenständiger Deliktstyp**. Denn die Fahrlässigkeit ist nach heute h.M. nicht eine bloße Schuldform, sondern ein besonderer Verhaltenstypus, der Unrechts- und Schuldelemente in sich vereinigt.

Das Fahrlässigkeitsdelikt kann sowohl durch **aktives Tun** als auch durch **garantenpflichtwidriges Unterlassen**[27] verwirklicht werden. Abzugrenzen ist danach, ob der Schwerpunkt der Vorwerfbarkeit in einem Handeln unter Nichtbeachtung der erforderlichen Sorgfalt oder auf einem sorgfaltspflichtwidrigen Nichthandeln liegt.

Zu unterscheiden ist die fahrlässige Verwirklichung von Erfolgs- und Tätigkeitsdelikten.

---

[27] Siehe zu den Voraussetzungen Rn. 349.

Die Strafwürdigkeit des fahrlässigen **Erfolgsdelikts** (z.B. §§ 222, 229) besteht darin, dass der Täter durch vorwerfbares Verhalten eine Rechtsgutsverletzung herbeiführt. Beim **Tätigkeitsdelikt** (z.B. § 316 II) knüpft der Fahrlässigkeitsvorwurf allein an die vorwerfbare Nichterfüllung einer gesetzlichen Verhaltenspflicht an.

Klausurtipp 👍

hemmer-Methode: Schon in Anfängerklausuren ist die Fahrlässigkeit häufig im Anschluss an bestimmte Standardprobleme (aberratio ictus, Erlaubnistatbestandsirrtum usw.) zu prüfen. Insoweit sollte die Prüfung einer Strafbarkeit wegen Fahrlässigkeit nicht übersehen werden.

Die Prüfung eines Fahrlässigkeitsdelikts ist leicht in den Griff zu bekommen, wenn man den richtigen Tatbestand findet und das Grundschema zum Aufbau sauber anwendet.

Hingewiesen sei daneben auf Standardprobleme der *objektiven Zurechnung,* die zwar bei allen Erfolgsdelikten, am häufigsten jedoch bei fahrlässiger Herbeiführung eines bestimmten Erfolgs auftreten.

II. Grundsätzliches zur Fahrlässigkeitsstrafbarkeit

1. Strafbarkeit nach § 15

Gemäß § 15 ist nur vorsätzliches Verhalten strafbar, es sei denn, das Gesetz hat das fahrlässige Verhalten ausdrücklich unter Strafe gestellt.

Daraus ergibt sich, dass zunächst der einschlägige Fahrlässigkeitstatbestand gefunden werden muss, bevor ein fahrlässiges Verhalten für strafbar erklärt wird.

Bspe.: §§ 222, 229, 315c III, 316 II

2. Sorgfaltspflichtverstoß

Sorgfaltspflichtverstoß als konstituierendes Element

Zentrales Element der Fahrlässigkeitstat ist der Sorgfaltspflichtverstoß, welcher die strafrechtliche Vorwerfbarkeit eines Verhaltens begründet.

Die Doppelfunktion der Fahrlässigkeit als Unrechts- und Schuldform spiegelt sich daher im Prüfungsaufbau wider:

Auf Tatbestandsebene tritt an die Stelle des Vorsatzes bei Fahrlässigkeitsdelikten die objektive Sorgfaltspflichtverletzung bei objektiver Voraussehbarkeit des Erfolgseintritts (bei Erfolgsdelikten) bzw. der Tatbestandsverwirklichung (bei Tätigkeitsdelikten) zur Beschreibung der objektiven Vorwerfbarkeit des Verhaltens.

⇨ Die Prüfung der objektiven Zurechnung eines Erfolgs beschränkt sich auf den Risikozusammenhang. Denn die Schaffung einer rechtlich missbilligten Gefahr ist Voraussetzung der tatbestandsmäßigen objektiven Sorgfaltspflichtverletzung.

⇨ Ferner ist die Adäquanzbetrachtung der Prüfung des Risikozusammenhangs vorgelagert, weil die objektive Vorhersehbarkeit des Erfolgseintritts Bestandteil der objektiven Vorwerfbarkeit des sorgfaltspflichtwidrigen Verhaltens ist.

Auf Schuldebene wird nach der subjektiven Vorwerfbarkeit gefragt. Dort wird insbesondere thematisiert, ob der konkrete Täter mit seinen individuellen Fähigkeiten die Tatbestandsverwirklichung hätte voraussehen und vermeiden können. Davon ist grundsätzlich auszugehen, falls der Sachverhalt keine anderen Angaben enthält.

3. Folgen der strukturellen Eigenständigkeit

Die Einordnung des Sorgfaltspflichtverstoßes als konstituierendes Element eines eigenständigen Deliktstyps hat folgende Auswirkungen:

317

⇨ Vorsatz und Fahrlässigkeit schließen sich gegenseitig aus. Naturgemäß ist daher beim Fahrlässigkeitsdelikt der Versuch mangels Verwirklichungswillens (Tatentschluss!) begrifflich ausgeschlossen sowie ein Tatbestandsirrtum undenkbar.

⇨ Allerdings kann ein und dasselbe Verhalten, bezogen auf verschiedene Tatbestände bzw. Deliktserfolge, sowohl vorsätzlich als auch fahrlässig sein. Daher ist es z.B. bei der aberratio ictus wichtig, im Aufbau deutlich zu machen, auf welches Objekt sich der Vorsatz konkretisiert hat.

Bsp. 1: T will mit dem Baseballschläger das Auto des O demolieren. Als er ausholt, stellt sich O blitzartig dazwischen. O erleidet deshalb eine Armfraktur.

Versuchte Sachbeschädigung, §§ 303 III, 22, 23 I, in Tateinheit mit fahrlässiger Körperverletzung, § 229.

Bsp. 2: T legt seine Pistole aus 100m Entfernung auf den Spaziergänger O an und drückt ab. Die Kugel trifft den ins Visier gelaufenen Jogger X (aberratio ictus).

Versuchte Tötung des O nach §§ 212, 22, 23 I und fahrlässige Tötung des X nach § 222 (h.M., vgl. Rn. 117).

⇨ Die Regeln der Beteiligung (§§ 25 I Alt. 2, 25 II, 26, 27) gelten nicht. Vielmehr ist jeder, der fahrlässig und zurechenbar einen Deliktserfolg bewirkt, unterscheidungslos Täter einer Fahrlässigkeitstat (sog. Einheitstäterbegriff). Damit kommt anstelle von Teilnahme oder mittelbarer bzw. Mittäterschaft eine fahrlässige Nebentäterschaft in Betracht.

B. Das fahrlässige Begehungsdelikt

Aufbauschema des fahrlässigen Begehungs-(Erfolgs-)delikts

I. Tatbestandsmäßigkeit
1. Tathandlung, Täter, Taterfolg und ggf. weitere deliktsspezifische äußere Merkmale
   (bei Erfolgsdelikten) Kausalität
2. Objektive Sorgfaltspflichtverletzung
3. Objektive Vorhersehbarkeit des Erfolgs
4. (bei Erfolgsdelikten) Objektive Zurechnung v.a.
   a) Pflichtwidrigkeitszusammenhang
   b) Schutzzweck der verletzten Norm
   c) Trennung der Verantwortungsbereiche

II. Rechtswidrigkeit

III. Schuld
1. Subjektive Erfüllbarkeit der Sorgfaltspflicht
2. Subjektive Voraussehbarkeit des Erfolgs

I. Tatbestandsmäßigkeit

1. Verwirklichung des äußeren Unrechtstatbestands

Der äußere Unrechtstatbestand besteht bei den fahrlässigen Erfolgsdelikten aus Handlung, Erfolg sowie Kausalität.

a) Handlung

Handlung

Zunächst ist wie beim vorsätzlichen Begehungsdelikt zu erörtern, an welche Handlung die Strafbarkeit anknüpft.

319

Bei schlichten Tätigkeitsdelikten erschöpft sich die Verwirklichung des äußeren Unrechtstatbestands in der Vornahme einer tatbestandsmäßigen Handlung, sofern nicht besondere deliktsspezifische Merkmale (bspw. hinsichtlich der Täterqualität) normiert sind.

Bsp.: § 161 I (falsches Schwören), § 316 II (Fahren im betrunkenen Zustand)

b) Erfolg

Erfolgseintritt bei Erfolgsdelikten

Die meisten Fahrlässigkeitstatbestände setzen einen bestimmten Handlungserfolg voraus.

320

Bsp.: § 222 (= der Tod eines anderen Menschen), § 229 (= die Körperverletzung eines anderen Menschen)

c) Kausalität

Bei Erfolgsdelikten ist die Kausalität zwischen Handlung und Erfolg nach der conditio-sine-qua-non-Formel i.S.d. Äquivalenztheorie festzustellen.[28]

321

2. Objektive Sorgfaltspflichtverletzung

Im Anschluss daran ist das Vorliegen einer objektiven Sorgfaltspflichtverletzung zu prüfen.

---

[28] Siehe dazu die Ausführungen beim Vorsatzdelikt unter Rn. 68 ff.

a) Nichtbeachtung der im Verkehr erforderlichen Sorgfalt

Objektive Sorgfaltspflichtverletzung

Der Täter muss objektiv sorgfaltspflichtwidrig gehandelt haben.   *322*

Prüfungsumfang

Inhalt, Art und Maß der jeweiligen Sorgfaltspflicht müssen ermittelt und mit dem erfolgsbegründenden Verhalten des Täters verglichen werden. Entspricht das Verhalten des Täters den an die Sorgfaltspflicht zu stellenden Anforderungen, so handelt der Täter sorgfältig und verkehrsrichtig.

Unsorgfältig und verkehrswidrig handelt der Täter nur, wenn sein Verhalten hinter den Anforderungen der Sorgfaltspflicht zurückbleibt. Er hat dann das Maß des erlaubten Risikos überschritten.

b) Ableitung der Sorgfaltspflichten

Ableitung der Sorgfaltspflichten

Die objektiven Sorgfaltspflichten, die jedermann zu beachten hat, sind nicht ausdrücklich geregelt. In einer Klausur muss man daher – wie auch ein Richter – Verhaltenssätze formulieren, bei deren Missachtung von Fahrlässigkeit ausgegangen werden kann.   *323*

> *Bsp.: Wer auf einen Menschen schießt, handelt sorgfaltspflichtwidrig, wenn deshalb ein anderer Mensch verletzt wird, welcher neben dem anvisierten Opfer steht.*

In weniger eindeutigen Fällen gibt es bestimmte Grundregeln, die bei der Formulierung der allgemein einzuhaltenden Verhaltensregeln weiterhelfen können:

aa) Manchmal gibt es aus anderen Rechtsgebieten Regeln, die als Anhaltspunkte dienen können, worauf ein Mensch sein Verhalten abstellen muss. Auf derartige Regelungen ist v.a. dann einzugehen, wenn sie in der Sachverhaltsangabe mit abgedruckt sind.

Verhaltensmaßstäbe können sich beispielsweise ergeben aus:

⇨ speziellen Normen: z.B. aus dem StVG, der StVO, gewerbepolizeilichen Vorschriften, der Gefahrstoffverordnung

⇨ Verwaltungsakten: z.B. Anordnungen oder Auflagen im Zusammenhang mit Genehmigungen

⇨ der Verkehrssitte für bestimmte Verkehrskreise: z.B. *Jagdregeln, Sportregeln, Regeln der ärztlichen Kunst*; hier erfolgt umgekehrt eine Tatbestandsbeschränkung durch sozial-adäquates Verhalten, z.B. bei einem leichten Zusammenprall am Anfängerhügel eines Skilifts

bb) Soweit sich keine derartigen Regeln finden lassen, bietet sich für eine Argumentation an, die Schadenswahrscheinlichkeit und das Schadensrisiko mit den Vorteilen abzuwägen, die ein bestimmtes Verhalten mit sich bringt: Je höher und wahrscheinlicher der drohende Schaden, umso größer sind die Anforderungen, die an einen besonnenen und gewissenhaften Menschen gestellt werden.

c) Sonderfähigkeiten als Maßstab

Sonderfähigkeiten des Täters

Des Weiteren kann im Einzelfall fraglich sein, inwiefern **Sonderfähigkeiten** des Täters zu berücksichtigen sind:

324

Bsp.: Der berühmte Arzt T führt eine besonders schwierige Operation durch, bei welcher der Patient O stirbt. Dabei hatte T zwar die von einem Durchschnittschirurgen erwartete Sorgfalt beachtet, nicht aber das geleistet, was er aufgrund seiner besonderen Fähigkeiten vermocht hätte.

Nach h.M. werden größere Sonderfähigkeiten bereits im Rahmen der objektiven Sorgfaltspflichtverletzung berücksichtigt. Vergleichsmaßstab ist damit grundsätzlich ein Personenkreis mit entsprechenden Sonderfähigkeiten.

Das Kriterium der objektiven Pflichtwidrigkeit soll demnach eine Überspannung der Handlungspflichten vermeiden, aber den Sorgfaltspflichtigen nicht davor schützen, das ihm Bestmögliche zur Gefahrvermeidung zu leisten.

Demzufolge könnte sich T hier einer fahrlässigen Tötung strafbar gemacht haben.

Diese Ansicht stellt zwar eine Benachteiligung besonders Befähigter dar, ist aber im Hinblick auf den Schutzzweck der Fahrlässigkeitsstrafbarkeit, nämlich effektiv bestimmte Rechtsgüter zu schützen, wohl vorzugswürdig.

d) Begrenzung der Sorgfaltspflichten

Die Sorgfaltspflichten werden durch den Vertrauensgrundsatz und die Beurteilung als sog. „erlaubtes Risiko" begrenzt.

325

Der **Vertrauensgrundsatz** besagt, dass jeder sein Verhalten grundsätzlich nur darauf einzurichten braucht, dass dieses, isoliert gesehen, nicht zur Rechtsgutsverletzung führt. Der insoweit sorgfältig Handelnde darf sich darauf verlassen, dass sich die Mitmenschen ebenfalls sorgfaltsgerecht verhalten.

Bsp.: Der Fußgänger O läuft unvermittelt auf die Straße und wird vom Autofahrer T erfasst.

T durfte darauf vertrauen, dass O nicht auf die befahrene Straße laufen würde, als er ihn auf dem Gehweg spazieren sah. Er handelte somit nicht sorgfaltspflichtwidrig, indem er ungebremst auf O zufuhr, als dieser auf die Straße lief.

Ebenso sind sozialadäquate Verhaltensweisen, die ein sog. *erlaubtes Risiko* begründen, vom strafrechtlichen Vorwurf der Sorgfaltspflichtwidrigkeit ausgenommen.

Bsp.: Autofahren unter Beachtung der Verkehrsregeln

3. Objektive Voraussehbarkeit des Erfolgs

Vorhersehbarkeit

Objektiv vorwerfbar ist ein Verhalten nur dann, wenn das sorgfaltspflichtwidrige Handeln die konkrete Erfolgsherbeiführung (bei Erfolgsdelikten) bzw. die Tatbestandsverwirklichung (bei Tätigkeitsdelikten) vorhersehen lässt. Die objektive Voraussehbarkeit ist immer kurz zu erwähnen, jedoch in den seltensten Fällen neben dem Kriterium der objektiven Sorgfaltspflichtverletzung von eigenständiger Bedeutung.

326

Objektiv voraussehbar ist, was ein umsichtig handelnder Mensch aus dem Verkehrskreis des Täters unter den jeweils gegebenen Umständen aufgrund der allgemeinen Lebenserfahrung in Rechnung stellen würde.

4. Objektive Zurechnung

Objektive Zurechnung

Bei Erfolgsdelikten ist im Rahmen der Prüfung der objektiven Zurechnung festzustellen, dass sich gerade das Handlungsrisiko im konkreten Erfolgseintritt in tatbestandsmäßiger Weise realisiert hat. Neben der eigenverantwortlichen Selbstschädigung des Opfers und dem Dazwischentreten von Dritten (Autonomieprinzip) spielen hier insbesondere die Gesichtspunkte des Pflichtwidrigkeitszusammenhangs und des Schutzzwecks der Norm eine Rolle.

327

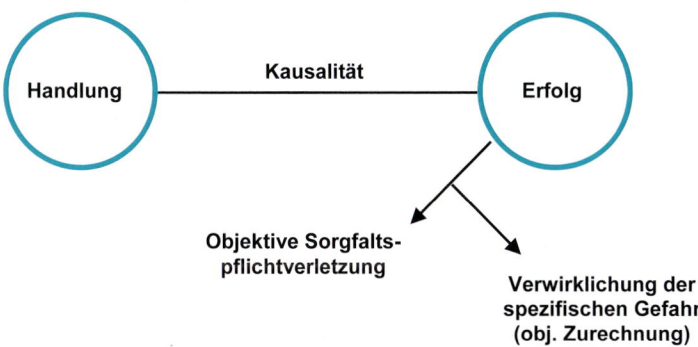

Anmerkung: Da bei Fahrlässigkeitsdelikten die Schaffung eines rechtlich missbilligten Risikos und der Adäquanzzusammenhang bereits Kriterien der objektiven Vorwerfbarkeit des Verhaltens sind, reduziert sich hier die Prüfung auf den Risikozusammenhang, auch Pflichtwidrigkeitszusammenhang genannt.

a) Pflichtwidrigkeitszusammenhang

Die objektive Zurechnung ist zu verneinen, wenn der Pflichtwidrigkeitszusammenhang fehlt. Dieser bezeichnet die innere Verbindung zwischen der Sorgfaltspflichtverletzung und dem konkreten Erfolgseintritt.

328

Nach h.M. fehlt es am Pflichtwidrigkeitszusammenhang u.a. dann, wenn der durch eine sorgfaltspflichtwidrige Handlung herbeigeführte Erfolg ebenso eingetreten wäre, wenn sich der Täter pflichtgemäß verhalten hätte. Dabei ist also auf ein **pflichtgemäßes Alternativverhalten** des Täters abzustellen und zu fragen, ob bei diesem Verhalten bei ansonsten gleichbleibendem Geschehensablauf der Erfolg gleichwohl eingetreten wäre (vgl. auch Rn. 86).

329

Merken Sie sich: Es sind weder alternative Verhaltensweisen Dritter noch die des Täters oder Opfers hinzuzudenken. Vielmehr ist zu dem Geschehen lediglich ein pflichtgemäßes Alternativverhalten hinzuzudenken und dann zu prüfen, ob der Erfolg ebenso eingetreten wäre.

Ausgangsfall

Bsp.: Der Fahrradfahrer O kommt zu Tode, als ihn der Lkw-Fahrer T mit zu geringem Seitenabstand (i.S.d. StVO) überholt. Da O erheblich angetrunken war, wäre er auch dann unter die Räder geraten, wenn T den erforderlichen Seitenabstand eingehalten hätte. Strafbarkeit des T nach § 222?

1. Tatbestand

a) Die Fahrt des T kann nicht hinweggedacht werden, ohne dass der tatbestandliche Erfolg entfiele, denn wäre T nicht mit dem Lkw gefahren, so wäre es auch nicht zu dem tödlichen Unfall gekommen. Die Handlung war damit kausal für den tatbestandlichen Erfolg i.S.d. conditio-sine-qua-non-Formel (Äquivalenztheorie).

b) Dadurch, dass T den zulässigen Sicherheitsabstand nicht eingehalten hatte, lag ein Verstoß gegen die objektiv gebotenen Sorgfaltspflichten vor, die es im Straßenverkehr zu beachten gilt. Diese allgemeinen Verhaltensregeln ergeben sich insbesondere aus der StVO (beim Überholen vgl. § 5 StVO). Es war für T auch objektiv erkennbar, dass der zu geringe Seitenabstand zum Tod des O führen konnte.

c) Der Tod des O müsste T jedoch auch objektiv zurechenbar sein. Dafür müsste sich gerade das durch die Sorgfaltspflichtverletzung seitens T geschaffene Handlungsrisiko im konkreten Erfolg verwirklicht haben.

Hier wäre der Erfolg laut Sachverhalt auch bei rechtmäßigem Alternativverhalten (Einhaltung des 1,5 m – Seitenabstands) eingetreten. Somit fehlt es am Pflichtwidrigkeitszusammenhang.

2. Ergebnis:
Der objektive Tatbestand wurde mangels objektiver Zurechenbarkeit des Erfolgseintritts nicht verwirklicht. T ist daher nicht gemäß § 222 strafbar.

Umstritten ist, ob der Pflichtwidrigkeitszusammenhang in den Fällen zu verneinen ist, bei denen nicht geklärt werden kann, ob der Erfolg mit an Sicherheit grenzender Wahrscheinlichkeit auch bei pflichtgemäßem Alternativverhalten eingetreten wäre.

330

Klassisches Beispiel in diesem Zusammenhang ist der

Radfahrerfall

Radfahrerfall (BGHSt 11, 1): T fährt mit seinem Lkw in einem zu geringen Abstand nach der StVO an O vorbei, der mit dem Fahrrad am rechten Straßenrand fährt. Während des Überholvorgangs gerät O ins Schwanken und dadurch mit dem Kopf unter die Hinterreifen des Anhängers. Eine der Leiche später entnommene Blutprobe ergibt für den Zeitpunkt des Unfalls eine Blutalkoholkonzentration von 2,2 Promille.

Es kann daher nicht ausgeschlossen werden, dass O auch dann unter die Räder geraten wäre, wenn T mit dem Lkw den ordnungsgemäßen Seitenabstand nach der StVO eingehalten hätte. Strafbarkeit des T gem. § 222?

Hinsichtlich Kausalität und objektivem Sorgfaltspflichtverstoß gilt das oben Gesagte. Im Rahmen der objektiven Zurechnung ist fraglich, ob sich im Erfolg gerade das von T durch die pflichtwidrige Handlung geschaffene Risiko niedergeschlagen hat. Problematisch ist hier, dass nicht geklärt werden konnte, ob O auch dann gestorben wäre, wenn T den korrekten Seitenabstand eingehalten hätte. Fallentscheidend ist daher, welche Anforderungen man an die Feststellung des Pflichtwidrigkeitszusammenhangs stellt.

⇨ Die h.M. wendet bezüglich des Erfolgseintritts den Grundsatz *„in dubio pro reo"* (lat.: im Zweifel für den Angeklagten) an. Das bedeutet, dass dem Täter der Erfolg als solcher schon dann nicht angelastet werden kann, wenn konkrete Anhaltspunkte dafür vorliegen, dass es bei pflichtgemäßem Alternativverhalten möglicherweise zum gleichen Erfolg gekommen wäre.

Wenn sich T rechtmäßig verhalten hätte, so ist nicht auszuschließen, dass O ebenfalls gestorben wäre.

Nach dem Grundsatz „in dubio pro reo" dürfen hier die Zweifel am Pflichtwidrigkeitszusammenhang nicht zu Lasten des T gehen. Der Erfolg hat somit seinen Grund *in dubio* nicht gerade im Sorgfaltspflichtverstoß, sodass die objektive Zurechnung zu verneinen ist. T wäre somit nicht nach § 222 strafbar.

⇨ Demgegenüber bejahen die Vertreter der sog. **Risikoerhöhungslehre** den Pflichtwidrigkeitszusammenhang bereits dann, wenn das pflichtwidrige Verhalten des Täters im Vergleich zu einem pflichtgemäßen Verhalten in den Grenzen des erlaubten Risikos das *Risiko des Erfolgseintritts messbar erhöht* hat. Ist also *ex post* eine Erhöhung der Erfolgswahrscheinlichkeit infolge des pflichtwidrigen Verhaltens anzunehmen, so bleibt der Erfolgseintritt zurechenbar, wenn dem Täter nicht der Nachweis gelingt, dass dieser bei rechtmäßigem Alternativverhalten gleichermaßen eingetreten wäre. Der Grundsatz „in dubio pro reo" kommt erst dann zur Anwendung, wenn zweifelhaft ist, ob der Sorgfaltspflichtverstoß risikoerhöhend wirkt.

Demzufolge genügt es für die Bejahung des Pflichtwidrigkeitszusammenhangs, dass die Missachtung des vorgeschriebenen Seitenabstands durch T das Todesrisiko für O gegenüber dem erlaubten Risiko (d.h. dem Überholvorgang bei Einhaltung des 1,5 m - Seitenabstands) erhöht hat, was mit Sicherheit feststeht. Nach diesem Maßstab käme es folglich gar nicht darauf an, dass O eventuell auch gestorben wäre, wenn T den erforderlichen Seitenabstand eingehalten hätte. Der Erfolg wäre somit objektiv zurechenbar und T gemäß § 222 strafbar, da er auch rechtswidrig und schuldhaft handelte.

⇨ **Kritik:** Die Risikoerhöhungslehre missachtet den Grundsatz „in dubio pro reo", indem sie aufgrund einer Gefahrsteigerung auf eine zu beweisende Zurechnung des Erfolgs verzichtet. Durch diese Beweislastumkehr werden faktisch die Erfolgsdelikte unzulässigerweise in Gefährdungsdelikte umfunktioniert.

hemmer-Methode: Der Grundsatz „in dubio pro reo" wird aus § 261 StPO (der Richter muss von der Tat des Angeklagten *überzeugt* sein) und Art. 6 II der Europäischen Menschenrechtskonvention (EMRK) hergeleitet (sog. Unschuldsvermutung).
Für Sie in der Klausur bedeuten Beweiszweifel, dass Sie den Sachverhalt - unter Berufung auf „in dubio pro reo" - so zu subsumieren haben, als ob die für den Täter günstigere Sachverhaltsvariante vorliegt.

b) Schutzzweck der Norm

Schutzzweck der Norm

Eine weitere Kategorie der objektiven Zurechnung ist die Frage, ob der konkrete Erfolgseintritt nach dem Schutzzweck der einschlägigen Norm vermieden werden sollte. Verwirklicht sich nicht das durch die Norm verbotene, sondern nur ein anderes Risiko, ist der Erfolg dem Täter nicht zuzurechnen (vgl. auch Rn. 85).

Bsp.: T überfährt mit dem Auto das Kind O, das so plötzlich vor sein Auto gelaufen war, dass er unmöglich bremsen konnte. Aufgrund von Zeugenaussagen ist jedoch bekannt, dass T zwar nicht an der Unfallstelle, aber in der vorausgegangenen Tempo-30-Zone statt 30 km/h mit 70 km/h gefahren war. Der Staatsanwalt argumentiert, bei rechtmäßiger Fahrweise wäre O nicht getötet worden, weil T dann die Unfallstelle erst erreicht hätte, nachdem O die Straße schon überquert hätte.

Geschwindigkeitsbegrenzungen haben den Zweck, in ihrem Geltungsbereich ein besseres Reagieren auf andere Verkehrsteilnehmer zu ermöglichen. Sie sollen nicht dazu führen, zu einem bestimmten Zeitpunkt an einem bestimmten Ort angelangt zu sein oder nicht. Insoweit liegt die Tötung außerhalb des Schutzzwecks der Geschwindigkeitsbegrenzung. Wäre nämlich allein das Erreichen der Unfallstelle maßgebend, so könnte man dem T mit derselben Begründung vorwerfen, nicht noch schneller gefahren zu sein, denn dann hätte er die Unfallstelle bereits hinter sich gelassen, als O auf die Straße sprang. Ein solches Verständnis überzeugt deshalb nicht.

c) Zurechnungsausschluss nach dem Autonomieprinzip

aa) Zur eigenverantwortlichen Selbstschädigung siehe Rn. 88.

332

bb) In der Fallgruppe des **Dazwischentretens eines vorsätzlich und schuldhaft handelnden Dritten** erfolgt nach *einer Ansicht* ein Zurechnungsausschluss dann nicht, wenn die fahrlässig gesetzte Bedingung im Erfolg noch in vorhersehbarer Weise fortwirkt. Nach *anderer Ansicht* schließt das vorsätzliche und schuldhafte Anknüpfungshandeln eines Dritten stets die Fahrlässigkeitshaftung des Ersthandelnden aus. Eine vermittelnde Ansicht sieht nach dem *Prinzip der begrenzten Verantwortungsbereiche* die Zurechnungskette unterbrochen, wenn keine erkennbaren Anzeichen für die Tatgeneigtheit des Dritten erkennbar sind und den gefahrschaffenden Ersthandelnden keine besonderen Schutzpflichten zur Schadensverhütung treffen. Letztgenannte Ansicht ist vorzugswürdig, da sie zu sachgerechten Ergebnissen kommt, siehe etwa folgendes Beispiel:

333

> *Bsp.: Der Detektiv T lässt seine geladene Pistole auf dem Schreibtisch seines Büros liegen. Der Klient D nutzt die Gelegenheit und erschießt mit der entwendeten Pistole O. Strafbarkeit des T nach § 222?*
>
> Das Liegenlassen einer geladenen Pistole stellt eine sorgfaltspflichtwidrige Handlung dar, die kausal für den Tod des O war. Der Erfolgseintritt könnte dem T jedoch nach dem Autonomieprinzip nicht zurechenbar sein, da er zwar fahrlässig die Vorbedingung gesetzt hat, D jedoch vorsätzlich und schuldhaft den Tatbestand des § 212 I verwirklicht hat. Grundsätzlich darf jeder auf das rechtstreue Verhalten seiner Mitmenschen vertrauen. Hier lag die Tötung des O mit der Waffe jedoch noch im Verantwortungsbereich des T. Denn § 36 WaffG verpflichtet den Waffenbesitzer gerade deshalb zur sorgfältigen Verwahrung der Waffe, um die Allgemeinheit vor einem Einsatz der Waffe seitens Dritter zu schützen. T trifft daher die Verpflichtung, die geschaffene Gefahrenquelle zu überwachen, was eine Fahrlässigkeitshaftung rechtfertigt. Somit ist ein Zurechnungsausschluss zu verneinen. T ist gemäß § 222 strafbar, da er auch rechtswidrig und schuldhaft handelte (a.A. vertretbar).

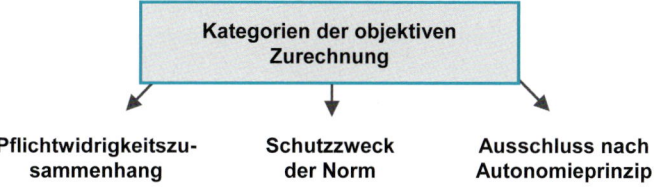

II. Rechtswidrigkeit

Rechtswidrigkeit

Für die Rechtswidrigkeit des Täterverhaltens gelten die Ausführungen zum vorsätzlichen Begehungsdelikt (vgl. Rn. 123 ff.) weitgehend entsprechend. Ein subjektives Rechtfertigungselement ist im Rahmen der Fahrlässigkeitstat nach h.M. nicht erforderlich. Dies folgt daraus, dass Rechtfertigungsgründe das durch die Verwirklichung eines Tatbestands indizierte Unrecht kompensieren. Bei Fahrlässigkeit des Täters handelte dieser gerade nicht vorsätzlich (insoweit kein Handlungsunrecht). Demzufolge ist für eine Kompensation auch kein subjektives Rechtfertigungselement zu fordern.

334

III. Schuld

Schuld

Auch für die Schuld gelten die Ausführungen zum Vorsatzdelikt entsprechend. Zusätzlich ist aber Folgendes **zu beachten**:

335

1. Subjektiver Sorgfaltspflichtverstoß

Subjektive Sorgfaltspflichtwidrigkeit und Vorhersehbarkeit

Korrespondierend zum Tatbestand ist auf der Schuldebene zu prüfen (und in der Klausur auch immer kurz anzusprechen), ob der Täter auch subjektiv, d.h. nach seinen Fähigkeiten, pflichtwidrig gehandelt hat und den Erfolg vorhersehen konnte (***subjektive Vorhersehbarkeit und Vermeidbarkeit***). In aller Regel ist dies unproblematisch zu bejahen, vgl. aber etwa das folgende Beispiel:

> ***Bsp.:*** *Zeuge T leistet vor Gericht einen fahrlässigen Falscheid nach § 161 I. Zwar wäre dies grundsätzlich erkennbar gewesen, nicht aber für den einfältigen T.*

Hier ist zwar der Tatbestand des fahrlässigen Falscheides erfüllt, nach dem von der h.M. anzulegenden subjektiven Maßstab entfällt aber die Fahrlässigkeitsschuld.

2. Unzumutbarkeit normgemäßen Verhaltens

Unzumutbarkeit normgemäßen Verhaltens

Als besonderen Entschuldigungsgrund über § 35 hinaus erkennt die h.M. die Unzumutbarkeit normgemäßen Verhaltens an. Dies rechtfertigt sich vor dem Hintergrund des geringeren Unrechtsgehalts der Fahrlässigkeitstat. Gemeint sind Situationen, in denen durch die objektiv gebotene und individuell erreichbare Sorgfaltsanwendung Nachteile entstehen, deren Nichthinnahme verständlich erscheint. Die Zumutbarkeit normgerechten Verhaltens beurteilt sich nach der konkreten Interessenlage des Täters sowie dem Grad und der Schwere der drohenden Rechtsgutsverletzung. Je schwerwiegender die Gefahr ist, desto eher ist dem Täter die Preisgabe seiner Interessen zuzumuten (Einzelfallabwägung).

§ 6 Das erfolgsqualifizierte Delikt

A. Einleitung

Mischtatbestand

Das StGB kennt neben reinen Vorsatz- und Fahrlässigkeitsdelikten auch Mischtatbestände, die Vorsatz bei der Tathandlung und wenigstens Fahrlässigkeit hinsichtlich einer besonderen Tatfolge voraussetzen. Neben den sog. Vorsatz-Fahrlässigkeits-Kombinationen, bei denen der Vorsatzteil des Tatbestands für sich gesehen nicht selbständig strafbar ist (z.B. §§ 308 V, 315 V, 315a III Nr. 1, 315b IV, 315c III Nr. 1), sind hier insbesondere die **erfolgsqualifizierten Delikte** zu nennen (z.B. §§ 226, 227, 221 III, 251, 306c). Diese verlangen auf Tatbestandsseite die vorsätzliche Verwirklichung eines selbständig mit Strafe bedrohten Grunddelikts und zusätzlich den Eintritt einer besonderen Tatfolge. Hinsichtlich der besonderen Folge muss dem Täter – anders als bei den normalen Qualifikationen – lediglich (einfache) Fahrlässigkeit zur Last fallen, vgl. § 18, bzw. Leichtfertigkeit als gesteigerte Form der Fahrlässigkeit bei entsprechender gesetzlicher Bestimmung (z.B. § 251).

336

Anmerkung: Da § 18 fordert, dass dem Täter *wenigstens* Fahrlässigkeit zur Last fallen muss, ist auch eine vorsätzliche Herbeiführung der schweren Folge möglich.

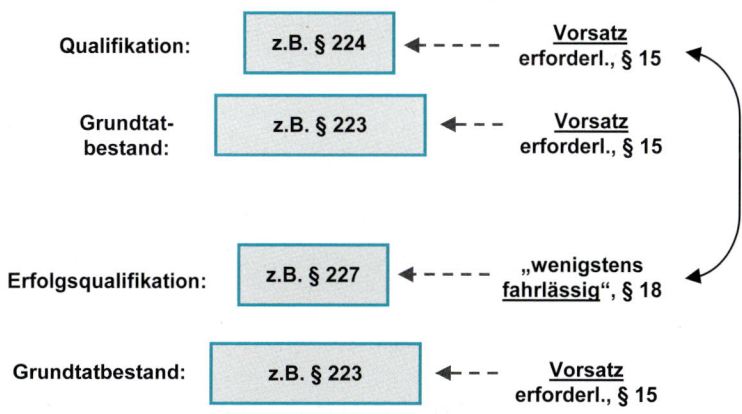

Höherer Strafrahmen

Auf Rechtsfolgenseite ermöglicht das erfolgsqualifizierte Delikt eine drastisch höhere Bestrafung im Vergleich zu dem jeweiligen vorsätzlichen Grunddelikt oder dem fahrlässigen Erfolgsdelikt.

337

> **Bsp.:** *Bei der einfachen Körperverletzung (§ 223) ist ein Strafrahmen von Freiheitsstrafe bis zu fünf Jahren möglich. Der gleiche Strafrahmen trifft auf die fahrlässige Tötung (§ 222) zu. Dagegen ist eine Körperverletzung mit Todesfolge (§ 227), die quasi die Synthese beider Delikte (§ 223 und § 222) darstellt, mit Freiheitsstrafe von nicht unter drei und bis zu 15 Jahren (vgl. § 38 II) zu bestrafen.*

Vorsatzcharakter, § 11 II

Das Gesetz ordnet diese Mischtatbestände gemäß § 11 II als Vorsatzdelikte ein. Daraus folgt:

⇨ Die Regelungen der Beteiligung in §§ 25-27 finden Anwendung.

⇨ Das erfolgsqualifizierte Delikt kann nach §§ 22-24 grundsätzlich versucht werden; zu den Besonderheiten s.u. Rn. 342 ff.

B. Besonderheiten im Prüfungsaufbau

Der Aufbau des erfolgsqualifizierten Delikts entspricht im Wesentlichen demjenigen des Vorsatzdelikts. Zusätzlich wird im Rahmen von Tatbestandsmäßigkeit und Schuld die Herbeiführung der schweren Folge einbezogen:

Aufbauschema des erfolgsqualifizierten Delikts

Das erfolgsqualifizierte Delikt

I. Tatbestandsmäßigkeit

1. Verwirklichung des Grunddelikts

    objektiver und subjektiver Tatbestand des (Vorsatz-)Grunddelikts

2. Schwere Folge

    a) Eintritt des qualifizierenden Erfolgs

    b) Kausalität zwischen grunddeliktischer Handlung und schwerer Folge

    c) Fahrlässigkeit bzw. (bei entsprechender Normierung) Leichtfertigkeit hinsichtlich der Herbeiführung der schweren Folge

3. Tatbestandsspezifischer Gefahrzusammenhang zwischen Grunddelikt und schwerer Folge

II. Rechtswidrigkeit

III. Schuld

Beachten Sie: subjektiver Fahrlässigkeitsvorwurf bezüglich schwerer Folge kurz anzuprüfen

> **Anmerkung:** Beim Prüfungspunkt „Fahrlässigkeit bzgl. der Erfolgsherbeiführung" liegt die objektive Sorgfaltspflichtverletzung, die für die Bejahung der Fahrlässigkeit nötig ist, regelmäßig schon in der vorsätzlichen Verwirklichung des Grunddelikts. Daher muss nach h.M. die Nichtbeachtung der im Verkehr erforderlichen Sorgfalt nicht mehr geprüft werden, sondern nur noch die *objektive Vorhersehbarkeit* der schweren Folge.

C. Tatbestandsspezifischer Gefahrzusammenhang (Unmittelbarkeitserfordernis)

Tatbestandsspezifischer Gefahrzusammenhang

Nach einhelliger Ansicht genügt es bei den erfolgsqualifizierten Delikten nicht, dass der Zusammenhang zwischen grunddeliktischer Handlung und schwerer Folge nach den allgemeinen Kriterien der objektiven Zurechnung beurteilt wird. Die hohe Strafschärfung ist nur dann gerechtfertigt, wenn sich im Eintritt der besonderen Tatfolge eine darauf bezogene, der Verwirklichung des vorsätzlichen Grunddelikts innewohnende tatbestandsspezifische Gefahr realisiert.[29]

340

Vorgehensweise bei der Prüfung des tatbestandsspezifischen Gefahrzusammenhangs:

1. Schritt: ⇨ Welche typischen Gefahren haften dem Grunddelikt an?

2. Schritt: ⇨ Hat das grunddeliktische Verhalten das tatbestandstypische Risiko geschaffen?

3. Schritt: ⇨ Hat sich dieses Risiko im konkreten Erfolgseintritt verwirklicht?

Anknüpfungspunkt des tatbestandsspezifischen Gefahrzusammenhangs

Umstritten ist, was der Anknüpfungspunkt des tatbestandsspezifischen Gefahrzusammenhangs ist. In Betracht kommt die spezifische Gefährlichkeit der grunddeliktischen **Handlung** oder die des grunddeliktischen **Erfolgs**.

341

---

[29] Auch tatbestandlicher Gefahrzusammenhang bzw. Unmittelbarkeitsgrundsatz genannt.

Bsp. zu § 227: *Der Polizeibeamte T will mit seiner geladenen Dienstwaffe dem O einen Schlag auf den Kopf versetzen. Bereits bei der Ausholbewegung löst sich ein Schuss, der den O tödlich trifft.*

Nach der sog. Letalitätstheorie muss sich die Todesfolge aus der Wunde, d.h. dem Verletzungs**erfolg** ergeben.

Dies wäre im Fall nicht gegeben, da ein Körperverletzungserfolg i.S.d. § 223 I gar nicht eingetreten ist und die schwere Folge nur aus der Körperverletzungs**handlung** resultiert. Die h.M. lässt jedoch für die Anwendung des § 227 genügen, dass sich der Tod als Folge der Verletzungs**handlung** darstellt. Im Fall hat sich gerade die Gefährlichkeit der Körperverletzungshandlung (Ausholen mit einer geladenen Schusswaffe) in der Todesfolge niedergeschlagen. Nach h.M. wäre also eine Strafbarkeit aus § 227 gegeben.[30]

D. Versuch und Rücktritt

Wegen § 11 II kann ein erfolgsqualifiziertes Delikt versucht werden. Zu differenzieren ist zwischen dem erfolgsqualifizierten Versuch und dem Versuch der Erfolgsqualifikation.

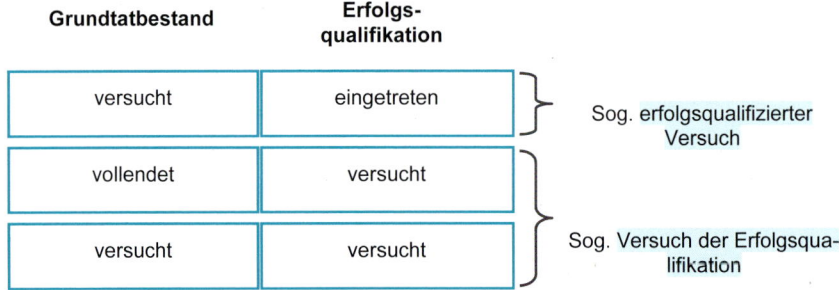

I. Erfolgsqualifizierter Versuch

Hier ist das Grunddelikt nicht (vollständig) verwirklicht. Bei dessen Versuch wird jedoch – jedenfalls fahrlässig – der qualifizierte Erfolg herbeigeführt.

---

[30] Diese BT-Problematik können Sie anhand der **Fälle 9 und 12 aus „Die 44 wichtigsten Fälle Strafrecht BT II"** vertiefen.

Bsp.: *T schlägt O mit einem Baseballschläger auf den Kopf, um ihm sogleich die Geldbörse wegzunehmen. Als er von Passanten überrascht wird, flieht er ohne die Geldbörse. O stirbt infolge der Kopfverletzungen.*

Die Versuchsstrafbarkeit nach §§ 251, 249 I, 22, 23 I hängt davon ab, ob das Gesetz den qualifizierten Erfolg an die tatbestandliche Handlung (Gewaltanwendung) oder an den Tatbestandserfolg (Wegnahme der Beute) knüpft. Bei § 251 resultieren die tatbestandstypischen Gefahren aus dem Nötigungselement, sodass eine Versuchsstrafbarkeit grundsätzlich möglich ist.

Merken Sie sich: Nur die Anknüpfung an die Handlungsgefährlichkeit führt zur Strafbarkeit des erfolgsqualifizierten Versuchs.

II. Versuch der Erfolgsqualifikation

Da § 18 *wenigstens* Fahrlässigkeit hinsichtlich der Herbeiführung der schweren Folge verlangt, kommt auch eine vorsätzliche Verwirklichung und mithin der Versuch der Erfolgsqualifikation in Betracht.

344

Zu unterscheiden sind zwei Fallkonstellationen:

⇨ 1. Grunddelikt vollendet, vom Täter gewollte oder zumindest billigend in Kauf genommene Folge aber ausgeblieben

Bsp.: *T gelingt im obigen Beispiel die Wegnahme der Geldbörse, bevor die Passanten ihn erreichen. Beim Schlag mit dem Baseballschläger hatte er (zumindest bedingten) Tötungsvorsatz. O überlebt aber die Kopfverletzung.*

Die Behandlung dieser Konstellation ist unstrittig. Es liegt neben dem vollendeten Raub ein Versuch der Erfolgsqualifikation nach §§ 251, 249 I, 22, 23 I vor.

⇨ 2. Grunddelikt nur versucht, sowie vom Täter gewollte oder zumindest billigend in Kauf genommene Folge ausgeblieben

Bsp.: *T wird im obigen Beispiel von Passanten überwältigt, bevor er O niederschlagen kann.*

Auch hier wird eine Versuchsstrafbarkeit nach §§ 251, 249 I, 22, 23 I diskutiert. Teilweise wird wegen der sehr hohen Strafandrohung bei § 251 bei einem nur versuchten Grunddelikt die Konstruktion des Versuchs der Erfolgsqualifikation abgelehnt (str.).

hemmer-Methode: Beachten Sie, dass versuchter Mord bzw. Totschlag gemäß §§ 212 I, (211), 22, 23 I regelmäßig hierzu in Tateinheit (§ 52) steht. Nur so wird klar, dass der Täter Tötungsvorsatz im Rahmen eines Raubgeschehens hatte.

III. Rücktritt vom erfolgsqualifizierten Versuch

Rücktritt vom erfolgsqualifizierten Delikt

Bei erfolgsqualifizierten Delikten ist ein strafbefreiender Rücktritt nach h.M. auch dann noch möglich, wenn die im Gesetz umschriebene schwere Folge (wie etwa die Todesfolge in §§ 227, 251) schon durch den Versuch des Grunddelikts fahrlässig bzw. leichtfertig herbeigeführt worden ist.

Denn mit der Aufhebung der Strafbarkeit wegen des versuchten Grunddelikts entfällt der erforderliche Anknüpfungspunkt für die Qualifikation. Dafür spricht außerdem, dass die erfolgsqualifizierten Delikte trotz der Fahrlässigkeitskomponente hinsichtlich der schweren Folge gem. § 11 II als Vorsatzdelikte eingeordnet werden, bei denen der Rücktritt möglich bleiben muss, solange ein Versuch vorliegt. Dies ist aber gerade der Fall, wenn der Grundtatbestand im Versuchsstadium „stecken geblieben" ist. Die Strafbarkeit des Täters hinsichtlich der fahrlässigen Herbeiführung der schweren Folge (etwa nach § 222) bleibt davon unberührt.[31]

---

[31] Siehe dazu **Fall 26 aus „Die 34 wichtigsten Fälle zum Strafrecht AT"**.

§ 7 Die Unterlassungstat

A. Einführung

I. Allgemeines

Unterlassungsdelikte

Neben dem aktiven Tun bildet das Unterlassen die zweite Grundform menschlichen Verhaltens. Da auch die Nichtvornahme einer geforderten Handlung Unrecht verwirklichen kann, muss ein solches Unterlassen strafrechtliche Bedeutung haben. Die Unterlassungsdelikte werden in zwei Gruppen unterteilt.

⇨ Echte Unterlassungsdelikte

⇨ Unechte Unterlassungsdelikte

Echtes Unterlassungsdelikt

Bei den sog. **echten Unterlassungsdelikten** handelt es sich um eigenständige Straftatbestände des BT, die nur durch Unterlassen verwirklicht werden können. Eine besondere Garantenstellung ist nicht erforderlich, die Pflicht zum Handeln ergibt sich aus dem jeweiligen Tatbestand selbst.

Bspe.: § 138 (Nichtanzeige geplanter Straftaten), § 323c I (unterlassene Hilfeleistung), § 123 I Alt. 2 („Sich-nicht-entfernen").

Unechtes Unterlassungsdelikt

Während Probleme der echten Unterlassungsdelikte dem BT zuzuordnen sind, handelt es sich bei dem Begriff der sog. **unechten Unterlassungsdelikte** um eine Materie des AT. Denn wie sich aus § 13 ergibt, kann grundsätzlich jedes Delikt auch durch Unterlassen begangen werden. Die folgenden Überlegungen zeigen die Besonderheiten auf, die es zu beachten gilt.

Bsp.: Eine Person (O) ertrinkt in einem See. Hier hat es jeder Mensch auf der Welt unterlassen, O zu retten.

Um den Kreis derer zu ermitteln, die nach den §§ 212, 13 (Totschlag durch Unterlassen) zu bestrafen sind, bedarf es zunächst der Feststellung, ob sich Menschen in der Nähe befanden, für welche die Möglichkeit bestand, den O zu retten. Dies allein genügt allerdings nicht, es muss sie auch eine *besondere* Pflicht (Garantenpflicht) treffen, den O aus dem Wasser zu holen. Eine solche Pflicht bestünde beispielsweise unter nahen Verwandten.

346

347

348

Besteht keine solche Pflicht, so greift möglicherweise § 323c I (unterlassene Hilfeleistung) ein. § 323c I begründet eine *allgemeine*, d.h. für jedermann bestehende Pflicht, anderen Menschen in Unglücksfällen zu helfen.

hemmer-Methode: Zum Verhältnis der §§ 212 I, 13 I zum § 323c I sei bemerkt, dass die unterlassene Hilfeleistung hinter dem Totschlag durch Unterlassen aufgrund Subsidiarität zurücktritt.

II. Grundsätzliches zur Unterlassungsstrafbarkeit nach § 13

Der Täter muss gemäß § 13 I auf Tatbestandsebene

⇨ objektiv die Möglichkeit zur Erfolgsabwendung besitzen

⇨ rechtlich für die Erfolgsabwendung einzustehen haben (Garantenstellung und Garantenpflicht)

⇨ durch Unterlassen eine der aktiven Erfolgsherbeiführung gleichwertige Tatbestandsverwirklichung vornehmen (Modalitätenäquivalenz)

⇨ durch das Unterlassen „kausal" und objektiv zurechenbar den Erfolg verursachen

Auf Rechtfertigungsebene tritt bei der Unterlassungstat der besondere Rechtfertigungsgrund der Pflichtenkollision hinzu.

Die Unzumutbarkeit der Erfolgsabwendung stellt nach überwiegender Ansicht einen besonderen Entschuldigungsgrund dar. Nach anderer Ansicht ist die Zumutbarkeit Tatbestandsmerkmal, das Voraussetzung der rechtlichen Verpflichtung zur Erfolgsabwendung (Garantenpflicht) ist.

B. Das vorsätzliche Unterlassungsdelikt

Aufbau

Aus den besonderen Voraussetzungen des § 13 I ergeben sich folgende Konsequenzen für den Aufbau:

Das vorsätzliche unechte Unterlassungsdelikt

I. Tatbestandsmäßigkeit

1. Objektiver Tatbestand

    a) Eintritt des tatbestandsmäßigen Erfolgs und ggf. weitere deliktsspezifische äußere Merkmale

    b) Tathandlung: Nichtvornahme der zur Erfolgsabwendung objektiv gebotenen und dem Täter möglichen Handlung *(Unterlassen in Abgrenzung zum positiven Tun)*

    c) Hypothetische Kausalität des Unterlassens

    d) Objektive Zurechnung

> e) Garantenstellung
> f) Evtl. zu prüfen: Entsprechungsklausel
> 2. Subjektiver Tatbestand
>   a) Vorsatz
>   b) Ggf. deliktsspezifische subjektive Merkmale
> 3. Evtl. zu prüfen: Objektive Strafbarkeitsbedingungen
> II. **Rechtswidrigkeit, insbes. rechtfertigende Pflichtenkollision**
> III. **Schuld, insbesondere Unzumutbarkeit normgemäßen Verhaltens**

I. Tatbestandsmäßigkeit

1. Abgrenzung: Aktives Tun – Unterlassen

Tun / Unterlassen

Erster Prüfungspunkt im Rahmen der Unterlassungsdelikte ist die Abgrenzung von aktivem Tun und Unterlassen. Probleme bereitet diese Abgrenzung bei *mehrdeutigen Verhaltensweisen*, die Elemente des aktiven Tuns und der Untätigkeit beinhalten. Da an die Tatbestandsverwirklichung durch aktives Tun oder durch Unterlassen unterschiedliche rechtliche Voraussetzungen geknüpft sind, kann diese Abgrenzung nicht offenbleiben.

351

⇨ **Eine Ansicht** versucht, die Abgrenzung anhand naturalistischer Kriterien zu lösen. Danach soll aktives Tun gegeben sein, wenn ein **Energieeinsatz** in eine bestimmte Richtung stattgefunden hat. Ein Unterlassen liegt dagegen in einem Nichteinsetzen von Energie in eine bestimmte Richtung.

Schwerpunkt

⇨ Die **h.M.** ist der Ansicht, dass eine rein empirische Betrachtung nicht ausreicht. Die Abgrenzung muss mittels einer Wertung getroffen werden. Entscheidend für die Abgrenzung zwischen aktivem Tun und Unterlassen ist, wo bei normativer (wertender) Betrachtung unter Berücksichtigung des sozialen Sinngehalts der **Schwerpunkt des strafrechtlich relevanten Handelns** liegt.

Bsp.: Ein bei Dunkelheit ohne Licht fahrender Fahrradfahrer fährt einen Fußgänger an, der an den Folgen des Unfalls stirbt. Hier liegt der Schwerpunkt des vorwerfbaren Verhaltens im aktiven Tun des Anfahrens und nicht im Unterlassen des Licht-Einschaltens. Daher kommt eine Bestrafung aus § 222 in Form des Begehungsdelikts in Betracht.

Rettungsfälle

Beliebtes Klausurthema ist die **Vereitelung der Rettung einer Person.** Hierbei ist nach h.M. folgendermaßen zu unterscheiden:

⇨ Bricht der Täter eine fremde Rettungsmaßnahme ab (reißt er z.b. einem Dritten das Seil aus der Hand, mit dem dieser den Ertrinkenden retten will), liegt darin ein aktives Tun.

⇨ Bricht der Täter dagegen seine eigene Rettungsmaßnahme ab (*zieht er also z.b. das Seil wieder zurück, das er selbst dem Ertrinkenden zugeworfen hat*), ist nach wohl h.M. danach zu differenzieren, ob die Rettungshandlung das Opfer schon erreicht und ihm eine realisierbare Rettungsmöglichkeit eröffnet hat.

⇨ Ist dies der Fall (hat der Ertrinkende z.B. das Seil schon erreicht), liegt ein Tun vor.

⇨ Ist dies nicht der Fall (zieht der Täter z.B. das Seil schon drei Meter über der Wasseroberfläche wieder zurück, während der Ertrinkende noch 20 Meter entfernt ist), ist von Unterlassen auszugehen.

hemmer-Methode: In den ersten beiden Fällen liegt der Schwerpunkt normativ auf dem Zunichtemachen einer bestehenden Rettungsaktion (= Tun), in letzterem auf der Nichtvornahme der Rettung (= Unterlassen).

„Abgrenzung zwischen Tun und Unterlassen"

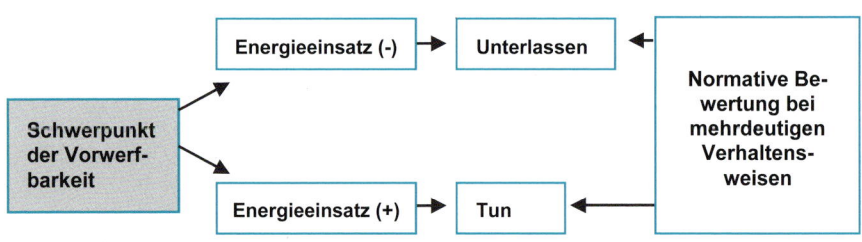

2. Erfolgseintritt durch Nichtvornahme der möglichen Abwendungshandlung

Nichtvornahme der möglichen Handlung

a) Der Täter muss den tatbestandlich vorausgesetzten Erfolg durch das Unterlassen einer ihm **subjektiv möglichen Abwendungshandlung** „verursacht" haben.

Bsp.: *Diese Möglichkeit fehlt insbesondere bei völliger Handlungsunfähigkeit, z.B. bei Ohnmacht des Täters oder wenn der Täter gefesselt oder gelähmt ist, ferner bei mangelnder räumlicher Nähe zur Gefahrensituation, bei Fehlen von zur Rettung nötigen Hilfsmitteln bzw. der zum Gebrauch nötigen Kenntnisse oder bei individueller Unfähigkeit (so kann z.B. ein Nichtschwimmer einen Ertrinkenden nicht aus dem Wasser holen).*

Zumutbarkeit

b) Nach der *wohl h.M.* ist die *Zumutbarkeit* anders als bei den echten Unterlassungsdelikten (vgl. § 323c I) eine Frage der Schuld, da diese in § 13 gerade nicht vorausgesetzt wird.

354

Hypothetische Kausalität

c) Da ein Unterlassen als solches keinen Ursachenzusammenhang auslösen kann, gibt es bei Unterlassungsdelikten *keine Kausalität im eigentlichen (naturwissenschaftlichen) Sinne.*

355

Modifikation der conditio-Formel im Sinne der hypothetischen Erfolgsabwendung

Daher ist die conditio-sine-qua-non-Formel i.S.d. Äquivalenztheorie zu modifizieren: Gefordert wird eine **hypothetische Kausalität** in dem Sinne, dass die vorzunehmende Handlung nicht hinzugedacht werden kann, ohne dass der tatbestandsmäßige Erfolg mit an Sicherheit grenzender Wahrscheinlichkeit entfiele. Dies wird auch „Quasi-Kausalität" genannt. Dabei ist stets auf den konkreten Erfolgseintritt abzustellen.

Objektive Zurechnung

Allerdings kann auf der Ebene der **objektiven Zurechnung** berücksichtigt werden, dass das bedrohte Rechtsgut insgesamt auch bei Vornahme einer möglichen Handlung nicht gerettet worden wäre.

356

Bsp.: Die Wohnung der Familie F im 5. Stock eines Hochhauses steht in Flammen. Eine Flucht durch die Tür ist nicht möglich. Der Vater T scheut sich dennoch, sein Kind O aus dem Fenster in die Arme hilfsbereiter Passanten zu werfen. Das Kind erleidet daher den Flammentod.

Die Kausalität ist hier zu bejahen, da der Tod durch Verbrennen bei einem Wurf aus dem Fenster nicht eingetreten wäre. Allerdings scheitert die Bestrafung – wenn davon ausgegangen wird, dass das Kind den Sturz nicht bzw. nicht mit an Sicherheit grenzender Wahrscheinlichkeit überlebt – an der fehlenden objektiven Zurechenbarkeit: Es fehlt am **Pflichtwidrigkeitszusammenhang**, da nicht auszuschließen ist, dass der gleiche Erfolg auch bei pflichtgemäßem Verhalten (Rettung vor Flammentod durch Fensterwurf) eingetreten wäre.

> **hemmer-Methode:** Beim vorsätzlichen Unterlassungsdelikt kann - anders als beim vorsätzlichen Begehungsdelikt - die objektive Zurechnung durch die Einbeziehung des hypothetischen Kausalverlaufs entfallen. Hintergrund ist, dass es nicht der Sinn der Statuierung einer Handlungspflicht sein kann, eine Erfolgsursache durch eine andere auszutauschen.

3. Garantenstellung

Garantenstellung

Nach § 13 I ist ein Täter wegen Unterlassens der Erfolgsabwendung nur dann strafbar, „wenn er rechtlich dafür einzustehen hat, dass der Erfolg nicht eintritt...".

357

Dieses „rechtliche Einzustehen-Haben" wird als *Garantenstellung* bezeichnet und stellt ein zusätzliches Zurechnungserfordernis dar.

Aus einem unechten Unterlassungsdelikt soll nur derjenige bestraft werden, der entweder für die Unversehrtheit eines Rechtsguts (sog. *Beschützergarant*) oder für die Abschirmung einer Gefahrenquelle (sog. *Überwachungsgarant*) verantwortlich ist.

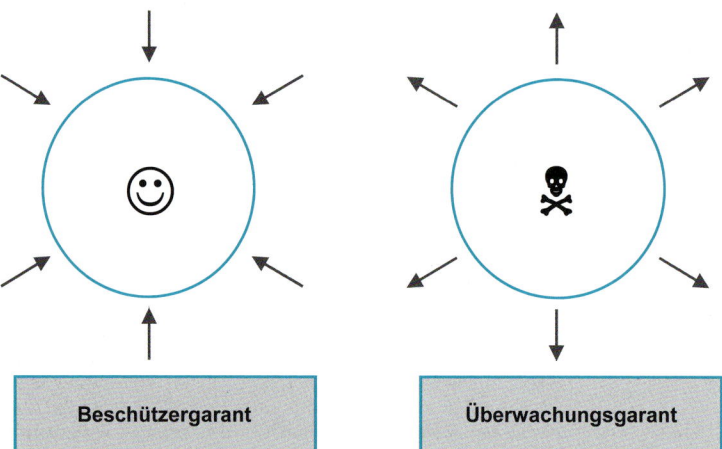

Gründe für Garantenpflichten

Die wichtigsten Gründe, aus denen sich Garantenstellungen ergeben können, werden im Folgenden überblicksartig vorgestellt:

358

> **Garantenpflichten**
>
> **I. Beschützergarantenpflichten**
>
> 1. Aus **Gesetz**:
>   z.B. §§ 1353, 1626, 1631, 1800 BGB
>
> 2. Aus **rechtlich fundierten Verhältnissen enger natürlicher Verbundenheit**: z.B. Ehegatten, Verwandte in gerader Linie
>
> 3. Aus anderen **Lebens- und Gefahrengemeinschaften**: z.B. nichteheliche Lebensgemeinschaft, langjährige Vertragsbeziehungen, Bergkameraden
>
> 4. Aus **freiwilliger Übernahme** von Schutz- und Beistandspflichten ⇨ tatsächliche Übernahme entscheidend: z.B. Arztvertrag, Babysitter, Bergführer, Bademeister
>
> 5. Aus der **mit einem besonderen Pflichtenkreis verbundenen Stellung** als Amtsträger oder Organ einer juristischen Person
>
> **II. Überwachungsgarantenpflichten**
>
> 1. Aus **Verkehrssicherungspflichten**
>
> 2. Aus der **Pflicht zur Beaufsichtigung** Dritter kraft Autoritätsstellung: z.B. Lehrer, Vorgesetzter bei der Bundeswehr
>
> 3. Aus vorangegangenem **pflichtwidrigem** Tun (**Ingerenz**)

Ingerenz

Näher eingegangen werden soll hier nur auf die „Ingerenz". Dabei geht es um eine Garantenstellung aus vorangegangenem Tun, das die nahe Gefahr einer Rechtsgutsverletzung bewirkt. Nach h.M. begründet nicht jedes gefahrschaffende Vorverhalten die Garantenstellung aus Ingerenz. Nach h.M. ist nur, wer *pflichtwidrig* eine Gefahrenquelle schafft, dafür verantwortlich, dass diese keine Schäden für fremde Rechtsgüter hervorruft.

359

Bsp. 1: T überfährt eine rote Ampel und erfasst deshalb den Fußgänger O. Um keine Scherereien mit der Polizei zu bekommen, lässt er den offensichtlich lebensgefährlich verletzten O einfach auf der Straße liegen. O stirbt, da ihn nicht rechtzeitig ärztliche Hilfe erreicht.

Hier kommt neben der Strafbarkeit nach § 222 auch diejenige wegen vorsätzlicher Tötung durch Unterlassen in Betracht gemäß §§ 212 I, 13 I. Beide Delikte stehen dann in Tateinheit (§ 52, näher dazu Rn. 426).

Das Gleiche gilt, wenn der T beim Überfahren der Ampel die Tötung des Fußgängers billigend in Kauf genommen hätte. Die vorsätzliche Begehungstat nach § 212 I schließt eine durch dieselbe begründete Garantenstellung nicht aus (str.). Denn ein abweichendes Ergebnis bei *dolus eventualis* anstelle bloßen fahrlässigen Vorverhaltens wäre wertungswidersprüchlich.

Bsp. 2: *T wird von O angegriffen und verteidigt sich in Notwehr mit einem Pistolenschuss. T entfernt sich daraufhin vom Ort des Geschehens. O bleibt verletzt im Wald liegen und verblutet.*

Die Körperverletzung (§§ 223, 224, evtl. § 227) des T ist hier durch Notwehr (§ 32) gerechtfertigt. Dadurch, dass T sich von dem verletzten O entfernte, könnte er sich jedoch wegen Totschlags durch Unterlassen (§§ 212 I, 13 I) strafbar gemacht haben. Da das vorhergehende Verhalten des T jedoch gerechtfertigt, d.h. nicht pflichtwidrig war, trifft den T keine Garantenpflicht aus Ingerenz. Es kann nicht sein, dass der Angegriffene zum Schutz des Angreifers als Garant in die Pflicht genommen wird. T ist jedoch nach § 323c I wegen unterlassener Hilfeleistung strafbar, die dort statuierte Hilfspflicht trifft jedermann.

4. Entsprechungsklausel

Entsprechungsklausel

Nach § 13 I HS 2 haftet der Garant wegen Unterlassens der Erfolgsabwendung nur dann strafrechtlich, wenn „das Unterlassen der Verwirklichung des gesetzlichen Tatbestands durch ein Tun entspricht". Die sog. Entsprechungsklausel spielt regelmäßig keine besondere Rolle. Probleme treten allenfalls bei verhaltensgebundenen (Erfolgs-)Delikten auf. Diese stellen nicht nur auf die bloße Erfolgsverursachung ab, sondern setzen auch eine bestimmte Verhaltensweise voraus (z.B. grausame Begehungsweise i.S.v. § 211 II Gr. 2 Var. 2). Insoweit muss konkret geprüft werden, ob die Handlungsmodalität Unterlassen den Tatbestand im Vergleich zur aktiven Begehung gleichwertig verwirklicht (sog. Modalitätenäquivalenz).

In Anfängerklausuren wird regelmäßig der Hinweis genügen, dass das pflichtwidrige Unterlassen wertungsmäßig einem aktiven Tun entspricht.

5. Subjektiver Tatbestand

Der subjektive Tatbestand des vorsätzlichen Unterlassungsdelikts beinhaltet den Tatbestandsvorsatz sowie ggf. deliktsspezifische subjektive Merkmale.

Der Vorsatz muss sich auf alle objektiven Tatbestandsmerkmale beziehen, neben dem Erfolgseintritt also insbesondere auf die Möglichkeit der Erfolgsabwendung, die Nichtvornahme der dazu erforderlichen Handlung, die hypothetische Kausalität und die Garantenstellung.

hemmer-Methode: Denken Sie an die notwendigen Bezugspunkte des Vorsatzes und an mögliche Irrtumsfälle auf Tatbestandsebene, siehe Rn. 102 ff. u. 114 ff.: Irrt sich der Täter z.B. über die tatsächlichen Voraussetzungen, die eine Garantenstellung begründen (etwa darüber, ob er der Vater eines gefährdeten Kindes ist), liegt ein Tatbestandsirrtum, § 16 I S. 1, vor. Kennt er dagegen diese Voraussetzungen und zieht daraus falsche rechtliche Schlüsse hinsichtlich einer Garantenpflicht, handelt es sich um einen Verbotsirrtum, § 17.

II. Rechtswidrigkeit

Rechtfertigung

Die Rechtswidrigkeit ist auch hier grundsätzlich gegeben, sofern keine Rechtfertigungsgründe eingreifen. Besonders zu beachten ist der Rechtfertigungsgrund der **rechtfertigenden Pflichtenkollision**. 362

Rechtfertigende Pflichtenkollision

Eine Pflichtenkollision liegt vor, wenn den Täter gleichzeitig mehrere Handlungspflichten treffen, er aber nur eine auf Kosten der anderen erfüllen kann. 363

Erfüllt der Täter die höherwertige der beiden Pflichten, so ist er nach § 34 gerechtfertigt, erfüllt er eine von zwei gleichrangigen Pflichten, so ist er nach h.M. kraft rechtfertigender Pflichtenkollision gerechtfertigt. Eine Mindermeinung will den Täter in diesem Fall nur entschuldigen. Dies wird jedoch der besonderen Situation des Täters nicht gerecht. Man kann nicht sagen, er hätte Unrecht getan, weil er nicht Unmögliches vollbracht und beide Pflichten erfüllt hat.

Bsp.: Der Notarzt T wird zu einem Patienten O gerufen, der einen Herzanfall erlitten hat. Als T gerade seine Praxis verlassen will, wird ein lebensgefährlich verletzter Motorradfahrer X eingeliefert. T versorgt diesen. Währenddessen stirbt O.

§ 34 scheidet vorliegend aus, da sich zwei gleichwertige Rechtsgüter („Leben") gegenüberstehen und der Grad der Bedrohung in beiden Fällen einer akuten Lebensgefahr entspricht. T hat aber von zwei Handlungspflichten eine erfüllt. Hinsichtlich des Todes des O (§§ 212 I, 13 I) ist er wegen der Pflichtenkollision gerechtfertigt, zumal der Zustand des X nicht weniger lebensbedrohlich war als der des O und die Handlungspflichten somit gleichrangig waren.

Vertiefung

hemmer-Methode: Verdeutlichen Sie sich den Unterschied zwischen rechtfertigendem Notstand und rechtfertigender Pflichtenkollision.
§ 34 greift beim Unterlassungsdelikt ein, wenn
- der Täter ein Rechtsgut nicht rettet, um ein anderes aktiv zu schützen, dessen Erhaltungsinteresse wesentlich überwiegt ⇨ höherwertige Handlungspflicht
- der Täter ein Rechtsgut nicht rettet, weil er dafür aktiv ein anderes Rechtsgut verletzen müsste, das nicht wesentlich geringwertiger ist.

Die rechtfertigende Pflichtenkollision greift ein, wenn den Täter zwei gleichrangige Handlungspflichten treffen.
Ein aktiver Eingriff in ein Rechtsgut kann also nur nach § 34 gerechtfertigt sein. Bei einem Unterlassen wirkt § 34 nur bei wesentlichem Überwiegen des geretteten Rechtsguts rechtfertigend. Bei Gleichwertigkeit ist der Anwendungsbereich der rechtfertigenden Pflichtenkollision eröffnet.

III. Schuld

Zumutbarkeit

Bei der Schuld ergeben sich grundsätzlich keine Besonderheiten. Jedoch ist nach wohl h.M. hier die *Zumutbarkeit* des Verhaltens zu prüfen. Als besonderer Entschuldigungsgrund kommt demnach die Unzumutbarkeit normgemäßen Verhaltens in Betracht.

364

Beim Unterlassungsdelikt wird der Entschuldigungsgrund der Unzumutbarkeit insbesondere bei solchen gebotenen Handlungen relevant, die eine Gefahr für den Garanten selbst begründen.

⇨ So scheidet eine Zumutbarkeit etwa dann aus, wenn sich der Retter in akute Lebensgefahr begeben müsste.

⇨ Nicht aber etwa deswegen, weil er sich der Gefahr der Strafverfolgung wegen vorangegangenen pflichtwidrigen Vorverhaltens aussetzen würde.

⇨ Zu sonstigen die Unzumutbarkeit begründenden Nachteilen siehe das nachfolgende

Bsp.: In einem brennenden Haus befinden sich T`s Mutter M und die F. T ist in F verliebt und hat nur die Möglichkeit, eine der beiden Frauen zu retten. Er rettet F, M stirbt. Strafbarkeit des T nach den §§ 212 I, 13?

I. Der Tatbestand des §§ 212 I, 13 ist erfüllt, da T den Tod der M bewusst nicht verhindert hat, obwohl es ihm subjektiv möglich war und er als direkter Abkömmling als Beschützergarant rechtlich dazu verpflichtet war.

II. Eine Rechtfertigung im Wege der **rechtfertigenden Pflichtenkollision** scheidet aus:

Denn diese setzt voraus, dass den T zwei gleichwertige Handlungspflichten trafen, von denen er nur eine erfüllen konnte. Hier befand sich T in dem Konflikt, entweder die M oder die F zu retten. Eine rechtfertigende Pflichtenkollision käme daher nur in Betracht, wenn der T beiden Frauen gegenüber gleichermaßen zur Rettung verpflichtet wäre. Die F war jedoch weder mit T verlobt noch lebte sie beispielsweise in eheähnlicher Gemeinschaft mit ihm zusammen. Anhaltspunkte, die aufgrund enger natürlicher Verbundenheit bzw. Lebensgemeinschaft eine Garantenstellung begründen würden, lagen daher nicht vor. Den T traf gegenüber der F zwar die allgemeine Rettungspflicht aus § 323c I. Diese ist jedoch nicht gleichrangig mit der durch die Garantenstellung begründeten Rettungspflicht gegenüber der M.

Da keine anderen Rechtfertigungsgründe vorliegen, war es rechtswidrig, die F anstelle der M zu retten.

III. T könnte jedoch entschuldigt sein.

1. Es könnte der **Entschuldigungsgrund des § 35 I** eingreifen (entschuldigender Notstand). Dieser setzt jedoch eine Notstandslage für eine der in § 35 I S. 1 genannten Personen voraus. Die F gehörte nicht zu den „Angehörigen" (vgl. § 11 I Nr. 1) des T. Sie könnte aber „eine ihm nahestehende Person" sein.

Darunter sind jedoch nur Personen zu verstehen, bei denen die persönliche Verbundenheit ähnlich stark ist wie bei den Angehörigen, d.h. beispielsweise Personen, mit denen der Täter in Hausgemeinschaft lebt. Da dies jedoch auch nicht der Fall ist, gehört die F nicht zum begünstigten Personenkreis des entschuldigenden Notstands. T ist daher nicht nach § 35 I entschuldigt.

2. T befand sich jedoch in einer notstandsähnlichen Konfliktlage. Um derartige Konstellationen berücksichtigen zu können, ist beim Unterlassungsdelikt die **Unzumutbarkeit normgemäßen Verhaltens** als (ungeschriebener) Entschuldigungsgrund anzuerkennen. Denn die Erhebung eines Schuldvorwurfs wäre bei Unzumutbarkeit der Handlungspflicht unangemessen.

T hätte, wenn er die M anstelle der F aus dem Haus geholt hätte, eigene billigenswerte Interessen (spätere Heirat usw.) preisgegeben. Zudem ist zu berücksichtigen, dass er so immerhin ein Menschenleben gerettet hat. Das Unterlassen der Rettung der M ist T daher nicht vorwerfbar, er ist aufgrund der Unzumutbarkeit normgemäßen Verhaltens entschuldigt.

IV. Ergebnis: T ist aufgrund seines Verhaltens nicht gem. §§ 212 I, 13 I strafbar.

hemmer-Methode: Beachten Sie bei der rechtfertigenden Pflichtenkollision: „Zwei gleichwertige Rechtsgüter" ist nicht gleichzusetzen mit „zwei gleichwertigen Handlungspflichten"! Das Rangverhältnis der Handlungspflichten beurteilt sich neben dem materiellen Wertverhältnis der Güter insbesondere nach der rechtlichen Verantwortung für die Schadensvermeidung (Garantenstellung) und dem Grad der Bedrohung der Rechtsgüter.

C. Der Versuch des unechten Unterlassungsdelikts

Versuch eines Unterlassungsdelikts (§§ 13 I, 22, 23 I)

Der Versuch eines Unterlassungsdelikts (z.B. §§ 212 I, 13 I, 22, 23 I) ist grundsätzlich möglich. Im Rahmen des Tatentschlusses werden alle Voraussetzungen des unechten Unterlassungsdelikts geprüft, also insbesondere auch der Vorsatz bezüglich der Garantenstellung.

I. Unmittelbares Ansetzen

Unmittelbares Ansetzen

Umstritten ist, wann ein unmittelbares Ansetzen zur Verwirklichung des Unterlassungsdelikts vorliegt.

Verstreichenlassen der letzten Rettungsmöglichkeit

Nach **einer Ansicht** liegt ein unmittelbares Ansetzen zu einem Unterlassungsdelikt erst bei Verstreichenlassen der aus Tätersicht *letztmöglichen* Rettungshandlung vor. Nach dieser Ansicht würden jedoch Versuch und Vollendung regelmäßig zusammenfallen.

Verstreichenlassen der ersten Rettungsmöglichkeit

Die **extreme Gegenposition** stellt auf das Verstreichenlassen der aus Tätersicht *erstmöglichen* Rettungshandlung ab. Diese Position lässt unberücksichtigt, ob das betroffene Rechtsgut nach der Tätervorstellung bereits in irgendeiner Weise gefährdet ist.

Subjektive Beurteilungsgrundlage

Die überzeugende **h.M.** überträgt die beim Begehungsdelikt entwickelten Grundsätze auf das unechte Unterlassungsdelikt sinngemäß, indem sie differenzierend auf den **Eintritt einer unmittelbaren Rechtsgutsgefährdung nach der Vorstellung des Garanten** (= subjektive Beurteilungsgrundlage) abstellt:

⇨ Ist das Rechtsgut *aus Tätersicht* bereits unmittelbar in Gefahr geraten und der tatbestandliche Erfolg nähergerückt, so verlangt das Gesetz sofortige Erfüllung der Rettungspflicht. Lässt dabei der Garant in dieser Situation die erste mögliche Rettungshandlung aus, so liegt hierin ein unmittelbares Ansetzen.

⇨ Bei noch entfernter Gefahr und mangelnder Erfolgsnähe beginnt der Versuch in dem Zeitpunkt, in welchem das Untätigbleiben die Lage des Opfers *aus Tätersicht* derart verschlechtert, dass eine Rechtsgutverletzung unmittelbar bevorsteht *oder* in welchem dieser die Möglichkeit des rettenden Eingriffs aus der Hand gibt und dem Geschehen seinen Lauf lässt (vgl. zu dieser Alternative parallel beim Begehungsdelikt Rn. 283).

Bsp.: T *lässt ihr Baby ohne entsprechende Vorsorge in der Wohnung und verreist für längere Zeit. Es wird glücklicherweise bald von W gefunden und überlebt.*

Das unmittelbare Ansetzen zu §§ 212 I, 13 I ist bereits mit dem Verlassen des Kindes gegeben und nicht erst in dem Zeitpunkt, in dem das Baby in akute Lebensgefahr gerät.

II. Rücktritt vom Unterlassungsversuch

Rücktritt vom Unterlassungsversuch

Grundsätzlich ist auch ein Rücktritt vom versuchten Unterlassungsdelikt unter den gleichen Voraussetzungen möglich wie bei einem Begehungsdelikt.

Nur durch aktives Tätigwerden möglich

Besonderheiten ergeben sich aber hinsichtlich der Anforderungen an die **Rücktrittshandlung**. Nach h.M. ist ungeachtet der Unterscheidung von beendetem und unbeendetem Unterlassungsversuch der Rücktritt **nur durch ein aktives Tun** möglich, d.h. durch Erfolgsverhinderung i.S.v. § 24 I S. 1 Alt. 2 bzw. ernsthaftes Bemühen um die Erfolgsverhinderung unter den Voraussetzungen des § 24 I S. 2. Dies führt dazu, dass der Unterlassende das Risiko des Misslingens seiner Rettungsbemühungen trägt, wenn der tatbestandliche Erfolg eintritt.

Zur Erläuterung: Ein **unbeendeter Unterlassungsversuch** liegt vor, solange der Garant nach seiner Vorstellung die ursprünglich gebotene und mögliche Rettungshandlung noch vornehmen kann, um den Erfolgseintritt zu verhindern. Ein **beendeter Unterlassungsversuch** liegt vor, wenn nach der Vorstellung des Garanten die Nachholung der ursprünglich gebotenen und möglichen Rettungshandlung nicht mehr zur Erfolgsabwendung ausreichen würde, aber eine andere Abwendungshandlung zur Verfügung steht.

Bsp.: Aus Sicht des T reicht es nicht mehr aus, dem ertrinkenden Nichtschwimmer einen Rettungsreifen zuzuwerfen, da er inzwischen bewusstlos und untergetaucht ist; er könnte ihn aber bergen und durch Erste-Hilfe-Maßnahmen vor dem Tod retten.

D. Das fahrlässige Unterlassungsdelikt

Fahrlässiges Unterlassungsdelikt

Durch Unterlassen kann auch ein Fahrlässigkeitsdelikt begangen werden, bei dem genau wie beim vorsätzlichen unechten Unterlassungsdelikt die Nichtvornahme der gebotenen Handlung, die Garantenstellung und die hypothetische Kausalität zu prüfen sind.[32]

Aufbauschema des fahrlässigen Unterlassungs-(Erfolgs-)delikts

I. Tatbestandsmäßigkeit

1. Eintritt des tatbestandsmäßigen Erfolgs und ggf. weitere deliktsspezifische äußere Merkmale
2. Tathandlung: Unterlassen
   a) Nichtvornahme der zur Erfolgsabwendung erforderlichen Handlung
   b) Subjektive Möglichkeit der Handlung
   c) Garantenstellung
   d) Entsprechungsklausel
3. Hypothetische Kausalität
4. Objektive Sorgfaltspflichtverletzung
5. Objektive Vorhersehbarkeit des Erfolgs
6. Objektive Zurechnung v.a.
   a) Pflichtwidrigkeitszusammenhang
   b) Schutzzweck der verletzten Norm
   c) Trennung der Verantwortungsbereiche

II. Rechtswidrigkeit

III. Schuld v.a.

1. Subjektive Erfüllbarkeit der Sorgfaltspflicht
2. Subjektive Voraussehbarkeit des Erfolgs

---

[32] Siehe dazu Fall 4 aus „Die 34 wichtigsten Fälle Strafrecht AT".

§ 8 Beteiligung

Strafbarkeit mehrerer Personen

Häufig ist in Strafrechtsklausuren die Strafbarkeit von mehreren Personen zu prüfen, die gemeinsam verschiedene Delikte geplant und/oder ausgeführt haben.

371

A. Die Beteiligungsformen Täterschaft und Teilnahme

Übersicht über die Beteiligungsformen:

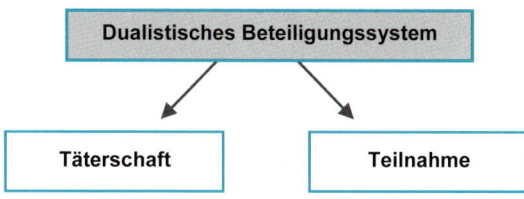

- ⇨ Unmittelbarer Alleintäter, § 25 I Alt. 1
- ⇨ Mittelbarer Täter, § 25 I Alt. 2
- ⇨ Mittäter, § 25 II
- ⇨ Nebentäter, gesetzlich nicht geregelt

- ⇨ Anstiftung, § 26
- ⇨ Beihilfe, § 27

Dualistisches Beteiligungssystem

Das deutsche Strafrecht geht im Rahmen der Vorsatzdelikte vom dualistischen Beteiligungssystem aus, das bei der Beteiligung mehrerer Personen an einer Straftat zwischen Täterschaft und Teilnahme unterscheidet.

372

Jeder, der eine mit Strafe bedrohte Handlung selbst ausführt und in seiner Person sämtliche Merkmale des objektiven und subjektiven Tatbestands erfüllt, ist ohne weiteres Täter.

Einheitstäter

Bei den Fahrlässigkeitsdelikten gilt das Prinzip der Einheitstäterschaft. Demnach ist jeder als Täter anzusehen, der einen kausalen und zurechenbaren Beitrag für die Tatbestandsverwirklichung gesetzt hat, unabhängig von der Bedeutung des Tatbeitrags. Letzteres spielt erst bei der Strafzumessung eine Rolle.

373

Bsp.: Der alkoholisierte A steuert seinen Wagen mit überhöhter Geschwindigkeit, wobei er von seiner Beifahrerin B angefeuert wird. Aufgrund der überhöhten Geschwindigkeit verliert A die Kontrolle über seinen Pkw und überfährt den Fußgänger O. Hier sind sowohl A als auch B aus § 222 zu bestrafen.

> **hemmer-Methode:** Dies bedeutet zugleich, dass an der Verwirklichung eines Fahrlässigkeitstatbestands keine Teilnahme (Anstiftung oder Beihilfe) möglich ist. Teilnahme ist nur an einer vorsätzlichen rechtswidrigen Haupttat möglich, vgl. den Wortlaut der §§ 26, 27.

I. Abgrenzungsproblematik Täterschaft - Teilnahme

Abgrenzung

Begehen Sie nicht den Fehler, bei der Beteiligung vorschnell Abgrenzungsprobleme zwischen Täterschaft und Teilnahme aufzuwerfen. Oft kommt eine Person ohnehin als Täter nicht in Betracht. Die Kriterien des Täterbegriffs richten sich nach der Eigenart des jeweiligen Straftatbestands. Der Täter muss also grundsätzlich alle täterbezogenen Tatbestandsmerkmale in eigener Person selbst verwirklichen.

374

1. Sonderdelikte und eigenhändige Delikte

Keine Abgrenzungsprobleme ergeben sich bei solchen Tatbeständen, bei denen aufgrund ihrer Eigenart nur eine bestimmte Person als Täter in Betracht kommt.

375

Sonderdelikte

Dies sind zum einen die *Sonderdelikte*, bei denen nur eine Person aus dem im Gesetz umschriebenen Personenkreis Täter sein kann (gesetzlich vorausgesetzte Subjektsqualität).

Bsp.: §§ 331 ff. (Amtsträger), § 203 (Arzt, etc.)

Eigenhändige Delikte

Gleiches gilt für die *eigenhändigen Delikte*. Hier kann Täter zwar jedermann sein, jedoch muss er den Tatbestand persönlich erfüllen.

Bsp.: § 315c (Fahrer = Täter; anspornender Beifahrer = Teilnehmer!), § 153 (Aussagender = Täter)

2. Delikte mit überschießender Innentendenz

Besondere Absichten

Täter bei den Delikten mit überschießender Innentendenz (z.B. §§ 242, 249, 263) kann nur derjenige sein, bei dem die im Gesetz genannte besondere Absicht (z.B. Zueignungs- bzw. Bereicherungsabsicht) vorliegt.

376

3. Allgemeindelikte

Allgemeindelikte

Den eigentlichen Anwendungsbereich für die Theorien zur Abgrenzung zwischen Täterschaft und Teilnahme bilden die *Allgemeindelikte,* also solche Straftaten, die keiner Begrenzung des Täterkreises unterliegen.

377

> **hemmer-Methode:** Hüten Sie sich in der Klausur auch bei problematischen Konstellationen davor, die einzelnen Theorien in epischer Breite darzustellen.
> Viel wichtiger ist eine genaue Subsumtion des Sachverhalts, da in der Klausur nicht in erster Linie theoretisches Wissen, sondern die Anwendung im konkreten Einzelfall abgeprüft wird.

II. Abgrenzungstheorien

Vertreten werden im Wesentlichen zwei Ansätze, zum einen die subjektive Theorie, zum anderen die Tatherrschaftslehre.

1. Subjektive Theorie

Subjektive Theorie

Anknüpfungspunkte der vorwiegend in der älteren Rechtsprechung vertretenen subjektiven Theorie sind die Willensrichtung und die innere Einstellung der Beteiligten zur Tat. **Täter** ist, wer mit Täterwillen (animus auctoris) handelt und die Tat „als eigene" will. Dagegen ist **Teilnehmer**, wer mit Teilnehmerwillen (animus socii) handelt und die Tat „als fremde" veranlassen und fördern will.

378

Indizien des Täterwillens in Abgrenzung zum Teilnehmerwillen sind

⇨ die Tatherrschaft (siehe dazu sogleich)

⇨ ein hohes Eigeninteresse an der Tat, feststellbar etwa anlässlich des Anteils bei Verteilung der Beute

Kritik

Gegen die subjektive Theorie wird der Gesetzeswortlaut des § 25 I Alt. 1 vorgebracht, der einen objektiven Bezug verlangt.

2. Tatherrschaftslehre

Tatherrschaftslehre

Die h.M. in der Literatur sowie die jüngere Rechtsprechung vertreten daher – mit teils unterschiedlichen Ausprägungen – die Lehre von der Tatherrschaft. Entscheidendes Abgrenzungskriterium ist der Begriff der Tatherrschaft, der sich aus subjektiven und objektiven Kriterien zusammensetzt.

379

Definition Täter	**Täter** ist danach, wer die Tat beherrscht. Dabei wird Tatherrschaft als das vom Vorsatz umfasste In-den-Händen-halten des tatbestandsmäßigen Geschehensablaufs definiert. Der Täter ist somit „Zentralgestalt" des tatbestandlichen Geschehensablaufs.
	Entscheidend für die Täterschaft ist, ob und inwieweit der einzelne Beteiligte nach Art und Gewicht seines objektiven Tatbeitrags sowie aufgrund seiner Willensbeteiligung das Ob und Wie der Tatbestandsverwirklichung in der Weise beherrscht oder mitbestimmt, dass der Erfolg als das Werk (auch) seines zielstrebig lenkenden oder die Tat mitgestaltenden Willens erscheint.
Definition Teilnehmer	**Teilnehmer** ist dagegen, wer ohne eigene Tatherrschaft als „Randfigur" des realen Geschehens die Begehung der Tat veranlasst oder fördert.
	hemmer-Methode: Die Abgrenzung zwischen Täterschaft und Teilnahme sollte in der Klausur beim vollendeten Delikt bei der jeweiligen Tathandlung vorgenommen werden. Beim Versuch erfolgt dies dagegen im Rahmen des Tatentschlusses.

B. Die Erscheinungsformen der Täterschaft

Erscheinungsformen	§ 25 geht von drei Unterarten der Täterschaft aus. Den einfachsten Fall stellt die **unmittelbare Täterschaft (§ 25 I Alt. 1)** dar. Hier verwirklicht der Beteiligte den Tatbestand selbst und allein. Daneben existieren noch	380

⇨ die **mittelbare Täterschaft** (§ 25 I Alt. 2) und

⇨ die **Mittäterschaft** (§ 25 II).

Nebentäterschaft	Nicht gesetzlich geregelt ist die sog. **Nebentäterschaft**. Sie liegt vor, wenn mehrere Personen unabhängig voneinander den tatbestandlichen Erfolg kausal und zurechenbar herbeiführen.

I. Mittelbare Täterschaft, § 25 I Alt. 2

1. Die mittelbare Tatbegehung

a) Voraussetzungen

Mittelbarer Täter	Der mittelbare Täter begeht die Tat nach § 25 I Alt. 2 „durch einen anderen".	381

Kennzeichnend für die mittelbare Täterschaft ist damit die aus tatsächlichen oder rechtlichen Gründen unterlegene Stellung des als Tatmittler eingesetzten menschlichen Werkzeuges. Der Vordermann wird vom Hintermann benutzt, welcher das **Gesamtgeschehen kraft seines planvoll lenkenden Willens „in der Hand"** hat.

Dies bedeutet, dass beim unmittelbar handelnden **Vordermann** in der Regel ein **Strafbarkeitsmangel** vorliegt, dieser z.B. vorsatzlos oder entschuldigt handelt.

> *Bsp.:* T bittet den M, „seinen" Ball aus dem Garten des O zu holen. In Wirklichkeit gehört der Ball dem O, was M jedoch nicht weiß. M erfüllt dem T seinen Wunsch.
>
> M kann mangels Tatbestandsvorsatzes nicht aus § 242 bestraft werden. T ist daher als mittelbarer Täter des Diebstahls kraft überlegenen Wissens anzusehen (§§ 242, 25 I Alt. 2).

Klausuraufbau

Wichtig ist die grundsätzlich einzuhaltende Aufbauregel, nach der mit dem handelnden Tatnächsten begonnen werden soll, hier also mit der Strafbarkeit des menschlichen Werkzeugs. Erst wenn dessen Straflosigkeit festgestellt ist, ist der Hintermann zu prüfen.

Aufbauschema bei mittelbarer Täterschaft

A. **Strafbarkeit des Werkzeugs** (nach üblichem Schema für den Alleintäter)

B. **Strafbarkeit des Hintermanns als mittelbarer Täter**
  I. **Tatbestandsmäßigkeit**
    1. Objektiver Tatbestand:
      a) Subjektsqualität (Hintermann als tauglicher Täter)
      b) Begehung durch „einen anderen" i.S.d. § 25 I Alt. 2:
        ⇨ Kausaler Tatbeitrag
        ⇨ Strafbarkeitsmangel („Defekt") bei Werkzeug
        ⇨ Wissens- oder Willensherrschaft des Hintermanns

> 2. Subjektiver Tatbestand
> ⇨ Vorsatz, insbes. Tatherrschaftsbewusstsein
> ⇨ Sonstige subjektive Tatbestandsmerkmale
> II. Rechtswidrigkeit (wie beim Alleintäter)
> III. Schuld (wie beim Alleintäter)

Klausurtipp 👍

hemmer-Methode: Ausnahmsweise kann auch sofort mit dem Hintermann begonnen werden, nämlich wenn der Strafbarkeitsmangel evident ist und keiner ausführlicheren Prüfung bedarf, z.B. wenn es sich beim Tatmittler um ein Kind handelt, vgl. § 19.
Auch wenn nur die Strafbarkeit des Hintermanns gefragt ist, entfällt natürlich eine eigenständige Prüfung des Werkzeugs. Dessen „Strafbarkeitsmangel" muss dann inzident erörtert werden.

b) Fallgruppen des Strafbarkeitsmangels

Strafbarkeitsmängel

Mittelbare Täterschaft ist regelmäßig dann zu bejahen, wenn der Hintermann sich zur Begehung einer Vorsatztat wissentlich und willentlich einer nicht voll *tatbestandsmäßig*, einer nicht *rechtswidrig* oder einer sonst nicht voll *verantwortlich* handelnden Person als Werkzeug bedient. Strafbarkeitsmängel können auf allen Ebenen der Prüfung eines Straftatbestands auftreten. Die häufigsten Fälle sind diejenigen, bei denen das Werkzeug einen Mangel im subjektiven Tatbestand oder in der Schuld aufweist.

383

aa) Vordermann handelt subjektiv nicht tatbestandsmäßig

Im subjektiven TB

Ein Strafbarkeitsmangel ist gegeben, wenn das Werkzeug ohne den erforderlichen Vorsatz handelt. Wer das Werkzeug in einen den Vorsatz ausschließenden Tatbestandsirrtum (§ 16 I S. 1) versetzt oder einen vorhandenen Irrtum ausnutzt, hat Tatherrschaft kraft überlegenen Wissens und handelt daher als mittelbarer Täter.

384

> *Bsp.: Der Arzt T gibt der Krankenschwester M eine Giftspritze mit dem Auftrag, diese dem Patienten O zu verabreichen. Die naive M denkt, es handle sich dabei um die Medizin des O und gibt diesem die Spritze. O ist sofort tot. T wusste, dass die M nichts merken würde, er wollte ihre Naivität ausnutzen.*

M ist hier nicht wegen einer vorsätzlichen Tötung (§ 212 I) des O strafbar, da sie keinen Tötungsvorsatz hatte (vgl. § 16 I S. 1). In Betracht kommt allerdings eine fahrlässige Tötung (§ 222, vgl. § 16 I S. 2), falls M sorgfaltspflichtwidrig nicht erkannt hatte, dass es sich um eine Giftspritze handelte.

T ist wegen Totschlags in mittelbarer Täterschaft (§§ 212 I, 25 I Alt. 2) strafbar.

bb) Vordermann handelt nicht schuldhaft

In der Schuld

Die *Schuld* des Werkzeugs kann aus verschiedenen Gründen entfallen. Das Werkzeug kann

⇨ schuldunfähig

⇨ entschuldigt, insbesondere nach § 35 oder

⇨ aufgrund eines Irrtums schuldlos sein.

Bsp.: T zwingt den M mit vorgehaltener Waffe, den O zu töten.

M hat hier zwar den objektiven und subjektiven Tatbestand des § 212 I erfüllt. Auch handelte er rechtswidrig (§ 34 scheitert daran, dass sich hier zwei gleichwertige Rechtsgüter, Menschenleben, gegenüberstehen). Er ist jedoch aufgrund des Nötigungsnotstands gemäß § 35 entschuldigt, somit nicht strafbar.

T ist wegen Totschlags in mittelbarer Täterschaft (§§ 212 I, 25 I Alt. 2; evtl. auch wegen Mordes, § 211) strafbar.

c) Fallgruppen des „Täters hinter dem Täter"

Der Normalfall der mittelbaren Täterschaft sieht so aus, dass der Vordermann – das Werkzeug – aus irgendeinem Grund nicht strafbar ist, d.h. einen bestimmten Defekt (Irrtum o.ä.) bei Tatbegehung aufweist, der die strafrechtliche Haftung entfallen lässt (siehe unter b)).

Täter hinter dem Täter

Neben den gängigen Fällen, in denen der Vordermann sich nicht strafbar gemacht hat, kann mittelbare Täterschaft ausnahmsweise auch dann angenommen werden, wenn der Vordermann volldeliktisch handelt und damit strafrechtlich verantwortlich ist. Die wichtigsten **Fallgruppen des „Täters hinter dem Täter"** sind folgende:

aa) Organisationsherrschaft („Schreibtischtäter")

Schreibtischtäter

Bsp. „Mauerschützen": *Die Mitglieder des nationalen Sicherheitsrates der DDR wurden hinsichtlich der Maueropfer als mittelbare Täter und nicht als Anstifter bestraft.* 387

Hintergrund sind die hierarchischen Machtstrukturen, bei denen die Befehlsgeber die Befehlsempfänger reibungslos und austauschbar („wie ein Rädchen im Getriebe") zur Begehung von Straftaten einsetzen können. Man spricht von mittelbarer Täterschaft kraft *Organisationsherrschaft*.

bb) Herbeiführung eines Irrtums über den konkreten Handlungssinn

Die Fallgruppe betrifft die Tatherbeiführung durch Täuschung über den *Sinngehalt* der Tat bzw. das *Schadensausmaß*.

(1) Motivirrtümer

Motivirrtümer

Bsp.: *T veranlasst den einfältigen M, ein dem O gehörendes, sehr wertvolles Kandinsky-Gemälde wegzuwerfen, indem er ihm vorspiegelt, es handele sich um ein wertloses Geschmiere.* 388

M ist hier zwar gem. § 303 I wegen Sachbeschädigung strafbar. Dennoch kann man hier von mittelbarer Täterschaft des T (d.h. §§ 303, 25 I Alt. 2) ausgehen, denn dieser hat das Geschehen als eigentlicher Drahtzieher manipuliert.

(2) Vermeidbarer Verbotsirrtum

Vermeidbarer Verbotsirrtum

Bsp. (Katzenkönig-Fall): *Die Angeklagten T und M lebten in einem von Mystizismus, Scheinerkenntnis und Irrglauben geprägten neurotischen Beziehungsgeflecht zusammen. Die naive und leicht beeinflussbare M liebte die T sehr. Diese hatte ihm eingeredet, ein das Böse verkörpernder und die Menschheit bedrohender Katzenkönig verlange ein Menschenopfer. Deshalb solle M die O töten, ansonsten müssten Millionen von Menschen sterben.* 389

Die Gewissensbisse des M zerstreute T dadurch, dass sie von einem göttlichen Auftrag sprach und der M durch die Tötung der O die Menschheit retten könne. Daraufhin suchte M die O auf und stach mehrmals mit dem Messer auf sie ein, bis sie starb (Fall leicht abgewandelt und gekürzt nach BGHSt 35, 347).

Hier nahm der BGH einen vermeidbaren Verbotsirrtum (§ 17 S. 2) des M an, dieser war damit voll deliktisch verantwortlich. T wurde als mittelbare Täterin (§§ 212, 211, 25 I Alt. 2) verurteilt, wobei sich der BGH gegen eine schematische Lösung aussprach. Vielmehr sei stets auf die konkreten Umstände des Einzelfalls (d.h. auf das tatsächliche Maß an Tatherrschaft) abzustellen.[33]

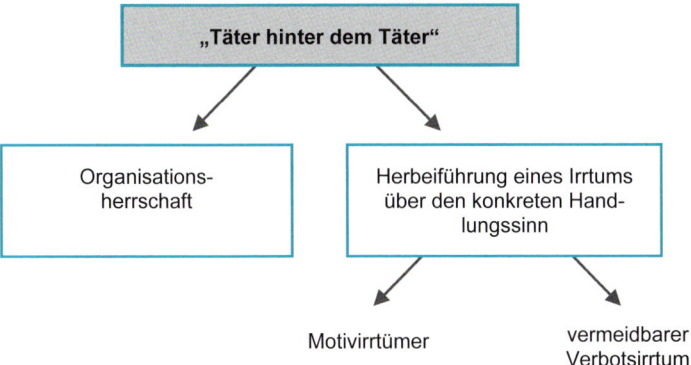

2. Versuch und Rücktritt

a) Versuchsbeginn

Unmittelbares Ansetzen des mittelbaren Täters

Hinsichtlich des unmittelbaren Ansetzens zur Tat i.S.d. § 22 sind die zum Begehungsdelikt entwickelten Grundsätze sinngemäß auf die Konstellation des § 25 I Alt. 2 zu übertragen.

390

Bei mittelbarer Täterschaft beginnt der Versuch demzufolge nach h.M.,

⇨ wenn es aus Sicht des mittelbaren Täters zu einer unmittelbaren Gefährdung des geschützten Rechtsguts gekommen ist, indem der Tatmittler mit der Tatausführung begonnen hat, *oder*

⇨ wenn der mittelbare Täter sein Werkzeug aus seinem Herrschaftsbereich entlässt und so das in Gang gesetzte Geschehen aus der Hand gibt, wobei er von der unmittelbaren Tatausführung durch das Werkzeug ausgeht.

---

[33] Zu diesem Problem instruktiv **Fall 28 aus „Die 34 wichtigsten Fälle Strafrecht AT"**.

Bsp.: T will O töten. Da T mit seiner Entdeckung rechnet, engagiert er M und N, die den O überfallen, betäuben und ausrauben sollen. Zu diesem Zweck gibt T ihnen ein vermeintliches Schlafmittel, das in Wirklichkeit eine tödliche Salzsäurekonzentration enthält. Davon wissen M und N aber nichts (Wissensüberlegenheit des T). Sie entdecken dies aber zufällig vor der Tat und nehmen deshalb von dieser Abstand.

Da T das Geschehen schon aus der Hand gegeben hatte und von der Tatbestandsverwirklichung mittels des Einsatzes von M und N rechnete, liegt ein versuchtes Tötungsdelikt in mittelbarer Täterschaft vor.[34]

b) Rücktritt vom Versuch

Der Rücktritt vom Versuch der Tatbegehung in mittelbarer Täterschaft richtet sich nach h.M. trotz Vorliegens von Alleintäterschaft wegen der besonderen Gefährlichkeit des Handelns nach § 24 II. Erforderlich ist grundsätzlich ein aktives Tätigwerden zur Erfolgsverhinderung. Nur ausnahmsweise wirkt der Rücktritt des Werkzeugs (nach § 24 I) zugleich für den Hintermann strafbefreiend, wenn nämlich das Werkzeug aufgrund dessen vorheriger oder nachträglicher Anweisung zurücktritt.

391

3. Irrtumsproblematik

Die Strafbarkeitsbeurteilung beim Hintermann ist problematisch, wenn er einem Irrtum über die die Tatherrschaft begründenden Umstände unterliegt.

392

Folgende zwei Irrtumskonstellationen sind denkbar:

⇨ Der Hintermann geht fälschlicherweise von der Werkzeugqualität (Defektzustand) des Vordermanns aus.

⇨ Der Hintermann verkennt die Werkzeugqualität.

a) In der ersten Konstellation glaubt der Täter an die eigene Steuerung des Tatgeschehens, während objektiv nur eine Anstiftung vorliegt, indem er einen vollverantwortlich Handelnden zur Tat veranlasst bzw. bestärkt. Demnach liegt eine versuchte mittelbare Täterschaft vor.

---

[34] Vertiefen Sie die Problematik des unmittelbaren Ansetzens in der Konstellation der mittelbaren Täterschaft anhand der **Fälle 27 und 21 aus „Die 34 wichtigsten Fälle zum Strafrecht AT".**

Da nach h.M. der Wille zur mittelbaren Täterschaft den Anstiftervorsatz als „Minus" enthält, ist der Hintermann zudem nach § 26 als Anstifter zum vollendeten Delikt strafbar. So kommt zum Ausdruck, dass der tatbestandliche Erfolg auch wirklich eingetreten ist.

b) In der zweiten Konstellation stiftet der Hintermann subjektiv nur an, objektiv liegt hingegen mittelbare Täterschaft vor, da der vermeintlich Angestiftete einen Defektzustand aufweist und somit Werkzeug ist. Der Wille zur Täterschaftsform des § 25 I Alt. 2 ist im Anstifterwillen nicht enthalten (da kein „Minus"!), somit kommt nur eine Strafbarkeit wegen einer Anstiftungshandlung in Betracht.

⇨ Wirkt der Defekt des Vordermanns auf Schuldebene strafausschließend, so ist der Hintermann wegen vollendeter Anstiftung strafbar, da § 26 keine schuldhafte Haupttat fordert.

⇨ Bezieht sich der Defekt auf die Tatbestandsmäßigkeit oder Rechtswidrigkeit der Tat, so ist der Hintermann wegen versuchter Anstiftung nach § 30 I S. 1 strafbar, wenn es sich bei der Haupttat um ein Verbrechen i.S.d. § 12 I handelt.

II. Mittäterschaft, § 25 II

1. Voraussetzungen und Wirkung

Voraussetzungen

Der Legaldefinition der Mittäterschaft in § 25 II werden *drei Voraussetzungen* entnommen:

⇨ Jeder Mittäter muss *objektiv* einen *Tatbeitrag* leisten, der ein bestimmtes Maß an funktionaler Bedeutung für das Gesamttatgeschehen aufweist, so dass er ihn über eine Teilnahmehandlung erhebt.

Klausurtipp 👍

hemmer-Methode: Hierbei muss nicht jeder Mittäter derart bei der Tatausführung mitwirken, dass er tatbestandsmäßige Handlungen vornimmt. Ausreichend können nach h.M. auch in der Vorbereitungsphase (Planung) oder Tatsicherungsphase (Fluchtwagen) geleistete Tatbeiträge sein, sofern diese ein besonderes Gewicht haben. Man spricht insoweit von einer funktionellen Betrachtung der Tatherrschaft (**funktionelle Tatherrschaft**).

⇨ Die Mittäter müssen *subjektiv* aufgrund eines *gemeinsamen Tatentschlusses/-plans* handeln.

393

⇨ Zudem müssen bei jedem Mittäter alle sonstigen, für den jeweiligen Tatbestand erforderlichen *besonderen* Merkmale vorliegen (z.B. Zueignungsabsicht bei § 242 I).

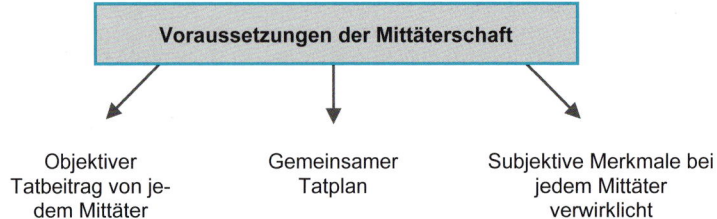

Gegenseitige Zurechnung

Unter den Voraussetzungen der Mittäterschaft werden jedem Mittäter die *objektiven Tatbeiträge* der anderen Mittäter *gemäß § 25 II unmittelbar gegenseitig zugerechnet.*

Bsp.: *A und B überfallen den O. Dabei hält A den O fest, während ihm B seinen Geldbeutel wegnimmt. Die Beute wollen sich A und B teilen.*

Hier sind sowohl A als auch B nach §§ 249, 25 II strafbar. Die objektiven Merkmale der Gewaltanwendung und der Wegnahme werden jeweils auch dem Mittäter zugerechnet, der sie selbst nicht verwirklicht hat. Würde man anders entscheiden, so wäre A nur wegen Nötigung (§ 240) und B nur wegen Diebstahls (§ 242) strafbar. Ein inakzeptables Ergebnis! Beide hatten auch Vorsatz und die für § 249 erforderliche Zueignungsabsicht.

Einschränkung

Beachten Sie: Diese Zurechnung gilt nur, soweit die Tatbeiträge vom gemeinsamen Tatplan umfasst sind.

Bsp.: *A und B überfallen gemeinsam eine Bank. A hat eine Schusswaffe bei sich.*

Ob außer A auch B nach §§ *250 I Nr. 1a,* 25 II zu bestrafen ist, hängt davon ab, ob er von der Schusswaffe weiß und das Beisichführen des A billigt. Nur wenn dies der Fall ist, kann ihm dieses Handeln wie eigenes zugerechnet werden.

2. Aufbaufragen

Zwei Konstellationen

Die Mittäterschaft stellt sich in verschiedenen Sachverhaltskonstellationen dar, die unterschiedlich zu bearbeiten sind:

a) Getrennte oder gemeinsame Prüfung der Mittäter

Getrennter Aufbau

(1) Wenn nach der Strafbarkeit mehrerer Beteiligter gefragt ist, ist der **getrennte Aufbau** immer dann zu wählen, wenn erhebliche Strafbarkeitsunterschiede zwischen den einzelnen Beteiligten bestehen; sei es, dass ein Mittäter nur Vorsatz hinsichtlich eines minder schweren Delikts hatte (Exzessfälle) oder dass nur er strafbefreiend vom Versuch zurückgetreten ist.

(2) Wenn dagegen die Mittäter sämtliche Tatbestandsmerkmale identisch verwirklicht haben, ist es ökonomischer – aber auch nicht zwingend –, **sie gemeinsam** zu prüfen.

Gemeinsamer Aufbau

(3) Der gemeinsame Aufbau ist dann die *sinnvollere* Lösung, wenn die Beteiligten das Delikt in arbeitsteiliger Weise begehen. Nur durch eine Zusammenschau aller Tatbeiträge ergibt sich nämlich das Vorliegen aller Tatbestandsmerkmale. Prüft man die Beteiligten getrennt, so muss das Vorliegen der Zurechnungsvoraussetzungen des § 25 II inzident bei der Strafbarkeit des „Mittäters 1" geprüft werden.

> **Bsp.:** *A und B wollen den O überfallen. A hält den O fest, während B ihm seinen Geldbeutel wegnimmt (vgl. oben).*
>
> Hier würde eine isolierte Betrachtung der Tatbeiträge nicht zu einer Strafbarkeit der Beteiligten nach § 249 (Raub) führen. Der objektive TB (Nötigung plus Wegnahme) ergibt sich erst durch ein Zusammenwirken der Beteiligten. Die Strafbarkeit von A und B wird hier zusammen geprüft.

b) Prüfungsstandort der Mittäterschaft

Prüfung der Mittäterschaft

In der unter (3) genannten Konstellation ist problematisch, an welcher Stelle das Vorliegen der Mittäterschaft zu prüfen ist.

Dogmatisch am saubersten wäre, das arbeitsteilige Handeln im objektiven, den gemeinsamen Tatentschluss im subjektiven Tatbestand zu prüfen.

Dann stünde aber erst nach dem subjektiven Tatbestand endgültig fest, dass Mittäterschaft vorliegt. Im objektiven Tatbestand hat aber bereits eine wechselseitige Zurechnung nach § 25 II zu erfolgen, die ein Zusammenwirken *aufgrund eines gemeinsamen Tatplans* und somit auch das subjektive Element der Mittäterschaft voraussetzt. Daher ist anerkannt, im objektiven Tatbestand bei der Prüfung der Voraussetzungen des § 25 II einen Vorgriff auf den gemeinsamen Tatplan einzubauen, um die Mittäterschaft zu begründen.

hemmer-Methode: Wichtig ist, dass die Mittäterschaft keinesfalls abstrakt im Rahmen einer „Vorüberlegung" o.ä. dargestellt werden darf, sondern stets im Zusammenhang mit einem speziellen Delikt in die Strafbarkeitsprüfung integriert werden muss.

3. Versuch und Rücktritt

a) Unmittelbares Ansetzen des Mittäters

Versuchsbeginn für einzelne Mittäter ⇨ Gesamtlösung (h.M.)

Bei Mittäterschaft genügt nach h.M. wegen des Prinzips der wechselseitigen Zurechnung von objektiven Elementen nach § 25 II das **unmittelbare Ansetzen *eines* Mittäters entsprechend dem gemeinsamen Tatplan**, damit auch die übrigen ins Versuchsstadium gelangen (sog. **Gesamtlösung**).

399

Einzellösung (m.M.)

Die sog. **Einzellösung**, wonach das unmittelbare Ansetzen für jeden einzelnen Mittäter nach den zum Begehungsdelikt des unmittelbaren Alleintäters entwickelten Grundsätzen bestimmt wird, wird der Struktur der Mittäterschaft nicht gerecht.

Bsp.: A und B wollen in die Villa des O einbrechen. A bricht – wie abgesprochen – mit der Brechstange das Kellerfenster auf. B steht daneben und wartet. In diesem Augenblick werden die beiden von einem privaten Wachdienst überrascht.

Hinsichtlich A und B ist jeweils die Versuchsstrafbarkeit nach §§ 242 I, 244 I Nr. 3, IV, 22 i.V.m. § 25 II begründet. Über § 25 II wird dem B das unmittelbare Ansetzen i.S.v. § 22 seitens des A zugerechnet.

Die Gesamtlösung sollte auch bei Fällen der sog. **Schein-Mittäterschaft** konsequent befolgt werden.

400

Bsp.: A und B wollen das Ehepaar O überfallen und ausrauben. Sie überreden C, sich an dieser Aktion zu beteiligen. C soll an der Tür klingeln und die voraussichtlich öffnende Frau O überwältigen. A und B wollen danach das Haus betreten und den Ehemann O gewaltsam zur Öffnung des Tresors zwingen. C ist zunächst damit einverstanden, offenbart sich aber dann der Polizei. Als C wie mit der Polizei verabredet klingelt, greift die Polizei ein und verhaftet A, der sich ums Eck bereithielt, und B, der im Auto saß.

Hier könnten A und B eine versuchte räuberische Erpressung in Mittäterschaft (§§ 253, 255, 25 II, 22, 23 I) begangen haben. Das Klingeln des C an der Haustür könnte ein unmittelbares Ansetzen auch für A und B darstellen (§ 25 II).

Jedoch war C hier bereits kein Mittäter mehr. Die wechselseitige Zurechnung von Tatbeiträgen setzt aber eine tatsächliche Mittäterschaft voraus (str.). A und B haben sich nicht wegen versuchter räuberischer Erpressung in Mittäterschaft strafbar gemacht, sondern lediglich gemäß § 30 II (Verbrechensverabredung).[35]

Anmerkung: Vertretbar erscheint auch die Auffassung, welche eine Zurechnung über § 25 II bejaht. Begründet wird dies damit, dass A und B allein nach ihrer Vorstellung beurteilt werden (vgl. § 22) und nach ihrer Vorstellung ist C noch Mittäter. Ausgehend davon könne das Verhalten des C (das Klingeln) ihnen dann über § 25 II zugerechnet werden.

b) Rücktritt vom Versuch

Zum Rücktritt des Mittäters siehe die Ausführungen unter Rn. 306 ff.

401

C. Die Teilnahme

I. Teilnahmeformen und Strafgrund

Teilnahmeformen

Das StGB kennt zwei Formen der Teilnahme: die Anstiftung nach § 26 und die Beihilfe nach § 27.

402

Der Anstifter wird gleich einem Täter bestraft. Bei einem Gehilfen richtet sich die Strafe nach der Strafandrohung für den Täter. Sie ist allerdings zwingend nach § 49 I zu mildern, vgl. § 27 II.

Nach der heute herrschenden Förderungs- oder Verursachungstheorie, die sich an der Akzessorietät der Teilnahme orientiert, liegt der Strafgrund der Teilnahme darin, dass der Teilnehmer eine tatbestandsmäßige und rechtswidrige Handlung durch Erwecken des Tatvorsatzes herbeiführt (§ 26) oder durch Rat und Tat unterstützt (§ 27) und dabei selbst schuldhaft handelt (§ 29). Der Teilnehmer verletzt den Straftatbestand nicht selbst, sondern wirkt an der Straftat des Täters mit.

Daraus ergibt sich, dass der Wille des Teilnehmers auf die Ausführung der Haupttat gerichtet sein muss und dass die Haupttat vorsätzlich und rechtswidrig begangen werden muss.

---

[35] Zur Vertiefung dieser umstrittenen Konstellation bietet sich **Fall 23 in „Die 34 wichtigsten Fälle zum Strafrecht AT"** an.

II. Akzessorietätsgrundsatz

Akzessorietät

Sowohl Anstiftung als auch Beihilfe setzen die Existenz einer vorsätzlichen und rechtswidrigen Haupttat i.S.d. § 11 I Nr. 5 voraus (sog. **Akzessorietät der Teilnahme**).

403

Akzessorietät bedeutet also, dass es Teilnahme (Anstiftung oder Beihilfe) nur dort geben kann, wo es auch eine vorsätzliche und rechtswidrige Haupttat gibt. Dies wirkt sich selbstverständlich auch im Klausuraufbau aus: Zunächst ist der Täter zu prüfen, dann der Teilnehmer. Im objektiven Tatbestand der Beihilfe oder Anstiftung kann man dann nach oben verweisen, auf die vorsätzliche und rechtswidrige Haupttat.

Schema

hemmer-Methode: Ist laut Bearbeitervermerk nur nach der Strafbarkeit des Teilnehmers gefragt, so muss die (täterschaftliche) Begehung einer vorsätzlichen rechtswidrigen Tat durch den Haupttäter inzident im objektiven Tatbestand der Teilnehmerstrafbarkeit geprüft werden.
Nachdem Sie in der Klausur die Haupttat nach allgemeinem Schema durchgeprüft haben, prüfen Sie die Strafbarkeit der Teilnahmehandlung. Bei genauerem Hinsehen sind die Unterschiede nicht groß, auch hier muss man zwischen objektivem und subjektivem Tatbestand, Rechtswidrigkeit und Schuld unterscheiden:

405

	Anstiftung	**Beihilfe**
Objektiver Tatbestand	1. vorsätzliche rechtswidrige Haupttat 2. *Bestimmen*	1. vorsätzliche rechtswidrige Haupttat 2. *Hilfeleisten*
Subjektiver Tatbestand	3. Vorsatz hinsichtlich Haupttat 4. Vorsatz hinsichtlich d. Bestimmens	3. Vorsatz hinsichtlich Haupttat 4. Vorsatz hinsichtlich d. Hilfeleistens
Rechtswidrigkeit	wenn Rechtfertigungsgründe: (-)	wenn Rechtfertigungsgründe: (-)
Schuld	wenn Entschuldigungsgründe: (-)	wenn Entschuldigungsgründe: (-)

III. Teilnahmehandlungen (Objektiver Tatbestand)

Teilnahmehandlungen

Als Teilnahmehandlungen verlangt § 26 ein „Bestimmen" zur Tat, § 27 ein „Hilfeleisten".

1. Anstiftung

§ 26: Bestimmen

Bestimmen i.S.d. § 26 ist als *Hervorrufen des Tatentschlusses* zu verstehen.

Ausreichend ist jede **(mit-)ursächliche** Handlung des Anstifters, sofern sie eine **kommunikative** Beeinflussung darstellt. Ein Bestimmen zur Tat kommt nicht mehr in Betracht, wenn der Täter ohnehin fest entschlossen war, die Tat so auszuführen (sog. „omnimodo facturus").

Klausurtipp

hemmer-Methode: Scheitert die Anstiftung beim zur Tat bereits fest Entschlossenen (omnimodo facturus) am fehlenden Hervorrufen des Tatentschlusses, so wird häufig übersehen, dass dies nicht automatisch zur Straflosigkeit führt. Vielmehr kommt eine Strafbarkeit wegen sog. *psychischer Beihilfe* in Betracht. Prüfen Sie also (zumindest gedanklich) die in Betracht kommenden Beteiligungsformen immer in der **Reihenfolge Täterschaft – Anstiftung – Beihilfe** bei den einzelnen Tatbeteiligten durch.

Aufstiftung

Umstritten ist dagegen die *sog. Aufstiftung*, d.h. der zum Grunddelikt bereits fest Entschlossene wird dazu überredet, einen Qualifikationstatbestand zu begehen.

Bsp.: A berichtet seiner Ehefrau B, er wolle den Nachbarn C verprügeln. Die fürsorgliche Ehefrau rät ihm, doch einen Knüppel mitzunehmen, was A auch tut.

Formulierungsbeispiel

A ist nach den §§ 223, 224 I Nr. 2 strafbar (Knüppel als gefährliches Werkzeug).

B könnte sich dadurch, dass sie dem A geraten hat, einen Knüppel mitzunehmen, wegen Anstiftung zur gefährlichen Körperverletzung strafbar gemacht haben. Fraglich ist allerdings, ob die B den A zur Tat „bestimmt", d.h. den Tatentschluss hervorgerufen hat. Hinsichtlich des Grunddelikts war A nämlich bereits zur Tat entschlossen, so dass eine Anstiftung ausscheidet. Auf der anderen Seite hat A aufgrund des Rates der B nun eine gefährliche Körperverletzung begangen.

Eine Ansicht bejaht stets bzw. zumindest bei einer (bei Qualifikationen regelmäßig gegebenen) Unwertsteigerung die Anstiftung zum qualifizierten Delikt.

Die *Gegenansicht* vertritt den Standpunkt, dass hinsichtlich des (in der Qualifikation enthaltenen!) Grunddelikts eine Anstiftung nicht mehr möglich sei. Demnach käme – wenn das qualifizierende Element nicht selbständig unter Strafe steht (so z.B. die Nötigung i.S.d. § 240, die von § 242 zu § 249 führt) – nur eine psychische Beihilfe zum Tatganzen in Frage.[36]

hemmer-Methode: Letztlich gibt es kein entscheidendes Argument für die eine oder die andere Ansicht.

Entscheidend ist die Wertungsfrage, ob eine Qualifikation gegenüber dem Grundtatbestand eine „andere Tat" (dann Anstiftung hierzu möglich) oder „dieselbe Tat", nur etwas schlimmer ausgeführt (dann nur psychische Beihilfe hierzu möglich), darstellt.

2. Beihilfe

§ 27: Hilfe leisten

Die Beihilfe ist die schwächere Form der Teilnahme. Hilfeleisten i.S.d. § 27 bedeutet *jede Förderung der Haupttat durch psychische oder physische Unterstützung.*

408

Nach der *Rspr.* ist dabei nicht erforderlich, dass die Gehilfenhandlung kausal im Sinne einer conditio sine qua non für den Erfolgseintritt gewesen ist, eine tatsächliche Förderung reiche aus. Nach Ansicht der *h.L.* muss dagegen zumindest eine Mitursächlichkeit in dem Sinn vorliegen, dass der Gehilfenbeitrag die Tatbestandsverwirklichung ermöglicht, erleichtert, intensiviert oder absichert.

hemmer-Methode: Der Streit kann regelmäßig dahinstehen, da sowohl die tatsächliche Förderung als auch Mitursächlichkeit feststellbar sein wird.

IV. Subjektiver Tatbestand: Doppelter Vorsatz

Doppelter Teilnehmervorsatz

Sowohl Anstiftung als auch Beihilfe verlangen einen sog. *doppelten Teilnehmervorsatz*. Dieser muss zum einen auf die Teilnahmehandlung (Bestimmen bzw. Hilfeleisten), zum anderen auf die Vollendung der vorsätzlichen rechtswidrigen Haupttat gerichtet sein.

409

---

[36] Siehe dazu auch **Fall 31 aus „Die 34 wichtigsten Fälle Strafrecht AT"**.

> **hemmer-Methode:** Der Vorsatz bezieht sich auf die Verwirklichung des objektiven Tatbestands. Bei der Teilnahme gehört das Vorliegen einer vorsätzlichen rechtswidrigen Haupttat neben dem Bestimmen bzw. Hilfeleisten zum objektiven Tatbestand (vgl. Wortlaut der §§ 26, 27) und muss daher auch vom Vorsatz umfasst sein. Der sog. „doppelte Teilnehmervorsatz" bezeichnet somit keine dogmatische Besonderheit.

Dabei muss der Vorsatz hinsichtlich der Haupttat einerseits nicht sämtliche Einzelheiten umfassen, sich aber andererseits durchaus auf eine bestimmte Tat beziehen.

Rose-Rosahl-Fall: Auswirkung eines error in persona des Täters auf den Anstiftervorsatz

Beim Vorsatz hinsichtlich der Haupttat ist im Aufbau das klassische Problem einzuordnen, wie sich ein error in persona des Täters auf die Strafbarkeit des Anstifters auswirkt.[37]

410

> **Bsp.:** Der Holzhändler Rosahl stiftet seinen Mitarbeiter Rose an, einen Gläubiger namens Schliebe zu töten. Rose lauert daher dem Schliebe auf. Als der Gymnasiast Harnisch des Weges kommt, hält Rose diesen in der Dämmerung für den Schliebe und bringt ihn um. Wie haben sich Rose und Rosahl strafbar gemacht?
>
> (§ 211 ist nicht zu prüfen.)

Formulierungsbeispiel

I. Strafbarkeit des Rose nach § 212 I (Totschlag) (+)

Rose hat den Tatbestand des § 212 I durch die Tötung des Harnisch rechtswidrig und schuldhaft verwirklicht. Insbesondere wirkt der error in persona (Tötung des Harnisch anstelle des Schliebe) wegen Gleichwertigkeit der Tatobjekte nicht vorsatzausschließend, vielmehr handelt es sich bei der Verwechslung um einen unbeachtlichen Motivirrtum, vgl. § 16 I S. 1. Rose ist daher gemäß § 212 I wegen Totschlags zu bestrafen.

II. Strafbarkeit des Rosahl wegen Anstiftung zum Totschlag, §§ 212 I, 26

1. Tatbestand

a) Objektiver Tatbestand

§ 26 setzt das Vorliegen einer vorsätzlichen und rechtswidrigen Haupttat voraus (Akzessorietät). Diese liegt hier vor: Totschlag zulasten des Harnisch durch Rose.

Rosahl hat Rose zu dieser Tat auch „bestimmt" i.S.v. § 26, denn er hat bei diesem den Tatentschluss hervorgerufen. Der objektive Tatbestand der Anstiftung ist damit erfüllt.

---

[37] Bekannt als Rose-Rosahl-Fall, nach einer Entscheidung des Preußischen Obertribunals von 1859.

b) Subjektiver Tatbestand

Rosahl hatte Vorsatz hinsichtlich des „Bestimmens", denn er hat bewusst und gewollt bei Rose den Tatentschluss hervorgerufen, einen Totschlag zu begehen.

Erforderlich ist jedoch ein sog. doppelter Anstiftervorsatz: Da § 26 objektiv das Vorliegen einer Haupttat verlangt, müsste sich der Vorsatz des Rosahl auch hierauf beziehen.

Umstritten ist, wie es sich für den Anstifter auswirkt, wenn der Täter einem error in persona unterlag.

aa) Unbeachtlichkeits-(Akzessorietäts-)theorie

Nach einer (seinerzeit auch vom Preußischen Obertribunal vertretenen) Ansicht bleibt der unbeachtliche Irrtum des Vordermannes auch für den Hintermann unbeachtlich (strenge Akzessorietät). Dafür spricht der Wortlaut des § 26, der Anstifter ist „gleich einem Täter" zu bestrafen. Dies erscheint jedoch allzu formalistisch und führt auch zu unsachgemäßen Ergebnissen, falls beispielsweise Rose noch mehrere Anläufe unternommen hätte, bis er endlich den Schliebe trifft. Rosahl müsste dann als Anstifter „für das ganze Gemetzel" verantwortlich gemacht werden. Mehrere Morde hatte Rosahl jedoch nicht in seinen Vorsatz aufgenommen („Blutbadargument").

bb) Aberratio-ictus-Theorie

Daher ist eine weit verbreitete Auffassung der Ansicht, den Fall als aberratio ictus für den Anstifter zu behandeln. Die Konstellation sei strukturell demjenigen vergleichbar, bei dem z.B. eine Gewehrkugel das anvisierte Ziel verfehle, da der Anstifter den Vordermann gleichsam als menschliche Waffe einsetze und dieser aufgrund der Opferverwechslung das Ziel verfehle. Für die aberratio-ictus-Lösung spricht, dass die Haftung für eine Verwechslung im Rahmen einer Fahrlässigkeitstat sachgerecht erfasst ist.

hemmer-Methode: Wenn man der Ansicht folgt, die eine aberratio ictus annimmt, eröffnet sich das Folgeproblem, wie die aberratio ictus zu behandeln ist (s.o. Rn. 118).
Nach h.M. käme man hier zu dem Ergebnis, dass Rosahl hinsichtlich des Harnisch wegen fahrlässiger Tötung (§ 222) und hinsichtlich des Schliebe wegen versuchter Anstiftung (§ 30 I) zu bestrafen ist.

cc) Wesentlichkeitstheorie

Demgegenüber vertritt die neuere Rspr., dass die Konstellation als Problem des Irrtums über den Kausalverlauf zu behandeln ist. Danach ist der Irrtum für Rosahl nur beachtlich, wenn er wesentlich, d.h. nach allgemeiner Lebenserfahrung unvorhersehbar war. Denn es gehört zum Risiko des Anstifters, dass der Täter einen Falschen trifft.

Diese Lösung ermögliche auch eine flexible Bewertung des Einzelfalls. Ob eine wesentliche Abweichung vorliegt, ist eine Frage des Einzelfalls.

Im vorliegenden Fall lag es noch nicht außerhalb des nach allgemeiner Lebenserfahrung Voraussehbaren, dass Rose den Falschen tötet. Folglich hatte Rosahl auch den erforderlichen Vorsatz hinsichtlich der Haupttat, d.h. doppelten Anstiftervorsatz. Der subjektive Tatbestand ist damit erfüllt.

dd) Individualisierungstheorie

Ein weiterer differenzierender Ansatz kommt etwas häufiger zur Beachtlichkeit des Irrtums: Eine Literaturansicht unterscheidet danach, inwieweit der Anstifter dem Ausführenden die Opferindividualisierung überlassen habe. Wenn ein Anstifter nur gewisse Angaben zur Opferkonkretisierung bzw. Individualisierung gemacht hat, muss er sich eben auch die Abweichungen zurechnen lassen, die beim Einschalten einer dritten Person geschehen können.

2. Die Tat war auch rechtswidrig und schuldhaft.

3. Ergebnis: Rosahl ist gemäß §§ 212 I, 26 strafbar.

D. Akzessorietätslockerungen bei der Teilnahme

I. Unterscheidung zwischen tatbezogenen Merkmalen, täterbezogenen Merkmalen und Schuldmerkmalen

1. Schuldbezogene Merkmale

§ 29 stellt die wichtigste und einfachste Akzessorietätslockerung dar. Jeder Beteiligte wird nur nach seiner eigenen **Schuld** bestraft, ohne Rücksicht auf die Schuld des anderen. Spezielle Schuldmerkmale sowie Schuldausschließungs- bzw. Schuldminderungsgründe werden nur bei dem Beteiligten beachtet, in dessen Person sie vorliegen.

So bleibt der Teilnehmer insbesondere strafbar, wenn der Täter mangels Schuld straflos bleibt (z.B. wegen § 20, entschuldigendem Notstand, Notwehrexzess oder Erlaubnistatbestandsirrtum).

hemmer-Methode: Sehr häufig wird dann aber freilich eine Konstellation der mittelbaren Täterschaft vorliegen. Voraussetzung dafür ist, dass der Hintermann die Tatherrschaft hat. Dies kann z.B. bei demjenigen regelmäßig bejaht werden, der sich eines schuldunfähig Geisteskranken (§ 20) als Werkzeug bedient.

§ 28

Unterschiede in der Strafbarkeit werden auch durch **§ 28** ermöglicht. Von dessen **Absatz I und II** werden „besondere persönliche Merkmale" erfasst. Eine Legaldefinition dieses Begriffes findet sich in § 14 I („besondere persönliche Eigenschaften, Verhältnisse oder Umstände"). Gemeint sind damit die sog. **täterbezogenen Merkmale**, d.h. solche Merkmale eines Deliktstatbestands, durch welche die Person des Täters näher gekennzeichnet wird.

412

Bevor auf die Besonderheiten bei den täterbezogenen Merkmalen eingegangen wird, soll zunächst dargestellt werden, wie sich auch bei *tatbezogenen Merkmalen* Unterschiede in der Strafbarkeit von Täter und Teilnehmer ergeben können:

2. Tatbezogene Merkmale

Tatbezogene Merkmale

Tatbezogene Merkmale kennzeichnen den **sachlichen Unrechtsgehalt** der Tat näher; sie beschreiben den tatbestandlichen Erfolg, die Tatmittel und die Begehungsweise. Die meisten Merkmale, die sich in den einzelnen Deliktstatbeständen des BT finden, sind tatbezogen. Hier gelten die allgemeinen Regeln der Akzessorietät.

413

Dies bedeutet: Alles, was zur vorsätzlichen und rechtswidrigen Haupttat gehört, wird **dem Teilnehmer zugerechnet**, sofern die Voraussetzungen des § 26 bzw. § 27 vorliegen.

Diese Voraussetzungen sind im objektiven Tatbestand das „Bestimmen zur Tat" (§ 26) bzw. das „Hilfe leisten" (§ 27). Im subjektiven Tatbestand ist der doppelte Anstifter- bzw. Gehilfenvorsatz zu prüfen. Auf die Verwirklichung tatbezogener Merkmale muss sich demzufolge der Teilnehmervorsatz richtigen.

Im Regelfall sind also Täter und Teilnehmer aus demselben Delikt zu bestrafen, freilich dann als Täter desselben bzw. als Teilnehmer. Unterschiede in der Strafbarkeit können sich jedoch dann ergeben, wenn der Vorsatz des Täters und der Vorsatz des Teilnehmers hinsichtlich der Haupttat divergieren. Die Unterschiede resultieren dann aus der Anwendung des **§ 16 I S. 1**.

Bsp.: A stiftet den T zum Raub an. T verwendet dabei eine Schusswaffe zur Drohung, wovon A jedoch nichts weiß.

Hier hat sich T gemäß den §§ 249, 250 II Nr. 1 (schwerer Raub) strafbar gemacht. A hat zu einem Raub angestiftet, §§ 249, 26. Die Qualifikation des § 250 II Nr. 1 kann ihm jedoch nicht zugerechnet werden, es fehlt ihm insoweit der Vorsatz, da er von der Verwendung der Schusswaffe nichts wusste (vgl. § 16 I S. 1).

hemmer-Methode: Es geht hier also allein um eine saubere Subsumtion unter die Voraussetzungen der Anstiftung bzw. der Beihilfe.

3. Täterbezogene Merkmale

Täterbezogene Merkmale

Täterbezogene Merkmale sind solche, welche die Eigenschaften, Verhältnisse und anderen Umstände kennzeichnen, die vornehmlich mit der Person des Beteiligten verknüpft sind und das Unrecht, die Schuld oder die Strafbarkeit mitbestimmen.

Die Einordnung richtet sich nicht nach dem abstrakten Inhalt des Merkmals, sondern nach dessen Funktion im Straftatbestand, so dass die Abgrenzung im Einzelfall schwierig und in Rechtsprechung und h.L. in vielen Fällen umstritten ist. Keinesfalls sind objektive Merkmale mit tatbezogenen und subjektive Merkmale mit täterbezogenen gleichzusetzen.

Wenn der Täter Delikte verwirklicht hat, die täterbezogene Merkmale enthalten, ist die Teilnehmerstrafbarkeit nach demselben Tatbestand i.V.m. § 26 bzw. § 27 *nicht davon abhängig, ob er wusste*, dass diese Umstände in der Person des Täters vorliegen. Hier sind dann die Besonderheiten des **§ 28 zu beachten**.

Bspe.:

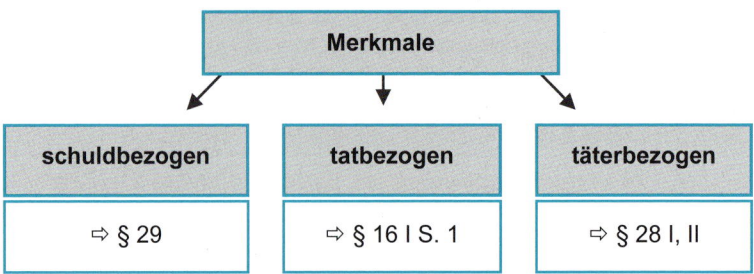

II. Differenzierungen innerhalb des § 28

Unterscheidung

Innerhalb des § 28 ist danach zu unterscheiden, ob das besondere persönliche Merkmal **strafbegründend (dann § 28 I)** oder **strafmodifizierend (dann § 28 II)** wirkt.

§ 28 I: lediglich Strafmilderung (Prüfung auf Strafzumessungsebene, nach der Schuld)

Handelt es sich um strafbegründende Merkmale, so wird die Strafe beim Teilnehmer nur gemäß § 28 I i.V.m. § 49 **gemildert**. Die Prüfung des § 28 I hat daher im Schema nach der Feststellung von Tatbestandsmäßigkeit, Rechtswidrigkeit und Schuld zu erfolgen.

> *Bsp.: A stiftet den Beamten T zu einer Falschbeurkundung im Amt gem. § 348 an.*
>
> Da A selbst kein Amtsträger ist, wird seine Strafe wegen Anstiftung zur Falschbeurkundung (§§ 348, 26) über die §§ 28 I, 49 I gemildert.

§ 28 II: Tatbestandsverschiebung (Prüfung auf Tatbestandsebene)

Nach § 28 II gelten besondere persönliche Merkmale, welche die Strafe (für jeden Beteiligten!) schärfen, mildern oder ausschließen, nur für den Beteiligten (Täter oder Teilnehmer), bei dem sie vorliegen.

§ 28 II kann zu einer **Verschiebung des Tatbestands** führen, aus dem der jeweilige Beteiligte verurteilt wird. § 28 II ist daher im Klausuraufbau *auf der Ebene des Tatbestands zu prüfen*. Die Tatbestandsverschiebung kann sowohl zugunsten als auch zulasten des jeweiligen Beteiligten ausfallen.

> *Bsp.: A stiftet den Beamten T dazu an, eine Körperverletzung im Amt (§ 340) zu begehen.*

T ist als Amtsträger gem. § 340 zu bestrafen, A aber nur als Anstifter zu einer Körperverletzung nach den §§ 223 I, 26, 28 II, da die Amtsträgereigenschaft ein besonderes persönliches Merkmal ist, welches die Strafe im Vergleich zur einfachen Körperverletzung des § 223 I schärft (h.M.).

hemmer-Methode: In Klausuren wird § 28 besonders gerne mit § 211 kombiniert, da hier der Streit zwischen Rspr. und h.L. über das Verhältnis von § 211 zu § 212 (Exklusivität oder Spezialität) relevant wird.

E. Die versuchte Beteiligung, § 30

§ 30 regelt den Versuch der Beteiligung. Eine Beteiligungshandlung ist im Vorbereitungsstadium „steckengeblieben", wenn die geplante Haupttat nicht in das Stadium des strafbaren Versuchs gelangt.

Versuchte Beihilfe straflos

Die versuchte Beihilfe ist straflos. Dagegen ist die versuchte Anstiftung nach § 30 I strafbar, wenn die Haupttat ein **Verbrechen (§ 12 I)** ist.

In § 30 II werden weitere Beteiligungsformen im Vorbereitungsstadium zu einem Verbrechen unter Strafe gestellt, nämlich das Sich-Bereit-Erklären, das Annehmen eines Erbietens und die Verbrechensverabredung.

§ 30 I S. 1 Var. 1 betrifft den Fall, dass jemand versucht, einen anderen zu einem Verbrechen anzustiften.

§ 30 I S. 1 Var. 2 enthält den Fall der versuchten Anstiftung zur Anstiftung eines Verbrechens („Kettenanstiftung").

Der Vorsatz des Anstifters muss sich auf das Hervorrufen des Tatentschlusses und die Vollendung der geplanten Tat beziehen. Nach § 30 I S. 2 ist die Strafe gemäß § 49 I obligatorisch zu mildern.

Sich-Bereit-Erklären

§ 30 II erfasst in seiner 1. Variante ein „Sich-Bereit-Erklären" zur Begehung eines Verbrechens (§ 12 I). Dies ist die ernst gemeinte Kundgabe der Bereitwilligkeit zur Begehung eines Verbrechens gegenüber einem anderen.

Die Annahme eines Erbietens (§ 30 II Var. 2) stellt das Gegenstück zum Sich Erbieten dar. „Erbieten" meint dabei so viel wie „Angebot". Auch die Annahme muss ernst gemeint sein.

Verbrechens-verabredung	Die **Verbrechensverabredung** als wichtigster Fall des § 30 II ist eine Vorstufe zur Mittäterschaft. Dem entspricht eine vom ernsten Willen getragene Einigung von mindestens 2 Personen, die auch stillschweigend erfolgen kann. Diese müssen als Mittäter entweder die in Aussicht genommene Tat selbst gemeinschaftlich begehen oder einen anderen gemeinsam anstiften wollen.
Rücktritt von § 30 gemäß § 31 möglich	**hemmer-Methode:** Nach **§ 31** kann parallel zum Versuch eines Begehungsdelikts (§ 24) von der versuchten Beteiligung **strafbefreiend zurückgetreten** werden. Die Rücktrittsvoraussetzungen entsprechen denjenigen des § 24. § 31 I Nr. 1 bezieht sich auf § 30 I S. 1, § 31 I Nr. 2 auf § 30 II Var. 1 und § 31 Nr. 3 auf § 30 II Var. 2 und 3.

§ 9 Die Konkurrenzen

A. Einführung

Warum Konkurrenzen? Die Konkurrenzen spielen eine elementare Rolle in der Strafrechtsklausur. Sie sind regelmäßig am Schluss einer Arbeit zu prüfen. Dort können sie dann eine wichtige Rolle beim letzten Eindruck des Korrektors spielen.

Doch neben dieser klausurtaktischen Erwägung ist vor allem zu bedenken, dass viele Unsicherheiten beim Umgang mit Vorschriften des StGB darin wurzeln, dass einem das Verhältnis der einzelnen Delikte untereinander nicht klar ist. So stellt sich häufig die Frage, welche Vorschriften nur kurz anzuprüfen sind, weil sie konkurrenzrechtlich verdrängt werden. Auch die Prüfungsreihenfolge und die Einteilung des Falles in Tatkomplexe werden von den konkurrenzrechtlichen Regeln beeinflusst.

I. Das Problem in der Klausur

Mehrere Tatbestände sind erfüllt Konkurrenzprobleme stellen sich immer dann, wenn ein Täter **mehrere Deliktstatbestände verwirklicht** hat. Denn dann sind mehrere Strafrahmen einschlägig. Es stellt sich die Frage, welcher Strafrahmen für die konkrete Strafbemessung heranzuziehen ist. Dass dies häufiger der Fall ist, als es auf den ersten Blick den Anschein hat, verdeutlichen die folgenden Beispiele:

Bsp. 1: T schießt auf den O. Die Kugel trifft den Brustkorb, O stirbt durch den Schuss.

T hat hier den objektiven und subjektiven Tatbestand des § 212 I (Totschlag) erfüllt. Die Tat war auch rechtswidrig, und der Täter handelte schuldhaft. T hat sich daher gemäß § 212 I strafbar gemacht.

Es könnte auch ein Mord vorliegen, § 211. Darüber sagt der knappe Sachverhalt jedoch nichts aus.

Darüber hinaus könnten auch die §§ 223 I, 224 I Nr. 2 und Nr. 5 und § 227 verwirklicht sein. Das Konkurrenzproblem besteht hier in der Frage nach dem Verhältnis der Körperverletzungs- zu den Tötungsdelikten. Heute geht man allgemein davon aus, dass jeder Tötung denknotwendig als Durchgangsstadium eine Körperverletzung vorausgeht.

Bsp. 2: T gibt dem O links und rechts eine Ohrfeige.

Eine Ohrfeige erfüllt regelmäßig den Tatbestand der Körperverletzung, denn es liegt ein Fall der „körperlichen Misshandlung" i.S.v. § 223 I Alt. 1 vor. T handelte vorsätzlich, rechtswidrig und schuldhaft. Das erste Konkurrenzproblem des Falles besteht darin zu klären, ob die zwei Ohrfeigen als eine oder als zwei Körperverletzungen bewertet werden.

Durch die Ohrfeigen könnte T den O auch beleidigt haben, d.h. den Tatbestand des § 185 verwirklicht haben. Die „tätliche Beleidigung" ist sogar in § 185 Alt. 2 besonders geregelt und mit höherer Strafe bedroht. Bevor es zu einem Konkurrenzproblem kommt, stellt sich freilich ein Problem der Auslegung des § 185: Ist schon der Tatbestand des § 185 nicht erfüllt? Oder ist er zwar erfüllt, tritt dann aber auf Konkurrenzebene zurück? Beides ist gut vertretbar.

Wo prüfe ich was?

Die Beispiele mögen etwas verwirren, zeigen jedoch eines deutlich auf: Konkurrenzprobleme stellen sich nicht erst am Ende der Klausur unter der Überschrift „Konkurrenzen". Vielmehr ist schon bei der Auslegung und Anwendung der einzelnen Delikte stets auf das Verhältnis zu anderen Delikten zu schauen. Oftmals müssen Konkurrenzfragen nur im Kopf beantwortet werden, denn sie entscheiden über den Aufbau. Am schwierigsten wird für den Anfänger aber die Frage sein: Was soll überhaupt in einer Klausur angesprochen werden?

423

Gerade diese entscheidende Frage kann leider nicht pauschal beantwortet werden. Der Pfad zwischen „Alles gesehen" und „Abwegig" ist schmal. Letztlich hilft nur, durch ständiges aktives Lernen, d.h. durch eigenständiges Lösen von Fällen, ein Gespür dafür zu entwickeln, was in der Klausur in welchem Umfang problematisiert werden muss. Lassen Sie sich dabei im Zweifel vom gesunden Menschenverstand leiten!

Um Missverständnissen vorzubeugen, sei im Einzelnen zu den Beispielen noch so viel gesagt: Verwirklichte Körperverletzungsdelikte treten hinter vollendeten Tötungsdelikten zurück (*Subsidiarität*).

424

hemmer-Methode: Betrachten Sie die Konkurrenzlehre nicht isoliert als Materie des AT, sondern als eine Einführung in den Umgang mit den Vorschriften des BT.

II. Die gesetzliche Regelung

§§ 52, 53

Die **§§ 52 und 53** geben Antwort auf die Frage, wie bei mehreren verwirklichten Tatbeständen zu verfahren ist.

425

Diese Antwort wird nicht pauschal gegeben, vielmehr wird danach differenziert, wie viele Handlungen vorliegen.

Tateinheit (Idealkonkurrenz)

Wurde nur **eine Handlung** (§ 52 I – „dieselbe Handlung") vorgenommen, so wird allein aus dem schwersten Delikt bestraft, vgl. § 52 II S. 1. In diesen Fällen spricht man von Tateinheit oder von Idealkonkurrenz. Die Begriffe sind synonym.

426

Tatmehrheit (Realkonkurrenz)

Wurden hingegen **mehrere Handlungen** vorgenommen, so werden die Strafen zwar nicht addiert. Es wird jedoch eine Gesamtstrafe gebildet. Dies geschieht dadurch, dass der Strafrahmen des schwersten Delikts erhöht wird, vgl. § 54 I S. 2. Man spricht hier von Tatmehrheit bzw. Realkonkurrenz.

427

Gesetzeskonkurrenz: „§ x tritt hinter § y zurück"

Nun gibt es auch Fälle, bei denen zwar der Wortlaut mehrerer Deliktstatbestände erfüllt ist, aber einige von ihnen schon von vornherein ausscheiden, weil ihnen keine eigenständige Bedeutung zukommt. Hier spricht man von **„unechter Konkurrenz" oder (gleichbedeutend) von „Gesetzeskonkurrenz"**. Die Formulierung lautet dann „§ x tritt hinter § y zurück". Die §§ 52, 53 kommen in diesen Fällen gar nicht erst zur Anwendung. Bevor man zum Ergebnis „Ideal- oder Realkonkurrenz" kommt, gilt es also, die Fälle der Gesetzeskonkurrenz auszuscheiden. Näher dazu sogleich unter Rn. 435 ff.

428

Für den Richter sind die Fälle der Gesetzeskonkurrenz wichtig, weil diejenigen Tatbestände, die „zurücktreten", nicht im Tenor des Urteils erscheinen.

B. Handlungseinheit und Handlungsmehrheit

Wie viele Handlungen?

Ausgangspunkt aller Überlegungen ist nach der gesetzlichen Vorgabe die Frage, wie viele Handlungen vorliegen.

429

Die Antwort darauf ist nicht immer eindeutig zu finden, hier spielen Wertungen und „Gummibegriffe" eine große Rolle. Zur Erfassung des Problems wurden verschiedene Fallgruppen entwickelt. Die wichtigsten werden im Folgenden dargestellt.

I. Handlung im natürlichen Sinn

Handlung im natürlichen Sinn

Am einfachsten ist der Fall, bei dem nur *eine Willensbetätigung* stattgefunden hat. Man spricht auch von Handlung im natürlichen Sinn. Gleichgültig ist, ob mehrere deliktische Erfolge erzielt werden.

430

> **Bsp.:** *T ersticht den O; A wirft eine Bombe, es werden 100 Menschen getötet.*

II. Rechtliche Handlungseinheiten

Nach der Rechtsprechung des BGH können unter bestimmten Voraussetzungen mehrere Handlungen im natürlichen Sinn zu einer rechtlichen Bewertungseinheit zusammengefasst werden.

431

hemmer-Methode: Die Terminologie ist hier z.T. uneinheitlich. Für den Anfang genügt es, ein Gespür für das Problem zu entwickeln.

1. Tatbestandliche Handlungseinheit

Zusammengesetzte Delikte

Hier treten keine Probleme auf. Die „tatbestandliche Handlungseinheit" beschreibt vor allem das Phänomen, dass bestimmte *Delikte aus mehreren Einzelakten zusammengesetzt* sein können.

432

> **Bsp.:** *Raub (§ 249) ist aus Gewalt oder Drohung und anschließender Wegnahme zusammengesetzt.*

Denkbar ist auch tatbestandliche Handlungseinheit, wenn der Erpresser mehrfach zur Erpressung ansetzt und erst am Ende den gewünschten Erfolg hat. Zwar liegt in solchen Fällen regelmäßig keine natürliche Handlungseinheit vor (dazu sogleich). Kraft tatbestandlicher Bindungswirkung der §§ 253, 255 liegt jedoch nur eine Handlung im rechtlichen Sinne vor.

2. Natürliche Handlungseinheit

Natürliche Handlungseinheit

Klassisches Beispiel der „natürlichen Handlungseinheit" ist die „Tracht Prügel". Auch die beiden Ohrfeigen im Beispiel oben (Rn. 422) würden hierher passen.

433

Gemeint sind also Fälle, bei denen es *lebensfremd* wäre, die rechtliche Bewertung des Falles in mehrere Abschnitte zu zergliedern.

Dies ist bei iterativer (mehrfacher) und sukzessiver (fortschreitender) Begehung desselben Deliktstatbestands der Fall.

Iterative Tatbegehung

Eine *iterative Tatbestandsverwirklichung* liegt vor, wenn jemand durch eine Mehrzahl von Einzelakten in ähnlicher Weise und rascher Aufeinanderfolge immer denselben Tatbestand erfüllt.

> **Bsp.:** *Die Demolierung eines Gegenstandes durch mehrere Schläge stellt nur eine Sachbeschädigung dar, die Wegnahme mehrerer Sachen des Eigentümers nur eine Diebstahl, die sprichwörtliche „Tracht Prügel", bei der der Täter zwanzigmal auf das Opfer einschlägt, nur eine Körperverletzung.*

Sukzessive Tatbestandsverwirklichung liegt vor, wenn der entsprechende Straftatbestand nur einmal, und zwar schrittweise, verwirklicht wird.

> **Bsp.:** *Dem Täter gelingt es, nachdem er vier Nächte daran gearbeitet hat, den Tresor in der fünften Nacht endlich zu „knacken". Er ist dann wegen eines vollendeten Diebstahls (in einem besonders schweren Fall, § 243 I S. 2 Nr. 2) zu bestrafen und nicht etwa viermal aus versuchter und einmal aus vollendeter Tat.*

hemmer-Methode: Wenn ein unproblematischer Fall der natürlichen Handlungseinheit vorliegt (z.B. mehrere Tritte mit dem Fuß), ist dies schon im Aufbau deutlich zu machen.
Prüfen Sie dann den betreffenden Tatbestand nur einmal, und behandeln Sie den Fall unter Hinweis auf die natürliche Handlungseinheit so, als ob nur eine Handlung vorläge.[38]

Kriterien der Rspr.

Die **Rechtsprechung** geht bei der Bejahung der natürlichen Handlungseinheit sehr weit. Es soll genügen, wenn drei **Voraussetzungen** erfüllt sind:

434

(1) Hinreichende zeitliche Nähebeziehung,

(2) hinreichende räumliche Nähebeziehung sowie

(3) hinreichender einheitlicher Willensentschluss des Täters.

---

[38] Vergleichen Sie hierzu **Fall 34 aus „Die 34 wichtigsten Fälle zum Strafrecht AT"**.

hemmer-Methode: Belasten Sie Ihr Gedächtnis nicht zu früh mit solchen Formeln. Entscheidend ist, dass Sie das Sachproblem erkennen und im Ernstfall in der Lage sind, anhand des Sachverhalts zu argumentieren.

C. Gesetzeskonkurrenzen

Unechte Konkurrenz

Vor der Anwendung des § 52 oder § 53 muss geklärt werden, ob ein Tatbestand überhaupt im Tenor eines Urteils erscheinen soll. Falls ein Delikt „unter den Tisch fallen" kann, obwohl es vom Wortlaut her erfüllt ist, so spricht man von Gesetzeskonkurrenz (= Gesetzeseinheit). Da das Delikt „verdrängt" wird, spricht man auch von „unechter Konkurrenz". *435*

I. Bei Handlungseinheit

Drei Fälle der Gesetzeskonkurrenz

Wurden mehrere Delikte durch „eine Handlung" erfüllt, so gibt es drei Möglichkeiten der Gesetzeskonkurrenz: *Spezialität, Subsidiarität, Konsumtion.* *436*

1. Spezialität

Spezialität

Spezialität liegt vor, wenn ein Delikt begriffsnotwendig alle Merkmale einer anderen Straftat enthält. *437*

> **Bsp.:** *Jeder Raub (§ 249) ist auch ein Diebstahl (§ 242) und eine Nötigung (§ 240). Oder: Jede schwere Körperverletzung (§ 226) beinhaltet auch eine Körperverletzung (§ 223).*

hemmer-Methode: Offensichtlich unproblematische Fälle der Gesetzeskonkurrenz kann man – wenn überhaupt – gleich im Anschluss an den jeweiligen Ergebnissatz des schwereren Delikts erwähnen.
Z.B.: „T hat den Tatbestand des Raubes (§ 249) rechtswidrig und schuldhaft erfüllt. Diebstahl (§ 242) und Nötigung (§ 240) treten aufgrund Gesetzeskonkurrenz in Form der Spezialität zurück".

2. Subsidiarität

Subsidiarität

Subsidiarität liegt vor, wenn einer der verletzten Tatbestände nur für den Fall Geltung beansprucht, dass nicht ein anderer zugleich verletzt wurde. *438*

Formelle Subsidiaritätsklauseln		Oft sind diese Delikte sehr einfach zu finden, nämlich dann, wenn sich im Wortlaut eine sog. Subsidiaritätsklausel findet. Man spricht dann von formeller oder ausdrücklicher Subsidiarität.

Bsp.: § 246 I (Unterschlagung), § 248b I (Unbefugter Gebrauch eines Fahrzeugs), § 316 I (Trunkenheit im Verkehr).

Materielle Subsidiarität — Schwieriger wird es, wenn sich erst durch Auslegung ergibt, dass ein Gesetz wegen Subsidiarität zurücktreten soll. Man spricht dann von materieller Subsidiarität.

Bsp.: Dies wird bei konkreten Gefährdungsdelikten gegenüber Verletzungsdelikten angenommen.

3. Konsumtion

Konsumtion — Konsumtion wird bei typischen (aber nicht notwendigerweise vorliegenden) Begleittaten angenommen. Der Unrechts- und Schuldgehalt des zurücktretenden Delikts wird hier durch das schwerere Delikt erfasst und aufgezehrt.

439

Bsp.: Bei einem Wohnungseinbruchsdiebstahl (§ 244 I Nr. 3, IV) wird der Hausfriedensbruch (§ 123) konsumiert, nach BGH nicht hingegen die Sachbeschädigung z.B. an der Eingangstür (§ 303), da insoweit häufig unterschiedliche Rechtsgutsträger betroffen sind.

hemmer-Methode: Die Fälle der (materiellen) Subsidiarität und der Konsumtion sind oft nicht leicht auseinander zu halten. Wichtiger als eine Festlegung auf Begrifflichkeiten sind die Wertungen, die zur Annahme von Gesetzeskonkurrenz führen.
Das begangene Unrecht soll nicht doppelt in Rechnung gestellt werden. Erscheint es hingegen angebracht, im Tenor eines Urteils klarzustellen, dass ein bestimmtes Delikt ebenfalls verwirklicht wurde, so ist stattdessen Idealkonkurrenz (§ 52) anzunehmen (Stichwort: **Klarstellungsfunktion** der Tateinheit). Letzteres ist insbesondere bei einer nur versuchten Tötung im Verhältnis zu einer vollendeten Körperverletzung der Fall. Die §§ 212 I, 22 und §§ 223 ff. stehen daher zueinander in Tateinheit.

II. Bei Handlungsmehrheit

Auch hier: „Unechte Konkurrenz" — Hat man festgestellt, dass die verschiedenen Delikte durch „mehrere Handlungen" begangen wurden, so führt dies nicht zwangsläufig zur „Realkonkurrenz" i.S.v. § 53.

440

Vielmehr sind auch bei der Handlungsmehrheit vorher die Fälle der Gesetzeskonkurrenz (d.h. der „unechten Konkurrenz") auszuscheiden.

Mitbestrafte Vor- oder Nachtat

Die Wertungen sind die gleichen wie bei der Konsumtion: Der Unrechts- und Schuldgehalt wird vollständig durch das schwerere Delikt erfasst. Fälle sind die mitbestrafte Vor- oder Nachtat.

Bsp. für mitbestrafte Vortat: Verbrechensverabredung (§ 30 II) tritt hinter einem späteren Verbrechen (z.B. § 249) zurück.

Bsp. für mitbestrafte Nachtat: Anna hat eine Puppe gestohlen (§ 242). Als sie ihr nicht mehr gefällt, reißt sie der Puppe den Kopf ab und wirft sie in den Mülleimer (§ 303). Hier tritt die Sachbeschädigung als mitbestrafte Nachtat hinter dem Diebstahl zurück, es liegt also kein Fall der Realkonkurrenz (§ 53) vor.

D. Verklammerungsprinzip

Einen Sonderfall stellt schließlich das Verklammerungsprinzip dar. Danach kann ausnahmsweise ein Delikt andere Tatbestände, die zueinander in Handlungsmehrheit stehen, zu einer Tat „verklammern". Dies ist etwa dann der Fall, wenn der Täter durch zusammengehörige Handlungen dem Opfer immer wieder i.S.d. § 238 I nachstellt. Der Tatbestand der Nachstellung gemäß § 238 verklammert dann kraft seiner besonderen Struktur, nach welcher gerade ein mehrmaliges Handeln vorausgesetzt wird (vgl. die tatbestandliche Formulierung: „wiederholt"), die in diesem Rahmen verwirklichten Tatbestände. Am Ende stehen demnach alle verwirklichten Tatbestände in Tateinheit, § 52.

hemmer-Methode: Eine Verklammerung scheidet im Beispiel jedoch dann aus, wenn es sich bei den im Rahmen der Nachstellung verwirklichten Tatbeständen um schwerere Delikte als § 238 handelt. Hier stehen die schwereren Delikte zueinander in Tatmehrheit, während die Nachstellung zu diesen jeweils in Tateinheit steht.
Das Verklammerungsprinzip ist ein absoluter Sonderfall, so dass vorliegend nur beispielhaft darauf eingegangen wird. Die Details sollten Sie sich vergegenwärtigen, wenn Sie mit den Grundlagen der Konkurrenzlehre hinreichend vertraut sind.

E. Zusammenfassung

Gedankliches Schema — Bei der Prüfung von Konkurrenzen ist folgendes gedankliches Schema zu Grunde zu legen:

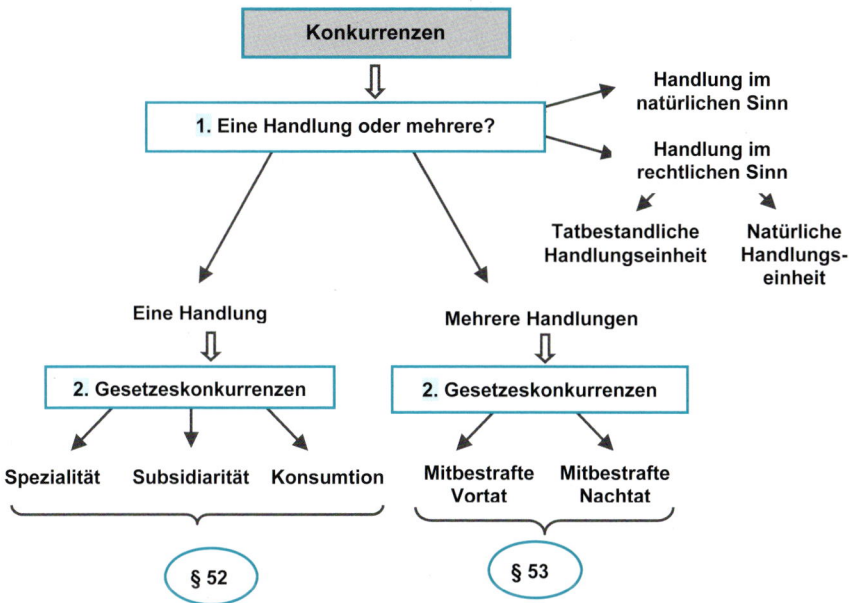

hemmer-Methode: Mit den etwas verwirrenden Grundbegriffen müssen Sie sicher umgehen können. Merken Sie sich: „Handlungseinheit" führt nur dann zur „Tateinheit" mehrerer Strafvorschriften (= Idealkonkurrenz), wenn nach Beurteilung der Gesetzeskonkurrenzen mehr als eine Strafvorschrift im Endergebnis bestehen bleibt.
Dasselbe gilt für das Verhältnis von „Handlungsmehrheit" zu „Tatmehrheit" (= Realkonkurrenz).

Sie haben es geschafft und sich intensiv mit dem Grundwissen im Strafrecht AT auseinandergesetzt! Wir wünschen Ihnen viel Erfolg bei den anstehenden Prüfungen im Strafrecht!

Stichwortverzeichnis

Die Zahlen verweisen auf die Randnummern des Skripts

A

Aberratio ictus	117 ff., 410
Abergläubischer Versuch	269
Abgrenzung Tun- Unterlassen	28, 346 ff.
Absicht	109
Absichtsprovokation	139
Actio libera in causa	188 ff.
Vorsätzliche	189, 195 ff.
Fahrlässige	189, 209
Akzessorietätslockerungen	411 ff.
Schuldbezogene Merkmale	411
Täterbezogene Merkmale	415
Tatbezogene Merkmale	413
Alleintäterschaft	372, 391
Allgemeindelikte	33, 377
Allgemeiner Teil des StGB	19 ff.
Anstiftung	402 ff.
Aufstiftung	407
Kettenanstiftung	419

B

Beendeter Versuch	294 ff.
Begehungsdelikt, vorsätzliches	28, 50 ff.
Beihilfe	402 ff.
Besonderer Teil des StGB	19

D

Dauerdelikt	32
Delikt	24 ff.
Deliktsgruppen/typen	24 ff.
Dolus eventualis	111 ff., 304, 313
Dreistufiger Verbrechensaufbau	46 f.

E

Eigenhändige Delikte	33, 375
Entschuldigender Notstand	214 ff.
Übergesetzlich	222 f.
Entschuldigungsgründe	213 ff.
Entsprechungsklausel	360
Erfolgsdelikt	29 ff.
Erfolgsqualifiziertes Delikt	30, 336 ff.
Erlaubnisirrtum	173 ff., 228 ff.
Erlaubnistatbestandsirrtum	228 ff.
Theorien	237 ff.
Error in persona	115 ff., 410
Exzess im Rahmen der Täterschaft	396

F

Fahrlässigkeitsdelikt	26, 313 ff.
Sorgfaltspflichtverletzung, objektiv	322 ff.
Sorgfaltspflichtverletzung, subjektiv	335
Vorhersehbarkeit, objektiv	316, 326
Vorhersehbarkeit, subjektiv	335.
Fehlgeschlagener Versuch	288 ff.
Festnahmerecht	153 ff.
Freiwilligkeit des Rücktritts	303
Heteronome Motive	303
Autonome Motive	303

G

Garantenstellung	357 ff.
Beschützergarant	357 ff.
Überwachungsgarant	357 ff.
Gefährdungsdelikt	31
Abstrakt	31
Konkret	31
Gesamtlösung	399 f.
Gesetzeskonkurrenzen	428, 435 ff.
Spezialität	437

Subsidiarität	438
Konsumtion	439
Mitbestrafte Nachtat	440
Mitbestrafte Vortat	440
Gesetzlichkeitsprinzip	**10**
Nullum crimen sine lege	10
Nulla poena sine lege	10

H

Handlungseinheit	**429 ff.**
Handlung im natürlichen Sinne	430
Natürliche Handlungseinheit	433
Tatbestandliche Handlungseinheit	432
Handlungsmehrheit	**429, 440 ff.**
Handlungsqualität	**58 f.**
Hauptstrafen	**2**
Freiheitsstrafe	2
Geldstrafe	2

I

In dubio pro reo	**330**
Ingerenz	**359, 297**
Internationales Strafrecht	**11 ff.**
Territorialitätsprinzip	12
Flaggenprinzip	13
Aktives Personalitätsprinzip	14
Passives Personalitätsprinzip	15
Schutzprinzip	16
Weltrechts- oder Universalitätsprinzip	17
Stellvertretende Strafrechtspflege	18
Irrtümer	**202 ff.**
Doppelirrtum	247
Erlaubnisirrtum	173 ff., 228 ff.
Erlaubnistatbestandsirrtum	228 ff.
Hinsichtl. Entschuldigungsgründe	224 ff.
Hinsichtlich Rechtfertigungsgründe	172 ff.
Verbotsirrtum	224 ff.
Irrtum über den Kausalverlauf	**105 ff.**

K

Kausalität	**65 ff.**
Alternative K.	72
Kumulative K.	73
Überholende K.	74
Konkurrenzen	**420 ff.**
Idealkonkurrenz	426
Realkonkurrenz	427

M

Mittäterschaft	**393 ff.**
Funktionelle Tatherrschaft	393
Gemeinsamer Tatplan	394, 398
Mittelbare Täterschaft	**381 ff.**
Täter hinter dem Täter	386 ff.
Voraussetzungen	381 ff.

N

Nebenfolgen einer Straftat	**2**
Fahrverbot	2
Nebenfolgen	2
Nötigungsnotstand	**149**
Notstand	**126 ff. 140 ff.**
Aggressivnotstand	152
Defensivnotstand	151
Rechtfertigender Notstand	140 ff.
Angemessenheitsprüfung	148
Interessenabwägung	146.
Notstandslage	142 ff.
Notstandshandlung	144
Notwehr	**128 ff.**
Erforderlichkeit	136 f.
Gebotenheit	137
Notwehrlage	129 ff.
Notwehrexzess	219 ff.
Extensiver Notwehrexzess	220
Intensiver Notwehrexzess	220

O

Objektive Bedingungen der Strafbarkeit	122
Objektiver Tatbestand	54 ff.
Handlung	58 ff.
Taterfolg	62
Objektive Zurechnung	76 ff., 327
Atypischer Kausalverlauf	84
Dazwischentreten eines Dritten	89
Freiverantwortliche Selbstgefährdung	88
Menschliches Beherrschungsvermögen	80
Pflichtwidrigkeitszusammenhang	86
Risikoverringerung	82
Schutzzweckzusammenhang	85
Sozialadäquates Verhalten	81
Omnimodo facturus	407

P

Pflichtenkollision, rechtfertigende	170
Pflichtwidrigkeitszusammenhang	328 ff.
In dubio pro reo	330
Risikoerhöhungslehre	330
Privilegierung	35

Q

Qualifikation	35

R

Rechtfertigende Einwilligung	160 ff.
Ausdrücklich erklärt	162 ff.
Mutmaßlich	169
Rechtfertigungsgründe	126 ff.
Objektive Elemente	127
Subjektive Elemente	127
Überblick	126
Rechtswidrigkeit	44, 123 ff., 172 ff.
Regelbeispiele	25
Rose-Rosahl-Fall	410
Rücktrittshorizont	297
Rücktritt vom Versuch	285 ff.
Des Einzeltäters	288 ff.
Mehrere Beteiligte	306 ff.

S

Schuld	36, 45, 180 ff.
Schuldfähigkeit	183 ff.
Spezielle Schuldmerkmale	211
Sonderdelikte	33, 62, 375
Strafaufhebungsgründe	250
Strafausschließungsgründe	250
Strafverfolgungsvoraussetzungen	250
Strafzumessung	250
Subjektiver Tatbestand	98 ff., 263 ff.
Intellektuelles Element	100 ff.
Voluntatives Element	108 ff.

T

Tatbestandsausschließ. Einverständnis	92 ff.
Abgrenzung zur Einwilligung	92 f.
Tatbestandsirrtum	224
Tatbestandsmerkmale	54 ff.
Deskriptiv	55
Normativ	56 f.
Tatbestandsspezifischer Gefahrzusammenhang	340 ff.
Täterschaft	371 ff.
Täterwille	378
Tatherrschaftslehre	379
Tätige Reue	312
Tätigkeitsdelikt	29
Tatort	12
Teilnahme	371 ff., 402 ff.
Versuchte Teilnahme	419
Rücktritt vom Beteiligungsversuch	306

U

Unbeendeter Versuch	294 f., 299
Unmittelbares Ansetzen	271 ff.
Allgemeine Ansatzformel	272
Unrechtsbewusstsein	223, 237
Untauglicher Versuch	266 f., 269
Unterlassungsdelikt	346 ff.
Echtes Unterlassungsdelikt	347
Unechtes Unterlassungsdelikt	348
Versuch	365 ff.

V

Verbotsirrtum	224 ff.
Unvermeidbarer	226
Vermeidbarer	227
Verbrechen	25
Vergehen	25
Verletzungsdelikt	31
Versuch	251 ff.
Abgrenzung der Verwirklichungsstufen	252 ff.
Nichtvollendung der Tat	261
Strafbarkeit	259 ff.
Tatentschluss	263 ff.
Unmittelbares Ansetzen	271 ff.
Vorsatz	26, 40 ff.
Vorsatz-/Fahrlässigkeitsschuld	212
Vorsatz-/Fahrlässigkeitskombination	27, 336

W

Wahndelikt	266

Z

Züchtigungsrecht, elterliches	171
Zumutbarkeit normgemäßen Verhaltens	335
Zustandsdelikt	32

OPTIMIEREN SIE IHRE LERNZEIT DURCH AUDITIVES LERNEN!

+ KOMPLETTER INHALT MIT INHALTSVERZEICHNIS ALS PDF

ZPO I/II
hemmer/wüst Verlag
[AudioCards]

■ DIE AUDIOCARDS:
DER EXAMENSRELEVANTE STOFF ZUM AUDITIVEN LERNEN

Die Wiederholungsfragen der hemmer Hauptskripten, die haupties, werden in den hemmer AudioCards vertont und beantwortet.

auditiv: Der examensrelevante Stoff zum auditiven Lernen von erfahrenen Repetitorinnen und Repetitoren. Ideal für schnelles Repetieren der hemmer Hauptskriptenreihe.

modern: Frage-Antwort-System im digitalen Format.

effektiv: Auditives Lernen optimiert die Wiederholung. Nutzen Sie Leerlaufphasen, z.B. im Auto oder in der U-Bahn, zum Wiederholen und Vertiefen des gelernten Stoffs.

- BGB-AT I, II, III
- Sachenrecht I, II, III
- Schuldrecht AT, BT I, II
- Bereicherungsrecht
- Deliktsrecht I, II
- Zivilprozessrecht I, II
- Strafrecht AT I/II, BT I/II, StPO
- Staatsrecht I, II

Versandkostenfreie Bestellung in unserem hemmer-shop
www.hemmer-shop.de

hemmer/wüst Verlag
Unser Lernsystem im Überblick

Die Skripten für Studierende

■ **GRUNDWISSEN** - je 10,80 €

Die Grundwissenskripten sind für die Studierenden in den ersten Semestern gedacht. In den Theoriebänden Grundwissen werden leicht verständlich und kurz die wichtigsten Rechtsinstitute vorgestellt und das notwendige Grundwissen vermittelt. Die Skripten werden durch den jeweiligen Band unserer Reihe „Die wichtigsten Fälle" ergänzt.

■ **DIE BASICS** - je 18,80 €

Das Grundwerk für Studium und Examen. Es schafft schnell Einordnungswissen und mittels der hemmer-Methode richtiges Problembewusstsein für Klausur und Hausarbeit. Wichtig ist, wann und wie Wissen in der Klausur angewendet wird. Umfangreicher als die Grundwissenreihe und knapper als die Hauptskriptenreihe.

■ **HAUPTSKRIPTEN** - je 21,80 €
DAS PRÜFUNGSWISSEN

In unseren Hauptskripten werden die für die Prüfung nötigen Zusammenhänge umfassend aufgezeigt und wiederkehrende Argumentationsketten eingeübt. Nutzen Sie die Skripten als Ihre Bibliothek - vom 1. Semester bis zum 2. Staatsexamen Ihr ideales Nachschlagewerk. Sie sind - anders als das typische Lehrbuch - klausurorientiert. Beispielsfälle erleichtern das Verständnis. So wird Prüfungswissen auf anspruchsvollem Niveau vermittelt. Die studentenfreundliche Preisgestaltung ermöglicht den Erwerb als Gesamtwerk. So gehen Sie sicher in die Klausur.

■ **DIE WICHTIGSTEN FÄLLE** - je 14,80 €
VOM FALL ZUM WISSEN

An Grundfällen werden die prüfungstypischen Probleme übersichtlich in Musterlösungen dargestellt. Eine Kurzgliederung erleichtert den Einstieg in die Lösung. Der jeweilige Fallschwerpunkt wird grafisch hervorgehoben. Die Reihe „Die wichtigsten Fälle" ist ideal geeignet, schnell in ein Themengebiet einzusteigen. So werden Zwischenprüfung und Scheine leicht.

Versandkostenfreie Bestellung in unserem hemmer-shop
www.hemmer-shop.de

hemmer/wüst Verlag
Unser Lernsystem im Überblick

Die Kartensätze

■ ÜBERBLICKSKARTEIKARTEN - je 32,80 € / 21,80 €
ÜBER PRÜFUNGSSCHEMATA ZUM WISSEN

Ihr Begleiter vom 1. Semester bis zum 2. Staatsexamen! In den Überblickskarteikarten sind die wichtigsten Problemfelder im Zivil-, Straf- und Öffentlichen Recht knapp, präzise und übersichtlich dargestellt. Sie erfassen effektiv auf einen Blick das Wesentliche. Die grafische Aufbereitung der Prüfungsschemata auf der Vorderseite schafft Überblick über den Prüfungsaufbau. Die Kommentierung mit der hemmer-Methode auf der Rückseite vermittelt deshalb das nötige Einordnungswissen für die Klausur und erwähnt die wichtigsten Definitionen.

■ BASICS KARTEIKARTEN - je 18,80 €
DAS PENDANT ZU DEN BASICS SKRIPTEN

Mit dem Frage- und Antwortsystem zum notwendigen Wissen. Die Vorderseite der Karteikarte ist unterteilt in Einordnung und Frage. Der Einordnungstext erklärt den Problemkreis und führt zur Frage hin. Die Frage trifft dann den Kern der prüfungsrelevanten Thematik. Auf der Rückseite schafft der Antworttext Wissen.

■ HAUPTKARTEIKARTEN - je 18,80 €
DAS PENDANT ZU DEN HAUPTSKRIPTEN

Das Prüfungswissen in Karteikartenform für den, der es bevorzugt, mit Karteikarten zu lernen. Im Frage- und Antwortsystem zum Wissen. Auf der Vorderseite der Karteikarte führt ein Einordnungsteil zur Frage hin. Die Frage trifft die Kernproblematik des zu Erlernenden. Auf der Rückseite schafft der Antworttext Wissen.

■ DIE SHORTIES - je 26,80 €
IN 20 STUNDEN ZUM ERFOLG INKL. HEMMER-LERNBOX

Die kleinen Karteikarten in der hemmer Lernbox enthalten auf der Vorderseite jeweils eine Frage, welche auf der Rückseite grafisch aufbereitet beantwortet wird. Die bildhafte Darstellung ist lernpädagogisch sinnvoll. Die wichtigsten Begriffe und Themenkreise werden anwendungsspezifisch erklärt. Knapper geht es nicht - die Sounds der Juristerei! In Kürze verhelfen die Shorties so zum Erfolg.

Versandkostenfreie Bestellung in unserem hemmer-shop
www.hemmer-shop.de

hemmer/wüst Verlag
Unser Lernsystem im Überblick

Digitale Produkte

■ HEMMER APP

FÜR SMARTPHONE, TABLET UND PC

 &

Das Frage-Antwort-System der hemmer Hauptskripten, unsere „haupties", digital lernen mit der intelligenten Lernplattform StudySmarter. Behalten Sie mit detaillierten Lernstatistiken Ihren Fortschritt im Blick und lernen Sie mit einem individuellen Lernplan. Kostenlos testbar: „haupties BGB AT I - III" (579 KK) sowie „Definitionen StrafR" (279 KK). Einfach den Code hemmer20 bei der Registrierung eingeben. Zusätzlich erhalten unsere Kursteilnehmenden über 600 Wiederholungs- und Vertiefungsfragen des HK-Materials. Der exklusive Code ist über die Kursleiter und Kursleiterinnen erhältlich.

■ EBOOKS - ab 10,90 €

DIE HEMMER SKRIPTENREIHE ALS EBOOKS

In den eBooks, die mit unserer hemmer Skriptenreihe identisch sind, werden die für die Prüfung nötigen Zusammenhänge umfassend aufgezeigt und wiederkehrende Argumentationsketten eingeübt. Nutzen Sie die eBooks als Ihre ortsunabhängige Bibliothek. Sie sind klausurorientiert und zahlreiche Beispielsfälle erleichtern das Verständnis. So wird Prüfungswissen auf anspruchsvollem Niveau vermittelt.

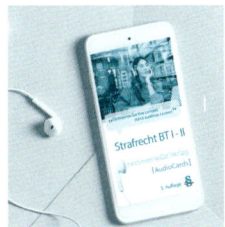

■ AUDIOCARDS - ab 19,95 €

AUDITIV - MODERN - EFFEKTIV

Die Wiederholungsfragen der hemmer Hauptskripten werden in den hemmer AudioCards vertont und beantwortet. Gleichzeitig haben Sie die Möglichkeit, den kompletten Inhalt inklusive Inhaltsverzeichnis per PDF einzusehen und auszudrucken. Wir verhelfen Ihnen mit unserem auditiven Lernsystem zu einer optimalen Prüfungsvorbereitung.

■ AUSBILDUNGSZEITSCHRIFT LIFE&LAW DIGITAL / PRINT - je 8,70 €

NEUESTE RECHTSPRECHUNG - KLAUSURTYPISCH AUFBEREITET

Die Life&LAW ist die deutschlandweit monatlich erscheinende hemmer-Ausbildungszeitschrift. In jeder Ausgabe werden aktuelle Entscheidungen im Bereich des Zivil-, Straf- und Öffentlichen Rechts aufbereitet und klausurtypisch von unseren hemmer-Repetitoren gelöst.

Erhältlich über unseren hemmer-shop
www.hemmer-shop.de

hemmer/wüst Verlag
Unser Lernsystem im Überblick

Die Skripten für das Assessorexamen

Die Assessorskriptenreihe richtet sich an die Kandidatinnen und Kandidaten des Zweiten Staatsexamens. Zum Einstieg ins Referendariat sollte sich mit den wichtigsten formellen und technischen Regeln der Assessorklausur vertraut gemacht werden. Die Reihe Assessor-Basics dient zudem der kompakten Wiederholung der wesentlichen Dinge durch den bereits Fortgeschrittenen. Die Skripten sind auch als eBook über den hemmer-shop erhältlich.

THEORIESKRIPTEN - 4 Bände je 21,80 €

In den Theoriebänden, die zudem auch viele kleine praktische Beispielsfälle enthalten, wird der Leser an die jeweilige Materie herangeführt. Dargestellt werden Arbeitstechnik und Formalia bzgl. der Klausurtypen. Die Skripten dienen primär dem Einstieg, daneben aber auch zur kompakten Wiederholung, dem Lernen und Vertiefen einzelner Problembereiche.

- Die zivilrechtliche Anwaltsklausur
- Das Zivilurteil
- Die Strafrechtsklausur im Assessorexamen
- Die Assessorklausur im Öffentlichen Recht

KLAUSURENTRAINING - 4 Bände je 21,80 €

Die Bände Klausurentraining präsentieren eine Fallsammlung, die in einer ganz besonderen didaktischen Form aufbereitet ist. Effektive Examensvorbereitung heißt beim Assessorexamen noch mehr als beim Referendarexamen: Lernen am Großen Fall, Training der Technik der Sachverhaltsanalyse, Schulung des Problemgespürs und Einstellung auf den imaginären Gegner.

- Zivilurteile
- Arbeitsrecht
- Strafrecht
- Zivilrechtliche Anwaltsklausuren

ÜBERBLICKSKARTEIKARTEN - 4 Sätze je 21,80 €
ÜBER PRÜFUNGSSCHEMATA ZUM WISSEN

Der unentbehrliche Begleiter für das Assessorexamen! In den Überblickskarteikarten sind die wichtigsten Problemfelder im Zivil-, Straf- und Öffentlichen Recht knapp, präzise und übersichtlich dargestellt. Auf der Vorderseite führt ein Frageteil zum Problem hin. Die grafische Aufbereitung der Antwort auf der Rückseite schafft Überblick. Sie erfassen so effektiv das Wesentliche. Tenorierungen und Formulierungsbeispiele ermöglichen die praktische Umsetzung. Die Kommentierung mit der hemmer-Methode auf der Rückseite schafft das nötige Einordnungswissen für die Klausur.

Versandkostenfreie Bestellung in unserem hemmer-shop
www.hemmer-shop.de

hemmer/wüst Verlag
Unser Lernsystem im Überblick

Psychologische Ratgeber & mentales Training

■ PRÜFUNGEN ALS HERAUSFORDERUNG - 14,80 €
MENTALE STÄRKE IM EXAMEN
Prüfungen erzeugen enormen Druck. Wenn die Belastung durch Angst und negative Gedanken zu groß wird, können Prüfungen trotz guter Vorbereitung misslingen. Hier setzt mentales Training an. Mit dem Arbeitsbuch von Dr. Bertold Ulsamer haben Sie den Coach an Ihrer Seite, der Sie mit zahlreichen Übungen mit verblüffender Wirkung begleitet. Seine gesamten Erfahrungen mit Mentaltraining als Coach, Managementtrainer und Psychotherapeut sind in dieses Buch eingeflossen. Diese werden auch Ihnen nutzen!

■ NLP FÜR EINSTEIGER - 12,80 €
SIND SIE NEUGIERIG UND WOLLEN SELBSTBESTIMMT NEUE WEGE BESCHREITEN?
NLP behandelt den erfolgreichen Umgang mit Menschen: Bei sich und bei anderen positive Veränderungen in Gang setzen, die Kunst, seine Mitmenschen zu verstehen und sich Ihnen verständlich zu machen. Dieses Buch stellt Schlüsselfragen, enthält viele Beispiele aus der Praxis und hilft mit Übungen, die Beziehung zwischen Körper und Denken zu nutzen. So stehen Ihnen mehr Kraft und Fähigkeiten in schwierigen Situationen zur Verfügung.

■ LEBENDIGES REDEN - 21,80 €
Wie man Redeangst überwindet, die Geheimnisse der Redekunst erlernt und Vorträge interessant gestaltet. Die Fähigkeit zum lebendigen angstfreien Reden vor Gruppen und vor Autoritätspersonen ist in der Schule, im Studium (z.B. mündliche Prüfungen, Seminare) und im Beruf ein entscheidender Schlüssel zum Erfolg.
Mithilfe der bekanntesten psychologischen Techniken schulen Sie Ihre rhetorischen Fähigkeiten und lernen, angstfrei, verständlich und souverän zu sprechen. Inkl. Coaching-CD.

■ COACH DICH! - 19,80 €
Sei Dein eigener Lebensmeister mit Hilfe des Rationalen Effektivitäts-Trainings! Ob wir im Berufsleben oder in der Examensphase erfolgreich bestehen wollen: Die hierfür erforderlichen psychischen Stärken können trainiert werden. So wie eine Sportlerin oder ein Sportler sich auf den Wettkampf vorbereitet, können auch wir Fertigkeiten lernen, die uns beruflich und vor allem im Umgang mit Menschen erfolgreicher werden lassen.

Versandkostenfreie Bestellung in unserem hemmer-shop
www.hemmer-shop.de

HEMMER.LIFE

Karl-Edmund Hemmer & Achim Wüst:

„NICHTS IST WICHTIGER, ALS RICHTIG ZU LERNEN!"

Ihr Prüfungsergebnis ist die Summe Ihrer Vorbereitung. Lernen will gelernt sein.

Karl-Edmund Hemmer / Achim Wüst

STRATEGIEN FÜR DAS RICHTIGE LERNEN.
ODER: LERNLUST STATT STUDIENFRUST.

ALLE SPRECHEN VOM RICHTIGEN LERNEN. SEIT 1976 SIND WIR DAMIT BESCHÄFTIGT, UNS GEDANKEN NICHT NUR ÜBER DAS „WAS", SONDERN AUCH ÜBER DAS „WIE" DES LERNENS ZU MACHEN. WIR HABEN IN UNSERER LANGJÄHRIGEN TÄTIGKEIT ALS REPETITOREN FESTGESTELLT: OFT WIRD ZU SCHABLONENHAFT GELERNT, OHNE SICH GEDANKEN ÜBER DAS RICHTIGE LERNEN ZU MACHEN. DIE FRAGE NACH DEN STRATEGIEN FÜR DAS RICHTIGE LERNEN SIND SO AKTUELL WIE NIE ZUVOR.

1. WIE WIRD DAS GEDÄCHTNIS EINGETEILT?

Wer sich über den Aufbau des Gedächtnisses im Klaren ist, lernt erfolgreich und kann die volle Leistungsfähigkeit des Gedächtnisses abrufen. Diese gilt es zu steigern. Grundwissen über das Gedächtnis ist dafür unerlässlich. Moderne Erkenntnisse helfen dabei, richtig zu lernen. Die Gedächtnisforschung ist „in" wie nie zuvor. Der „menschliche Computer" wird immer mehr durchschaut. Das Mehrspeichermodell des Gedächtnisses unterscheidet: **Soll eine Information länger gespeichert werden, muss sie drei Speichersysteme durchlaufen.**

1 Der *sensorische Speicher* verfügt über eine sehr große Kapazität, allerdings kann er die Informationen nur maximal zwei Sekunden lang (!) bewahren. Es findet keinerlei Verarbeitung statt.

2 Das **Kurzzeitgedächtnis (KZG)** *hat eine erheblich kleinere Kapazität. Das Kurzzeitgedächtnis kann Informationen höchstens 30 Sekunden lang speichern. Gehen die Informationen dann nicht ins Langzeitgedächtnis über, gehen sie verloren. Auch durch Training ist das KZG nicht dazu zu bringen, sich Daten länger als 30 Sekunden zu merken. Außerdem ist es anfällig für Störeinflüsse von außen.*

3 Das **Langzeitgedächtnis (LZG)** *verfügt über unbegrenzte Kapazitäten und kann nahezu unerschöpfliche Datenmengen aufnehmen. Außerdem ist es außerordentlich stabil. Manche Forscher gehen sogar davon aus, dass nichts, was einmal in das LZG gelangt ist, jemals wieder verschwindet.*

Damit muss das richtige Lernen sich am Langzeitgedächtnis orientieren.

2. WIE FUNKTIONIERT DAS EINSPEISEN VON INFORMATIONEN?

In der Prüfungsvorbereitung (Scheine und Examen) kommt es zunächst darauf an, den Lernstoff richtig einzuspeisen. Lernen ist nach Ansicht der Hirnwissenschaft ein sich selbst fördernder Prozess. Das dümmste Rezept ist dabei: Pauken. Auswendiglernen hilft auf Dauer wenig. Grund: Vorhandene Synapsen werden rein mechanisch verfestigt, ohne dass der Information besondere Bedeutung beigemessen wird.

Wenn es aber um das Wiederabrufen und damit um das Erinnerungsvermögen geht, ist die Art der Übertragung in das LZG ausschlaggebend. Es kommt auf das **Enkodieren** an. Dabei ist die **Wiederholung ein zentraler Mechanismus,** durch den Inhalte dauerhaft im LZG verankert werden. Wichtig ist, dass es nicht auf die Anzahl, sondern auf die **Art der Wiederholung** ankommt.

Man unterscheidet zwischen der **rein erhaltenden Wiederholung,** die dazu dient, die Speicherzeit im KZG auszunutzen, ohne eine Übertragung ins LZG zu bewirken. Die erhaltende Wiederholung nutzt man beispielsweise, wenn man eine Telefonnummer nachgeschaut hat und sich immer wieder vorsagt, bis man sie wählen und wieder vergessen kann.

Anders die für das Lernen **wichtigere elaborierende Wiederholung.** Diese transportiert durch eine tiefere Verarbeitung den Stoff ins LZG. Anstatt Informationen passiv zu wiederholen, wird bei der elaborierenden Wiederholung die Bedeutung der Information berücksichtigt (Beispiel dazu siehe 5.a.).

Die elaborierende Wiederholung basiert weitgehend auf einer Verarbeitung und Verschlüsselung der Information und ist zentraler Bestandteil komplexer Lernstrategien.

Wichtig dabei: Pro Tag kann sich das Gehirn (nur!) bis zu zehn komplexere Neuigkeiten merken. Auf dem Weg ins Gehirn konkurrieren die wichtigen Informationen allerdings mit einer Vielzahl anderer Informationen.

Schädlich für alles, was gelernt werden muss, ist deshalb z.B. die Dauerberieselung vor dem Fernseher, dem Computer oder dem Handy! Es droht der Informationsinfarkt.

3. WIE FUNKTIONIERT DAS ABRUFEN VON INHALTEN?

In der Prüfung kommt es darauf an, wie man Informationen aus dem Gedächtnis richtig abruft (dekodiert).
Dazu bedient man sich so genannter **Mnemotechniken** (griech. Mneme = Gedächtnis). Verwendet werden sollte die Methode, mit der man am besten zurechtkommt. Es sollten aber die drei bewährten Hauptregeln des Lernens bekannt sein:

- Wiederholung
- Assoziation
- Visualisierung
  (bildhafte Vorstellung, „Eselsbrücken")

So besteht etwa die Technik der **assoziativen Verbindungen** darin, dass zu jeder neuen Information eine bildhafte Vorstellung entwickelt wird.
So lässt sich die c.i.c. z.B. mit dem Ausrutschen auf einer Bananenschale im Eingang eines Kaufhauses bildhaft verankern. Soll die Information abgerufen werden, erinnert man sich an das damit verknüpfte Bild.

Eine ähnliche Technik nennt sich **Loci-Technik** (Ortsassoziation, eine der ältesten Gedächtnistechniken) und ist v.a. dann angebracht, wenn man sich viele aufeinander folgende Einzelheiten merken muss.

Dafür wählt man eine gut erinnerbare Folge von Orten aus, wie z.B. die einzelnen Häuser und Geschäfte auf dem Weg zur Universität. Das Gelernte wird dann mit den Orten bildhaft verknüpft. Beim Abrufen der Informationen geht man in der Vorstellung von Ort zu Ort.

Konsul Cicero beispielsweise wandelte vor öffentlichen Auftritten stets durch einen imaginären Palast der Erinnerung, in dessen Winkeln er Namen, Argumente oder Ereignisse platziert hatte.

Des Weiteren sind Gedächtnishilfen, die mit Humor oder Komik arbeiten, besonders wertvoll.
Dinge, die uns zum Lachen bringen, kann man sich am besten merken. Skurrile Beispiele bekommen das Prädikat „besonders wertvoll"! Gelerntes bleibt besser haften, wenn es mit Gefühlen verknüpft ist. Emotionen wirken als Verstärker jeder neuen Information.

4. DER KAMPF GEGEN DAS VERGESSEN

Die Leistungen des LZG lassen sich erst dann optimal nutzen, wenn man sich über potentielle Fehlleistungen und die Art, wie sie zustande kommen, im Klaren ist. Die Forschung hat sich demzufolge mit Theorien des Vergessens auseinandergesetzt.

Einer der frühesten Gedächtnisforscher war Ebbinghaus, dessen Vergessenskurve zeigt, wie ein Gedächtnisinhalt ohne Verarbeitung über die Zeit hinweg nahezu vollkommen verschwindet.
Der Großteil der eingeprägten Daten wird sehr schnell vergessen - bereits in den ersten Tagen nach dem Erlernen -, während ein Restwissen sehr viel langsamer abnimmt.
Es rät sich deshalb, das sinnorientiert Erlernte (elaborierend) nach einer Stunde, einem Tag, einer Woche und einem Monat zu wiederholen.
Ebbinghaus fand heraus, dass die Erinnerung bei sinnhaltigem Material nicht so rasch abnimmt wie bei sinnlosen Wortsilben. Gleichwohl muss auch das so Erlernte wiederholt werden.

Mit der Wiederholungsmappe des hemmer/wüst Verlags wird die Wiederholung erleichtert und anwendungsorientiert, praktisch, effizient die Gedächtnisleistung verbessert.
Trägt man dem Ebbinghaus'schen Gesichtspunkt Rechnung, so sind die erlernten Problemfelder immer wieder zu wiederholen und dabei die wiederkehrenden Themen sinnorientiert herauszuarbeiten.
So hilft es, sich beispielhaft den Vertrag mit Schutzwirkung mit Sinn und Zweck des Schutzes der dritten Person zu verbinden: Soll ein Dritter einen vertraglichen Sekundäranspruch haben (z.B. das Kind gegen den Elektriker, den der Vater bestellt hat)? Dies ist grundsätzlich eine Wertungsfrage.

Ohne eine sinnorientierte Abspeicherung besteht die Gefahr der sogenannten retroaktiven Hemmung: Sind zu wenige Assoziationen zum Problemfeld abgespeichert, gerät das Wissen wieder in Vergessenheit, sobald man neue Dinge aufnimmt.
Nur das sinnorientierte Lernen ermöglicht, andere Fallkonstellationen richtig einzuordnen und in der Klausur nach Sinn und Zweck zu argumentieren.

Zu beachten ist auch, dass das Fehlen geeigneter Abrufreize (z.B.: „Soundwörter" wie Eheleute, Minderjähriger, Haftungsprivilegierung) das Vergessen beschleunigt. Dann werden durch das Gedächtnis Informationseinheiten gewissermaßen am falschen Ort gespeichert.
Das Gedächtnis wird wissenschaftlich häufig mit dem Aufbau eines PC verglichen. Beim Fehlen geeigneter Abrufreize durchsucht es den falschen „Ordner" nach der gesuchten Information. Suche am falschen Ort wird bestraft!

Wird aber etwa durch eine gezielte Fragestellung der Abrufreiz initiiert, ist klar, wo der Inhalt zu suchen ist, die „items" werden abrufbar (so die sog. Interferenztheorie).

5. SINNVOLLE VERBESSERUNG DER GEDÄCHTNISSTRUKTUR - STRATEGIEN DAZU

Wie bereits dargelegt, muss eine Verarbeitung des Lernmaterials stattfinden, damit es ins LZG übertragen werden kann. Wesentlich ist dabei: Das LZG ist strukturiert, es gilt, das Neue in die bereits bestehende Gedächtnisstruktur zu integrieren. Das Lernmaterial sollte demzufolge so aufbereitet sein, dass es einen optimalen Organisationsgrad aufweist. Nicht jedes Lernmaterial wird dem gerecht. Die „easy-Variante" ist wenig organisiert. Um die Effektivität des Einprägens zu steigern, gibt es verschiedene Möglichkeiten:

a. Optimale Vernetzung

Das neu zu Erlernende sollte, wenn möglich, mit bereits Bekanntem verknüpft werden. Wissen im Gehirn zu verankern, ist anders als beim Computer kein reiner Abspeicherungsprozess, sondern ein Einordnungsprozess. Jede neue Information muss einen sinnvollen Platz im bereits vorhandenen Wissen einnehmen und sich damit vernetzen.
Beispiel: In einer unserer ersten Veranstaltungen im hemmer-Repetitorium lernen Sie § 166 BGB kennen.
Irrt sich - wie im Fall 1 BGB AT - der Vertreter, so ist grundsätzlich sein Irrtum maßgeblich, § 166 I BGB.
Der Irrtum des Vertreters wird dem Vertragspartner zugerechnet. Wenn der Vertreter dann noch die entsprechende Vertretungsmacht hat, z.B. Prokura, kann er auch anfechten.
Schon in Fall 2 BGB-AT wird im nächsten Lernabschnitt „Scheingeschäft gem. § 117 BGB" die Kenntnis des Vertreters vom „rechtlich nicht Gewollten" über § 166 I BGB zugerechnet. Neu zu Erlernendes wird so mit bereits Bekanntem verknüpft.

Im Fall 5 BGB-AT geht es dann um die Anwendbarkeit des § 166 I BGB beim gutgläubigen Erwerb gem. §§ 929, 932 BGB.
Entscheidend ist die Gutgläubigkeit des Vertreters. Gleichzeitig lernen Sie die Ausnahme des § 166 II BGB kennen: Ausnahmsweise kommt es doch auf den Vertretenen an. Ein Problem mehr: Allerdings nur analog: Die nachträgliche Genehmigung steht der vorherigen Weisung i.S.d. § 166 II BGB gleich!
Die Vertiefungsfragen zu Fall 5 tragen dem mittlerweile gewonnenen Bewusstsein zu § 166 BGB Rechnung: So geht es insbesondere um die analoge Anwendbarkeit des § 166 I BGB bei Bösgläubigkeit im EBV (§ 990 BGB) und beim Überbau des Architekten im Rahmen des § 912 BGB. Besonderheiten, die im Rahmen des § 819 I BGB bei Annahme von § 166 I BGB bestehen, werden noch einmal gesondert erörtert.

Merken Sie: Wir tragen modernen Erkenntnissen zur Gedächtnisstruktur Rechnung, indem wir unser Lernmaterial optimal vernetzen. Die Fälle bauen aufeinander auf und erweitern sukzessive das juristische Bewusstsein.
Ein gutes Lernsystem zahlt sich aus, oft ohne dass dem Lernenden bewusst ist, warum er sich verbessert.
Nur mit dieser sinnorientierten Unterstützung und Instruktion durch Material und Lehrenden bleibt das erworbene Wissen besser haften.
Gleichzeitig wird das Verständnis für das Gelernte verbessert und die Motivation, weiter zu lernen, erhöht.
Stellen sich dann Erfolge ein, gibt dies einen weiteren Motivationsschub. Dabei ist Aufgabe der Lehrenden eher die Förderung der Lernprozesse als die bloße Darstellung von Informationen.
Der Erfolg des hemmer-Repetitoriums basiert darauf, dass Schritt für Schritt unter Anleitung durch selbst erfolgreiche Juristinnen und Juristen Neues eingeübt und gleichzeitig bisher erworbenes Wissen wiederholt wird.

Weiteres Beispiel: Schaffen Sie sich z.B. im Rahmen der Zurechnungsproblematik die „Kausalität" als vertrauten Oberbegriff. So lassen sich verschiedene Lebenssachverhalte in denselben juristischen Kontext einordnen. Z.B: Der nicht angekettete Hund beißt Kind, dieses muss vom Arzt behandelt werden. Das Nichtanketten war kausal für Rechtsgutverletzung und Schaden. Erleidet der Vater beim Unfall des Kindes einen Schock und muss im Krankenhaus behandelt werden, fragt sich, ob der Unfallverursacher auch dafür kausal war.

Kontrolleur erleidet bei der Verfolgung eines Schwarzfahrers einen Beinbruch; Eigentümer lässt Pkw, der vor seiner Garage parkt, abschleppen (sog. Herausforderungsfälle).

Merken Sie: Verschiedene Lebenssachverhalte, aber die gleiche Problematik: Kausalität! Letztlich geht es um die Frage, ob Rechtsgutverletzung und/oder Schaden zugerechnet werden sollen. Durch die Arbeit an unterschiedlichen Lebenssachverhalten mit gleicher Grundproblematik (Kausalität) wird inzident elaborierend wiederholt.

Noch ein anderes Beispiel für optimale Vernetzung: So ist der Begriff der Gefahr sowohl im Polizeirecht, im BGB (§ 228 und § 904 BGB) wie auch im Strafrecht (§ 34 StGB) von Bedeutung. Ebenso besteht Drittschutz im Zivilrecht (§ 839 BGB und § 823 II BGB) und insbesondere im Baurecht (Problem der Klagebefugnis des Nachbarn).

b. „Advanced Organizers"

„Advanced Organizers" sind vorangestellte Einordnungshilfen, d.h. zunächst sollte man sich über den Kontext im Klaren sein, in den sich das zu Erlernende einordnen lässt. Da das LZG eine Struktur aufweist, ist es sinnvoll, eine Art geistiges Gerüst als Verankerungsmöglichkeit zu schaffen.
Eine bewährte Methode hierfür ist die Aktivierung relevanter Gedächtnisinhalte. Hierbei vergegenwärtigt man sich vor der Aufnahme des Neuen das bereits Bekannte, das bei der Verarbeitung neuer Informationen hilfreich sein könnte. Die neuen Informationen werden dann nicht nur in eine bekannte Struktur integriert, sondern müssen in sich ebenfalls strukturiert sein.
Neue Einheiten werden so nicht isoliert gelernt, sondern weisen einen Sinnzusammenhang auf, der als große Struktur im Gedächtnis bleibt und leichter abgerufen werden kann.
Zum richtigen Lernen bedarf es einer eingehenden Problemdefinition (problemorientiertes Lernen). In den obigen Beispielen ist der Kontext „Zurechnung" im weitesten Sinne. Verankern Sie deshalb die Kausalität unter dem Begriff Zurechnung. Zurechnung beinhaltet über die bloße äquivalente Verursachung hinaus eine Wertung. Es ist wertend zu entscheiden, ob gehaftet werden soll oder nicht. Dies ist beim Biss des Kindes unproblematisch. Beim Schock des Vaters ist es problematisch. Die Haftung des Schädigers droht auszuufern. Beim nahen Verwandten wird die Haftung gleichwohl bejaht. Sonstige Dritte (Bekannte des Vaters erleidet Schock, Rentner beobachtet Unfall und erleidet Schock) gehen leer aus! Letztlich ist dies für die Dritten allgemeines Lebensrisiko.

Merken Sie: Sie bauen sich über die Begriffe Zurechnung und Kausalität Einordnungshilfen und damit Brücken zur Falllösung.

In unseren Kursen wird mit dieser Lernmethode „Ausgehen von Oberbegriffen als Konfliktfeld" die optimale Vernetzung und das Abstraktionsvermögen geschult. Vermeiden Sie aber den Fehler, Begriffe anwendungsunspezifisch zu lernen. Jeder Begriff gewinnt seine Bedeutung im jeweiligen Konfliktfeld.

Nur wer den Begriff Kausalität im Rahmen der Zurechnungsproblematik lernt, hat problemorientiertes Wissen. So erlangen Sie sinnhaltiges Übertragungswissen.

Multiple Perspektiven werden auf diese Art überhaupt erst möglich. So lässt sich auch der nächste, möglicherweise unbekannte Problemfall (z.B. behandlungsbedürftige Trauer der Eltern nach tödlichem Verkehrsunfall des Kindes und deshalb Verdienstausfall) einordnen.

c. Aktive Auseinandersetzung mit Materialien

Versuche mit Studierenden haben ergeben, dass diese sich Lerninhalte besser merken können, wenn eine Auseinandersetzung mit dem Gelernten stattfindet.

Diskussionen, in denen man sich mit dem Gelernten auseinandersetzt, sind damit wesentlicher Bestandteil der Gedächtnisarbeit.

Lernen wird generell durch eine Verarbeitung in Form von Reproduktion gefördert. Hierzu zählt, dass man beispielsweise das Gelesene in eigenen Worten nacherzählt. Es empfiehlt sich auch, in Arbeitsgruppen das Gelernte aktiv zu rekapitulieren. Das Anfertigen von Notizen fördert ebenfalls das Einprägen, da man dem Material größere Aufmerksamkeit widmet und eine aktive Auseinandersetzung damit stattfindet. Des Weiteren dienen die Notizen als externer Speicher, auf den man bei der Einprägephase zurückgreifen kann.

So erarbeiten wir mit unseren Kursteilnehmenden frühzeitig in gemeinsamer Diskussion, wie man an einen Fall herangeht (Assoziationsmethode) und damit die Weichen für die Lösung der Aufgabe richtig stellt. Wir lassen Sie in dieser wichtigen ersten Phase der Auseinandersetzung mit Prüfungsaufgaben nicht allein. Unter Anleitung durch Profis, die genau wissen, in welchen Kontext welches Problem eingebettet ist, wird gemeinsam an komplexen authentischen Problemfeldern Examenstypik eingeübt. Es wird auf typische Fehlermöglichkeiten hingewiesen, die bei bestimmten Konstellationen immer wiederkehren.

Fehlt z.B. in Ihrer Lösung bei § 823 I BGB der Prüfungspunkt Kausalität, so haben Sie garantiert ein Hauptproblem der Examensklausur übersehen.

d. Strategien der Kodierung

Eine wesentliche **Strategie** ist die der **Wiederholung.** Das wiederholende Lernen über einen langen Zeitraum hinweg ist die beste Gewähr gegen das Vergessen. Diese Art des Wiederholens wird als sog. gefächerte Wiederholung bezeichnet, wobei nur die **elaborierende (= vertiefende und verschlüsselnde) Wiederholung** für eine dauerhafte Verankerung im LZG sorgt.

Dabei muss man sich immer wieder die Basisthemen vergegenwärtigen, unter denen das Gelernte abgespeichert wurde (um beim obigen Beispiel zu bleiben: Kausalität).

Erinnern Sie sich noch an unser Beispiel zu § 166 BGB von oben? Wir wiederholen mit Ihnen diese Problematik in den Fällen 11 und 13 BGB-AT am Beispiel des Minderjährigen. Dort ist immer fraglich, ob für die verschärfte Haftung bei §§ 819 I, 990 I BGB der § 166 I BGB analog einschlägig ist und ob damit auf den gesetzlichen Vertreter abgestellt wird, oder ob es auf die Einsichtsfähigkeit des Minderjährigen selbst ankommt, Korrektur dann über § 828 BGB analog.

Nur das Lernen am großen Fall stellt sicher, dass erworbenes Wissen ständig wiederholt wird.

Durch die Verbindung von altem und neuem Wissen wird die Wiederholung nie langweilig.

So werden auch die Anspruchsgrundlagen aus §§ 311 II, 241 II, 280 I BGB (c.i.c.), §§ 280 I, 241 II BGB (pVV), §§ 677 ff. BGB (GoA), §§ 987 ff. BGB (EBV), §§ 812 ff. BGB, §§ 823 ff. BGB ständig nachtrainiert, da sie in vielen Examensfällen mögliche Anspruchsgrundlagen sind.

Nur dauernde Anwendung der wichtigsten Problemfelder in unterschiedlichen Konstellationen schafft Verständnis für deren Examenstypik. Problem erkannt, Gefahr gebannt!

Bei umfangreichem Stoff muss zudem das zu Erlernende **sehr gut strukturiert** werden. Folgende Strukturen erfüllen diesen Zweck:

- **hierarchische Strukturen**
  (Prinzip der Über-, Unter- und Nebenordnung)
  Hirnforscher bestätigen: Informationen müssen hierarchisch geordnet vermittelt werden, vom Wichtigen zum Unwichtigen. Denn nur was als wichtig empfunden wird, vernetzt sich ausreichend im Langzeitgedächtnis. Chaos entsteht im lernenden Gehirn, wenn alles als gleichwertige Information vorgegeben wird.
  z.B.: vertragliche Ansprüche sind vor GoA, EBV, §§ 812 ff. BGB, §§ 823 ff. BGB zu prüfen.
  Oder: Die Ansprüche aus §§ 987 ff. BGB schließen grundsätzlich die aus §§ 823 ff. BGB aus, vgl. § 993 I HS 2 BGB.

- **Ketten-Strukturen**
  (Prinzip der logisch-kausalen Reihenfolge)
  z.B.: Mängelrechte setzen einen wirksamen Vertrag voraus. Zurechnung einer Willenserklärung nur, wenn wirksame Vertretung.
  Rückwirkung der Anfechtung (§ 142 I BGB) lässt Vertrag entfallen und führt zu §§ 812 ff. BGB und häufig zu §§ 987 ff. BGB.

- **Cluster-Strukturen**
  So wird z.B. der abstrakte Begriff der Kausalität durch Beispiele verdeutlicht: Bei Verkehrsunfall wird Geschädigter am Bein verletzt. Der Unfallverursacher ist für die daraus entstehende Rechtsgutverletzung und den Schaden kausal. Verunglückt der Rettungswagen und erleidet der Geschädigte eine weitere Verletzung, so ist fraglich, ob der Erstschädiger auch für die Folgeverletzung und den Schaden verantwortlich ist. Die Kausalität könnte durch das Dazwischentreten des

Zweitschädigers unterbrochen sein. Macht schließlich der behandelnde Arzt bei der Behandlung einen „normalen" Kunstfehler, wird dies dem Erstschädiger wie beim Unfall des Rettungswagens zugerechnet. Setzt der behandelnde Arzt aber die Todesspritze, weil er seinen Nebenbuhler erkennt, ist der Zurechnungszusammenhang unterbrochen. Dies wird dem Erstschädiger nicht mehr zugerechnet.

- **Eine weitere Strategie der Kodierung ist die Reduktion.** Fortschrittliches Lernen konzentriert sich stärker auf die zentralen Inhalte, die dann auch wirklich verstanden werden sollten.

Hierbei wird umfangreiches Material auf das Wesentliche reduziert, etwa, indem man Exzerpte anfertigt, die man immer weiter reduziert, bis nur noch die wichtigen Schlüsselbegriffe auf einem Blatt stehen:
Beispiel: Eltern zahlen die Krankenhauskosten des Kindes. Kind verlangt vom Schädiger Ersatz.
Hier ist der Schlüsselbegriff „Vorteilsanrechnung". Sound: Es findet keine Vorteilsanrechnung statt, vgl. § 843 IV BGB. Das Kind behält den Schadensersatzanspruch.
Unter diesen Schlüsselbegriff Vorteilsanrechnung ordnen Sie dann weitere Problemkreise ein, wie z.B. Oma schenkt verletztem Kind zum Trost Geldschein, Kinder des getöteten Unterhaltspflichtigen machen Erbschaft, denkmalgeschütztes Haus brennt ab, Grundstück ist jetzt mehr wert, usw. Grund für die Diskussion: Der Schädiger soll nicht unbillig entlastet werden.

6. KOMPLEXE LERNSTRATEGIE
M U R D E R

Zum Abschluss stellen wir Ihnen die bewährte komplexe Lernstrategie MURDER vor, die die Leistungen und Kapazitäten des LZG, aber auch die Fehlleistungen berücksichtigt. Der Name MURDER steht dabei für die sechs zentralen Lernstufen:

MOOD (Einstimmen):

M Lust vertreibt Frust! Den Lustfaktor halten Experten für mitausschlaggebend. Wir lernen, wenn die emotionalen Areale im Gehirn in Bewegung geraten.

Die beste Lernmethode nützt nichts, wenn es an Motivation mangelt. Wenn Sie die „Montagmorgen-Frage" für sich motivational günstig gelöst haben, sind Sie mit Ihrem inneren Selbstdialog einen Schritt weiter. Erste Voraussetzung für erfolgreiches Lernen. Wer nicht automatisch beim Lernen Spaß empfindet, dem empfehlen wir, seine Vorstellungen und Annahmen zu verbessern.
Beispiele: „Ich bin unzufrieden, wenn ich nur „Scheinwissen" habe. Ich will mich im Fachlichen verbessern und nicht unter meinen Möglichkeiten bleiben."

Im sozialen Kontext ist der gute Jurist bzw. die gute Juristin bereits im Studium anerkannt. "Ich will einen interessanten Beruf haben, der an eine ansprechende Note anknüpft."
Jeder Studierende sollte sich eine geeignete Lernatmosphäre schaffen. Wenn Sie sich beispielsweise feste Lernzeiten angewöhnen, fällt Ihnen das Lernen weniger schwer, da es zur Gewohnheit wird.
Verzichten Sie beim Lernen auf Hintergrundmusik und das Handy! Ihre Aufmerksamkeit wird abgelenkt. Machen Sie kurze Pausen, wenn die Konzentration nachlässt.
Gehen Sie immer zur gleichen Zeit ins Repetitorium. Schreiben Sie zu einem festen Zeitpunkt Ihre Klausuren. Gönnen Sie sich eine Phase der Regeneration.
Im Anschluss daran: Wiederholung des gerade Gelernten. Nehmen Sie sich feste Zeiten für diese Wiederholung. Gewöhnen Sie sich an, regelmäßig in Arbeitsgemeinschaften das Erlernte zu diskutieren. Kommunikation fördert den Lernerfolg, die sozialen Fähigkeiten und macht mehr Spaß. So errelchte eine Arbeitsgruppe von vier Kursteilnehmenden einen Schnitt von über 12 Punkten! Lernen in Gruppen wird auch später im Beruf gefordert. Auch das hemmer-Repetitorium lebt vom Teamgedanken. Nehmen Sie sich klare Auszeiten für Ihre Freizeit. Nur so können Sie diese optimal genießen.

UNDERSTANDING (Verstehen):

U Lesen Sie den Lernstoff zunächst dahingehend, dass Sie ihn von der grundsätzlichen Problematik her verstehen.

Z.B.: Es geht im Fall um zwei Schädiger.
Diese könnten Gesamtschuldner sein.
Suchen Sie sich danach die Stellen heraus, die Ihnen nicht ohne weiteres klar sind und bearbeiten Sie diese besonders gründlich. Z.B.: Einer der Schädiger ist privilegiert, der andere nicht: Gesamtschuld gestört? Wie ist diese Konstellation zu lösen?

Zu Lasten des Nichtprivilegierten (er haftet allein voll), zu Lasten des Privilegierten (er haftet trotz Privilegierung als Gesamtschuldner) oder zu Lasten des Geschädigten, dessen Anspruch um den Verantwortungsteil des Privilegierten gekürzt wird?
Generell gilt: „Seitenfresserei" rentiert sich nicht. So kapitulieren viele Studenten vor dem Faktenberg und brechen ihr Studium ab. Wachstum als Jurist heißt vielmehr Auseinandersetzung mit Problemfeldern. In Schulen und Universitäten geht man zu stark von einer Input-Orientierung aus, ohne zu fragen, was dabei am Ende herauskommt. Besser ist eine Output-Orientierung. Nur wer Gehörtes oder Gelesenes auch verstanden hat, lernt richtig. Verstehen heißt Lust statt Frust.
Schaffen Sie sich Verständnis, indem Sie zunächst das Problem definieren. Fragen Sie sich auch, was der Grund für eine Regelung ist. Beispiel „Saldotheorie" im Bereicherungsrecht: Die gesetzliche Regelung (sog. Zweikonditionentheorie) ist dann unbillig, wenn sich der eine Schuldner auf Entreicherung berufen kann, der andere nicht. Die Saldotheorie durchbricht aus Billigkeitsgründen die gesetzliche Regelung: Der Wert der Entreicherung wird zum Abzugsposten vom eigenen Bereicherungsanspruch des Entreicherten. Grund: Die vertragliche Verknüpfung von Leistung und Gegenleistung (Synallagma) gilt auch bei der Rückabwicklung im Bereicherungsrecht. Trauen Sie sich dabei an die „big points" der jeweiligen Falllösung und vertun Sie nicht Ihre Zeit mit Selbstverständlichem. Nur so setzen Sie die Schwerpunkte bei der Nachbearbeitung richtig.

RECALLING:

Das Wiedererinnern des Lernstoffs vertieft die Gedächtnisspur. Finden Sie abschnittsweise heraus, was Sie behalten haben. Schreiben Sie die Hauptpunkte auf und überlegen Sie, in welchem Zusammenhang sie zueinander stehen.
Dabei helfen Ihnen insbesondere die Wiederholungs- und Vertiefungsfragen des Hauptkurses, die zielgenau abfragen, ob Sie den Lernstoff des Falles verstanden und behalten haben. So setzen Sie sich aktiv mit dem jeweiligen Themenkreis auseinander.

DIGESTING:

Verarbeiten Sie den Stoff zusätzlich, indem Sie ihn ergänzen. Durch gezieltes Nachlesen und das Beschaffen zusätzlicher Informationen schließen Sie Wissenslücken. Gehen Sie noch einmal eventuelle Schwierigkeiten durch und tauschen Sie sich mit anderen darüber aus.
Den Hauptkursteilnehmenden dienen die Karteikarten oder Skripten zur Vertiefung und Abrundung des jeweiligen Problemkreises. Erweitern Sie so durch punktuelles Nachlesen Ihr Problembewusstsein. Das Beschaffen zusätzlicher Informationen wird vereinfacht.
Die Sprachverwendung ist ähnlich unserem Hauptkurs. Wir minimalisieren Ihren Arbeitsaufwand. Nur auf das Examenstypische wird Wert gelegt.
Jahrelange Erfahrung (Repetitorium seit 1976) schlägt sich auch in den Skripten nieder. Wer über 1000 Examensklausuren analysiert hat, weiß, was wesentlich ist.

EXPANDING:

Vertiefen Sie das Gelernte, indem Sie es anwenden (z.B. durch Klausurenschreiben).
Formulieren Sie sich Fragen zu dem gerade gelernten Stoff und beantworten Sie sich diese. Suchen Sie nach weiteren Beispielen (gut geeignet dafür ist auch der Palandt!) für die im Text erklärten Grundsätze.

REVIEWING:

Überprüfen Sie Ihren Fortschritt und vergleichen Sie Ihre aus dem Gedächtnis aufgeschriebenen Zusammenfassungen und Stichwortlisten mit dem Originaltext.

Sie haben sich bis hierhin durchgekämpft!
Wir gratulieren Ihnen. Als Juristin bzw. Jurist müssen Sie lernen, auch umfangreiche Texte zu bewältigen. Wir hoffen, dass Ihnen diese Tipps zum richtigen Lernen weiterhelfen. Nutzen Sie die Ihnen von uns gegebenen Möglichkeiten voll aus, indem Sie richtig lernen. Dieser Beitrag kann Ihnen helfen, Ihr Potential auszuschöpfen. Sie machen sich fit für die Prüfung, indem Sie die Struktur des Gedächtnisses optimal einsetzen.

Wir versuchen, Sie mit der Auswahl der Hauptkursfälle, dem Verlagsprogramm und unseren hochqualifizierten Mitarbeiterinnen und Mitarbeitern bestens auf Ihr Examen vorzubereiten.
Das Anspruchsgrundlagensystem des BGB fordert die Prüfung „Wer verlangt von wem was woraus."
Für Ihre Ausbildung gilt: Wer (Sie) lernt was (Fallauswahl, Güte des Programms) von wem (welches Repetitorium, Qualität der Kursleitenden)?

Nur wer wirklich weiß, was im Examen verlangt wird, kann Examenswissen weitergeben. So hatten z.B. die sechs Kursleiter eines Supercrashkurses einen Schnitt von 13,11(!) Punkten im Examen.
Mehr als zehn Mitarbeiter in der Zentrale haben ihr Staatsexamen mit über 14 Punkten (sehr gut) bestanden. Sie sind alle ehemalige Kursteilnehmende.
Denken Sie daran: Wer nur auf vier Punkte lernt, landet leicht bei drei.
Gehen Sie mit dem sicheren Gefühl ins Examen, sich richtig vorbereitet zu haben. Viele haben teuer bezahlt, weil sie in die falsche Schule gingen. Für Sie ist wichtig, auf wen Sie sich in Ihrer Ausbildung einlassen.

Ihr

Karl-Edmund Hemmer, Achim Wüst

Juristisches Repetitorium hemmer

Life&LAW – Die hemmer Ausbildungszeitschrift

Die Life&LAW ist eine monatlich erscheinende Ausbildungszeitschrift. In jeder Ausgabe werden aktuelle Entscheidungen im Bereich des Zivil-, Straf- und Öffentlichen Rechts aufbereitet und klausurtypisch gelöst. Das hemmer.life Magazin, das in die Life&LAW integriert ist, informiert die Leserinnen und Leser über Wissenswertes und Interessantes rund um die Juristerei. Testen Sie jetzt unsere Zeitschrift.

- **Print-Abo:** Wir senden Ihnen die Zeitschrift bequem nach Hause, versandkostenfrei!
- NEU! **Digital-Abo:** Sie erhalten die Ausgabe als eBook für Ihr Smartphone, Tablet oder PC
- NEU! **Kombi-Abo:** Die Life&LAW als Printversion und digital als eBook lesen

Testen Sie jetzt unsere Zeitschrift (in der Print-, Digital- oder Kombi-Version) im 3-Monats-Probeabo für 14,80 €

Versandkostenfreie Bestellung in unserem hemmer-shop
www.hemmer-shop.de

Unsere Helfer
■ Für Ihr Examensmanagement

- **Klausurenblock** für Ihre Übungsklausuren: Mit aktuellem Fristenrechner und Korrekturrand links.
- **Wiederholungsmappe mit Handbuch, Kurzskript und Mind Maps.** Die Hilfe beim „Kampf gegen das Vergessen": Zur systematischen Wiederholung Ihres Lernstoffs!
- **Lineal/Fristenrechner.** Zweifacher Nutzen in einem: Ideal zum Unterstreichen im Gesetz und zur Berechnung von Fristen.
- **Lernbox.** Ordnung muss sein: Ideal zur Aufbewahrung unserer Karteikarten, mit Anleitung und Reitern zur richtigen Wiederholung.
- **DIN A4-Ringbuchmappe** passend zur praktischen Aufbewahrung Ihrer Hauptkursunterlagen, Breite: 4,5 cm

Versandkostenfreie Bestellung in unserem hemmer-shop
www.hemmer-shop.de

hemmer.individual

EINZEL- und KLEINGRUPPENUNTERRICHT
Präsenz oder online

Individueller Unterricht zur Vorbereitung auf
- alle Klausuren während des Studiums der Rechtswissenschaften,
- insbesondere Ihre **Zwischenprüfung**,
- das **Erste Juristische Staatsexamen**,
- das **Zweite Juristische Staatsexamen**,
- die **Eignungsprüfung** zur Zulassung zur Rechtsanwaltschaft nach § 16 EuRAG,
- die rechtswissenschaftlichen und wirtschaftswissenschaftlichen Klausuren während des Studiums der **Wirtschaftswissenschaften**.
- ✓ inkl. **ausführlicher Klausurenkorrektur** und Analyse der individuellen Schwächen
- ✓ 6 Monate kostenfreie Nutzung **juris by hemmer** (Voraussetzung: hemmer.club-Mitgliedschaft)

Wir beraten Sie gerne persönlich!
hemmer.individual ist in allen juristischen Universitätsstädten vertreten und vermittelt Ihnen gerne eine Repetitorin bzw. einen Repetitor vor Ort.
Telefon: 0931 / 797 82-30
E-Mail: individual@hemmer.de
www.einzelunterricht-hemmer.de

Die treffsichere Prüfungsvorbereitung by hemmer.